本成果受到中国人民大学2022年度“中央高校建设世界一流大学（学科）和特色发展引导专项资金”支持

经管文库·经济类

前沿·学术·经典

新时代中国经济高质量发展动能转换研究

RESEARCH ON THE TRANSFORMATION OF HIGH-QUALITY DEVELOPMENT MOMENTUM OF CHINA'S ECONOMY IN THE NEW ERA

张 杰 著

经济管理出版社
ECONOMY & MANAGEMENT PUBLISHING HOUSE

图书在版编目（CIP）数据

新时代中国经济高质量发展动能转换研究 / 张杰著 . — 北京：经济管理出版社，2023.5

ISBN 978-7-5096-9014-7

Ⅰ.①新⋯ Ⅱ.①张⋯ Ⅲ.①中国经济—经济发展—研究 Ⅳ.① F124

中国国家版本馆 CIP 数据核字（2023）第 086267 号

组稿编辑：杨国强
责任编辑：杨国强
责任印制：许 艳
责任校对：王淑卿

出版发行：经济管理出版社
（北京市海淀区北蜂窝 8 号中雅大厦 A 座 11 层 100038）
网 址：www.E-mp.com.cn
电 话：（010）51915602
印 刷：唐山昊达印刷有限公司
经 销：新华书店
开 本：710 mm × 1000 mm/16
印 张：14
字 数：208 千字
版 次：2023 年 5 月第 1 版 2023 年 5 月第 1 次印刷
书 号：ISBN 978-7-5096-9014-7
定 价：98.00 元

序

本书的研究目标是在大量的实地调研和数据资料统计分析的基础上，聚焦于中国经济在整体进入高质量发展阶段中，各级、各地政府在推进经济新旧动能转换过程中所采取的各种发展策略和具体政策行为时，所遇到的各种机制体制性障碍，以及所诱发出的各种可能的重大问题和暴露出的一系列发展风险。从而为类似中国的、处于日益复杂的国内外环境中的发展中国家，探寻出一条有效促进经济新旧动能转换的发展道路和改革借鉴经验。更为重要的是，本书期望通过初步研究，能够在以下几个方面的重大问题上做出一些初步的探索和思考，尽力寻找可能的解决答案和改革突破口。

问题一：在中国当前所处的新常态的特定发展阶段中，面临经济新旧动力转换和促进经济新动力加快形成的重大问题。针对此重大问题，主要判断是，工业高端化所带来的高质量投资，是中国今后经济新动力形成的核心支撑和主要来源。针对工业用高端化中传统制造业的转型升级，以及高新技术产业和战略性新兴产业的发展壮大，由此带来的生产率提升及其所内含的高质量投资，必将为中国 GDP 可持续增长提供关键的支撑作用。在此基础上，针对中国工业高端化进程中传统制造业、生产装备制造业以及战略性新兴产业这三个部门的生产率提升，对 GDP 增长的直接拉动效应进行了测算，验证了工业高端化对中国经济新动力的重要支撑作用。同时，针对中国工业部门中经济新旧动力转换以及经济新动力形成的阻碍因素进行了相应的分析，并据此提出了相应的改革突破口以及具体的政策措施。

问题二：当前中国地方政府依赖和实施的政府主导型创新发展模式，究竟能否有效推动各地方的经济新旧动能转换？究竟能否适应和匹配全面建设创新型国家的总体任务？能否有效落实和推动以制造业为主的实体经济部门的转型升级以及促进自主创新能力体系的构建？这已经成为学者和政策制定者必须高度关注和迫切需要解决的基础性问题。本书从中国各级地方政府在落实和推动创新驱动发展战略中政府主导型的典型行为模式及形成机制逻辑入手，重点分析了中国地方政府的主导型创新发展模式所暴露出的诸多突出的不匹配、不兼容现象，阐述了这些不匹配、不兼容现象对经济可持续发展所造成的多重行为变异和扭曲效应，提出了当前阶段在全面建设创新型国家中政府和市场功能有机融合的具体路径，并指出了今后可能的改革突破口。

问题三：如何在中国实施“双循环”新发展格局战略指引下，特别是在构建自主可控、自立自强的国内产业链大循环体系背景下有效促进经济新旧动能的转换？为此，中国需要利用自身市场规模优势，全面突破制约中国产业链安全和发展、关键领域和“卡脖子”地方的各种机制体制束缚，推进“双循环”新发展格局下国内产业链循环体系的构建以及未来全球产业链和创新链的战略布局。当前，外资企业的全面进入、要素市场化改革相对滞后于产品市场化改革进程、不同群体收入不平等和城乡发展差距问题、既有的国际贸易比较优势理论可能正在面临全面挑战，这些都对中国国内产业链循环体系的构建和提升造成了难以忽略的负面效应。本书在深入分析当前阻碍中国加快构建国内产业链循环体系的突出障碍和影响构建国内产业链循环体系的国内外因素的基础上，提出中国实施“双循环”新发展格局和布局国内产业链循环体系的战略思路与改革举措。

问题四：事实上，当前中国能否在众多产业领域的“卡脖子”关键核心技术创新方面实现全面突破，既是决定中国当前能否构建制造强国和创新型国家的基础性条件，也是中国经济能否实现高质量发展的关键所在，更是中国经济新旧动能能否全面转换的基础问题所在。中国在众多产业和产品领域所暴露出来的关键核心技术创新不足或缺失现象，既广泛分布在基础研究和应用基础研究环节，也大量分布在应用开发、中试、工程化等环节；同时，既分布在传统制造业的特定环节，也广泛分布在高端生产设备和战略性新兴产业的各个产业链、产品链环节。通过对造成中国众多产业领域关键核心技术创新突破能力不足或缺位的诸多机制体制性障碍因素的归纳和分析，特别是在重点分析阻碍中国关键核心技术创新突破的四大基础性问题以及所造成的改革困局的基础上，提出了相应的改革思路以及相关的政策建议。

前言

当前，中国正在主动推进的以新经济新动能为代表的高质量发展，取得了初步的显著成效，集中表现在以“三新产业”为代表的新经济新动能，正处于一个稳定的增长状态，对中国经济增长动力的支撑作用正逐步形成和强化。中国新经济新动能正处于从量变逐步向质变转化的关键转折期，同时，这也意味着中国的经济新旧动能转换处于一个极为重要的临界点以及爬坡期，因此，对此重要现象要有清醒的总体判断。所谓临界点和爬坡期的判断，指2018年中国经济新动能占GDP比重仅有16%左右，正处于由15%向30%甚至更高水平逐步攀升的关键爬坡期，这个时期恰好是新经济新动能开始逐步对中国经济增长动力形成有效支撑力，但是，新经济新动能规模尚未大到足以对中国经济增长动力起到主导型支撑作用的特定时期，经济新动能对旧动能的替代或抵消效应正处于关键“此消彼长”的拉锯战阶段，正处于“逆水行舟，不进则退”的关键爬坡前行阶段，不少地方经济正处于传统发展动力快速消减与新动能增长动力加速成长的交叉点附近。

更要清醒地认识到，这个阶段也是中国经济中原有所累积问题和风险的集中高发期及阵痛期，也是各种新问题和新风险容易产生及诱发的特殊时期，经济新动能的培育和壮大过程中仍然面临国内外诸多不确定性因素的负面冲击，以及各种利益集团对改革进程的束缚和阻碍，经济结构转型升级仍然处于相对脆弱以及各种风险的集中爆发期。在此特定阶段，倘若中国地方政府在落实中央部署的各项战略规划和具体措施体系时，无法正确判断“稳增长”和“促增长”之间的内在关系，无法准确把握旧动能和新动能之间的衔接关系，无法科学认识政府和市场之间的合理关系，无法有效把握虚拟经济和实体经济之间的相互关系，无法防范和化解各种局部性金融泡沫和金融风险乃至所引发的系统性金融风险，无法充分利用国有和民营在经济新旧动能转换中的协同协作关系，或者推进改革的决心意志不坚或稍有麻痹大意，或者推进改革的方向稍有偏颇，或者改革动力缺乏缺位，或者“躲改革、怕改革”和“怠政懒政”的现象无法缓解消除，导致经济新旧动能转换偏离既有的正确道路，中国经济新旧动能转化的过程就会停滞，中国经济增长内生动力的形成机制就会被阻断，中国经济的市场活力、动力就会得而复失，中国经济也就必将由此堕入“中等收入陷阱”的发展困境。

中共十九届五中全会公报指出，在“十四五”乃至2035年远景目标期间，一方面，必须“坚持创新在我国现代化建设全局中的核心地位，把科技自立自强作为国家发展的战略支撑”；另一方面，必须“坚持把发展经济着力点放在实体经济上，保持制造业比重基本稳定，巩固壮大实体经济根基，提升产业链供应链现代化水平”。因此，中国各级政府必须更加聚焦于促进以制造业为主的实体经济部门中的新旧动能加速替换过程。为此，本书不仅仅聚焦于中国以制造业为主的实体经济部门中的新旧动能转换所暴露出的一系列重大问题和发展风险，也深入探析了导致这些重大问题和发展风险发生的各种内在和外在的机制体制性障碍。特别是结合中共十九届五中全会公报精神以及“十四五”规划和2035年远景目标的具体战略规划布局，提供了今后一段时期内加快推进中国经济新旧动能转换的重大改革突破口及其相应的重要战略举措。

目录

第一章

新时代中国经济高质量发展动能转换研究

第一节　当前中国经济新旧动能转换阶段与现状的评估分析

一、当前中国经济新旧动能转换处于关键临界点和关键转换时期的判断

当前，中国正在主动推进的以新经济新动能为代表的高质量发展，取得了初步的显著成效，这集中表现在以“三新产业”为代表的新经济新动能，正处于一个稳定的增长状态，对中国经济增长动力的支撑作用正在逐步形成和强化。

我们认为，当前中国新经济新动能正处于从量变逐步向质变转化的关键转折期，同时，这也意味着中国的经济新旧动能转换处于一个极为重要的临界点以及爬坡期，因此，对此重要现象要有清醒的总体判断。所谓临界点和爬坡期的判断，指 2018 年中国经济新动能占 GDP 比重目前仅有 15.8% 左右，正处于由 15% 向 30% 甚至更高水平逐步攀升的关键爬坡期（见表 1–1），这个时期恰好是新经济新动能开始逐步对中国经济增长动力形成有效支撑力，但是，新经济新动能规模尚未大到足以对中国经济增长动力起到主导型支撑作用的特定时期，经济新动能对旧动能的替代或抵消效应正处于关键“此消彼长”的拉锯战阶段，处于“逆水行舟，不进则退”的关键爬坡前行阶段，不少地方经济正处于传统发展动力快速消减与新动

能增长动力加速成长的交叉点附近。

表 1–1 中国经济新动能转换的阶段性划分与特征分析

	孕育期	爬坡期	壮大期	稳定期
新动能占 GDP 比重	1%~10%	10%~30%	30%~50%	50% 以上
阶段性典型特征	对经济增长动力支撑效应有限，处于风险诱发期和发展脆弱期阶段	对经济增长动力支撑效应逐步形成现象，但未形成核心支撑力量，处于风险容易爆发期阶段	经济内生动力稳步形成，经济韧性和回旋余地大，抗风险能力显著加强	成为经济增长的主导力量，处于下一次新经济新动能的潜伏期和孕育期
政府和市场各自功能定位	政府主导阶段	政府和市场有机结合阶段	市场主导和政府配合阶段	市场绝对主导阶段

资料来源：作者根据资料整理所得。

更要清醒地认识到，这个阶段也是中国经济中原有所累积问题和风险的集中高发期及阵痛期，也是各种新问题和新风险容易产生及诱发的特殊时期，经济新动能的培育和壮大过程中仍然面临国内外诸多不确定性因素的负面冲击，以及各种利益集团对改革进程的束缚和阻碍，经济结构转型升级仍然处于相对脆弱以及各种风险的集中爆发期。在此特定阶段，倘若中国地方政府在落实中央部署的各项战略规划和具体措施体系时，无法正确判断“稳增长”和“促增长”之间的内在关系，无法准确把握旧动能和新动能之间的衔接关系，无法科学认识政府和市场之间的合理关系，无法有效把握虚拟经济和实体经济之间的相互关系，无法防范和化解各种局部性金融泡沫和金融风险乃至所引发的系统性金融风险，无法充分利用国有和民营在经济新旧动能转换中的协同协作关系，或者推进改革的决心意志不坚或稍有麻痹大意，或者推进改革的方向稍有偏颇，或者改革动力缺乏缺位，或者“躲改革、怕改革”和“怠政懒政”的现象无法缓解消除，导致经济新旧动能转换偏离既有的正确道路，中国经济新旧动能转化的过程就会停滞，中国经济增长内生动力的形成机制就会被阻断，中国经济的市场活力动力就会得而复失，中国经济也就必将由此堕入“中等收入陷阱”的发展困境。

二、对当前中国处于经济新旧动能加速替换关键期暴露出的重要问题和风险分析

（一）当前，导致中国经济面临持续下行压力的关键因素，是以制造业为主的实体经济部门经济新旧动能转换过程中所暴露出的一系列问题和风险以及突出的机制体制障碍。事实上，缓解、对冲和遏制中国当前阶段经济持续下行压力的核心因素，关键在于经济新动能对旧动能的替代规模和替换速度这两个重要因素

一方面，依据我们的研究分析，可能在中国经济中“三新产业”为代表的新经济新动能占 GDP 比重达到 30% 以上规模时，经济新动能才有可能成为中国经济增长内生动力的主导型支撑力量，从中长期来看，中国经济方可在根本上具备中高速增长和高质量发展的基础条件。

另一方面，不可忽略的是，中国经济中以“三新产业”为代表的新经济新动能占 GDP 比重的增速，也是影响中国经济“筑底企稳”甚至“回暖反弹”状态能否及早发生的重要条件。如果新经济新动能占 GDP 比重的每年增速能够达到一个理想门槛状态，稳定处于一个合理区间，那么，这也是决定中国经济在短期内能否出现“筑底企稳”甚至“回暖反弹”的重要条件。

（二）当前发展阶段，中国经济中以“三新产业”为代表的新经济新动能，尚未成为经济增长的主导力量，而且，从新经济新动能的替代规模和转换速度来看，在相当程度上呈现出替代过程相对滞后和替换速度相对过慢的现象，这是导致短期内中国经济增长内生动力相对不足的核心因素

一方面，根据《新产业新业态新商业模式统计分类（2018）》和《新产业新业态新商业模式增加值核算方法》，2017 年，中国经济中以“三新产业”为代表的新经济新动能占 GDP 的比重为 15.7%，2018 年为 16.1%。这与理想状态的 30% 门槛还有相当大的差距。而且，中国不同区域新经济新动能占 GDP 比重存在极大差异性，不少中西部地区和东北地区新经济新动能占 GDP 比重显著低于 15.7%，而东部地区则可能会高于 15.7%，甚至北京、深圳、杭州、上海等特定区域的比重已经超过 30%。这表明，中国不同区域

发展新经济和推动新动能转换的要素禀赋条件、制度条件以及营商环境存在极大的差异性和复杂性，同时也导致不同地区推行机制体制改革和落实营商环境改革的艰巨性。

另一方面，2018年，中国经济中以“三新产业”为代表的新经济新动能占GDP比重相比2017年提升了0.4个百分点，2017年相对2016年也增长了0.4个百分点，如果按照这个增速来计算的话，中国新经济新动能占GDP比重要从2018年的16.1%提高到理想中的30%甚至更高，则需要35.75年。由此可见，中国经济新经济新动能占GDP比重增速的扩张能力和提高能力，已经出现了相对不足的突出现象。

（三）当前阶段，第三产业正在逐步成为推动中国经济新旧动能转换和替代的主导力量，然而，第二产业特别是第二产业中的制造业部门，对中国经济新旧动能转换和替代的推动作用尚未得到充分发挥和有效激发，这是造成近期中国经济持续下行压力的关键因素

从区分产业的角度看，2018年，中国第三产业中“三新”经济增加值占GDP比重为8.4%，超过第一产业的0.7%，也超过第二产业的6.6%。其中，从2018年相比2017年的角度看，第一产业新经济新动能占GDP比重降低了0.1个百分点，第二产业提高了0.1个百分点，而第三产业提高了0.4个百分点。第三产业中“三新”经济增长迅速，按现价计算的增速为14.1%，比同期GDP现价增速高2.9个百分点。第二产业中“三新”经济增加值为54253亿元，低于第三产业的69326亿元。2018年，第二产业中“三新”经济增加值占GDP比重低于第三产业1.8个百分点，而且，从2018年相比2017年的角度看，第三产业中“三新”经济增加值占GDP比重增速是第二产业的4倍。

从造成中国经济下行压力的核心因素看，虽然在一定程度上受到当前中美贸易摩擦以及日趋复杂的世界经济形势的影响，造成中国的出口压力加大，但中国独一无二的相对健全和完善的产品链、产业链，决定了中美贸易摩擦对中国出口能力和出口优势的影响相对有限且可控。现阶段，在第三产业发展态势总体呈相对稳定的状态下，导致中国经济下行压力的核心因素，主要体现在以制造业为主的实体经济部门经济新旧动能转换过程中，所面临的一系列发展问题和风险，主要体现在制造业部门的转型升级和自主创新能力体系构建过程中所遇到的一系列障碍。客观事实是，只有当中国以制造业为主的实体经济部门中，所蕴含的以先进生产设备更新、新产品开发和自主创新研发投入等主导的大规模高质量投资能力以及增加值创造能力得到充分激发和有效释放时，中国的经济下行压力才能得到相应的有效遏制和对冲。因此，供给侧结构性改革的力度、速度和成效，决定了中国经济下行趋势的“筑底企稳”时机的发生以及高质量发展模式的形成路径。

当前，迫切需要重点关注的核心问题是，在中国以制造业为主的实体经济部门经济新旧动能转换过程中，可能出现了“新动能规模相对过小”和“新旧动能转换速度相对过慢”两大突出现象，导致中国当前以及今后一段时期内仍然面临突出的经济下行压力和风险。因此，中国正在进入经济新旧动能加速替换的关键期，当前中国宏观经济政策和诸多改革举措，特别是进入纵深阶段的供给侧结构性改革，需要愈加聚焦于促进制造业部门经济新旧动能的顺利转换，既要注重促进新动能规模的加速扩大，也要注重加快促进新旧动能的转换和替代速度，过于缓慢的经济新旧动能转换速度，并不利于中国经济中高速高质量增长模式的形成和稳定。

对此，我们的基本分析结论是：一方面，可能中国的新经济新动能增加值占 GDP 比重达到 30% 及以上时，经济增长的内生动力才有“企稳”甚至“反弹”的基础，经济下行压力才能得到最终的有效遏制。但是，2018 年中国新经济新动能增加值占 GDP 比重只有 16.1%，离理想目标仍有较大的距离，这表明中国经济近期仍然会面临相当大的下行压力。另一方面，从 2017 年到 2018 年，中国新经济新动能增加值占 GDP 比重只增加了 0.4 个百分点，按照这种调整和增长速度，中国经济中的新经济新动能增加值占 GDP 比重要达到理想状态的 30%，可能需要 35.75 年，这显然不符合中国经济中高速增长和高质量增长的现实要求。因此，我们认为，中国新经济新动能增加值占 GDP 比重每年增速的合理区间应该是 2%~4%，这应该是今后一段时期内供给侧结构性改革和改革政策体系的核心目标。

（四）中国经济新旧动能转换的区域性差异特征凸显。当前，中国不同省份和城市之间新动能占 GDP 比重的落差极大，充分说明中国经济发展的不平衡性以及经济发展条件的显著差异性，从而也深刻反映了中国当前情景下推进创新和产业深度融合发展所面临的多样性和复杂性，其背后所掩藏发展任务的挑战性和艰巨性

一方面，中国不同城市和地区间新经济新动能比重差距极大，阶段性差异特征显著。比如，深圳作为中国创新和市场结合得最为有效的创新型城市，2016 年以“三新产业”为主的新经济新动能占 GDP 比重达到了 50.4%，但是，作为构建全球有影响力的全国科技创新中心发展定位的首都北京，2017 年上半年新经济新动能占 GDP 比重只有 33.4%。仅从这两个中国主要发达城市的数据对比，就可以看出中国不同城市之间新经济新动能显著的发展差异。很显然，对于大部分的中西部和东北地区的城市而言，新经济新动能占 GDP 比重必然更低了，处于孕育期或起步期。

另一方面，中国不同城市和地区间创新和产业融合的方式明显不同，导致新经济新动能的主体也不同。深圳是依靠打造以自主创新能力全面提升为主的战略性新兴产业，战略性新兴产业在“十二五”期间年均增长近 20%，产业规模由 8750 亿元增到 2.3 万亿元，占 GDP 的比重由 28.2% 提高到 40.0%。杭州是以信息经济作为引领产业转型发展的新动力。2016 年，信息经济实现增加值 2688.00 亿元，增长 22.8%，占 GDP 的比重达到 24.3%，同比提高 1.3 个百分点。其中，电子商务产业、移动互联网产业、数字内容产业分别增长 45.2%、45.1% 和 35.0%。进一步观察上海、北京、苏州、重庆和天津等主要城市的新经济新动能的各自主导产业，也可以看出其中的显著差异性和多样性特征。

表 1-2　中国主要省份或城市的新经济新动能占 GDP 比重

城市	以“三新产业”为主的新经济新动能占 GDP 比重（%）	新经济新动能主要特征
深圳	50.4	2019 年，战略性新兴产业增长近 20%，产业规模由 8750 亿元增到 2.3 万亿元，占 GDP 的比重由 28.2%提高到 40.0%

续表

城市	以“三新产业”为主的新经济新动能占 GDP 比重（%）	新经济新动能主要特征
杭州	—	信息经济已成为支撑经济增长的重要力量和引领产业转型发展的新动力。2019 年信息经济实现增加值 2688.00 亿元，增长 22.8%，占 GDP 的 24.3%，同比提高 1.3 个百分点。其中，电子商务产业、移动互联网产业、数字内容产业分别增长 45.2%、45.1%和 35.0%
苏州	24.3	2019 年，全市制造业新兴产业产值 8035.8 亿元，占规模以上工业总产值的比重达 50%。高新技术产业产值 7583.1 亿元，占规模以上工业产值的比重为 47.2%
上海	—	2019 年，战略性新兴产业快速发展，新能源汽车、新能源、新一代信息技术和生物医药产业产值分别增长 38.3%、22.1%、1.7% 和 1.2%，四个行业合计占战略性新兴产业制造业总产值的比重为 43.9%
北京	33.4	2019 年，全市高技术产业实现增加值 2935.5 亿元，按现价计算，同比增长 9.1%，占全市地区生产总值的 23.7%，比上年全年提高 1 个百分点。从工业看，规模以上高技术制造业增加值按可比价格计算，增长 18.2%，增速快于规模以上工业增速 12.4 个百分点；规模以上战略性新兴产业增加值按可比价格计算，增长 12.7%，其中节能环保产业、新一代信息技术产业和生物医药产业增加值分别增长 27.3%、22.0% 和 16.4%
重庆	—	2019 年，重庆工业升级步伐加快，高技术产业增加值增长 26.3%，对工业增加值增长贡献达 37.4%；战略新兴产业增加值同比增长逾两成，对工业增加值增长贡献近三成。重庆规模以上互联网和相关服务业营业收入同比增长 34.0%，科技推广和应用服务业营收同比增长 183.3%，医学研究和试验发展营收同比增长 75.7%

资料来源：作者根据资料整理所得。

三、中国经济新旧动能转换途径与机制的识别分析

（一）针对打造以传统制造业部门为主的工业 2.0 体系，加快布局和实施以提升生产率和产品质量为核心的经济新旧动能转换模式

从 2013 年开始，中国第三产业增加值占 GDP 比重超过第二产业，成

为国民经济第一大产业，但是，这并不意味着以服务业为主的第三产业取代了工业制造业，在中国经济发展中占据主导地位；相反，制造业对中国经济的基础性地位和主导性作用愈加突出。要高度认清的一个基本事实是，虽然中国某些领域某些地方的高新技术产业或战略性新兴产业出现了良好的增长势头，但是，从中国制造业的整体看，传统制造业仍然在中国国民经济中占据相当重要的地位，针对中国绝大多数地区而言，传统制造业仍然是地区经济的主导产业，不可能越过以自动化为主的工业 2.0 体系，一步跨越到以信息化为主的工业 3.0 体系甚至以智能化为主的工业 4.0 体系。基于这样的客观事实，中国经济新旧动能转换的一个重要着力方向，是要针对当前传统制造业以及产业集群所普遍存在的突出问题和共性问题。

事实上，当前中国传统制造业存在两个方面的突出问题：一是产品质量迫切需要提升；二是企业生产率需要大幅度提升。一方面，传统制造业产品质量的相对低下，是中国在核心基础零部件（元器件）、先进基础工艺、关键基础材料以及共性和关键产业技术基础这四个“四基”方面的工业 2.0 体系基础能力薄弱的集中体现；另一方面，在劳动力、环境等关键要素成本持续上升的压力下，传统制造业的出口竞争优势出现了过早过快下滑的局面，这就需要通过“机器替代人”“技术替代人”提升传统制造业部门的劳动生产率以及全要素生产率，降低相对成本，同时，这也可以为企业提升产品质量创造条件。

我们的测算表明，假定中国传统制造业在 2016~2020 年劳动生产率复合年均增长率为 6.5%~8.5%，2016~2020 年传统制造业就业规模年均变化率为 1.38% 的前提下，以 2010 年不变人民币价格所计算的年均创造 GDP 规模，就高达 3901.910 亿 ~5102.497 亿元。

（二）针对打造以新型工业化以及工业化与信息化“两化融合”为主的工业 3.0 体系，加快布局和实施以塑造自主创新能力体系为核心的经济新旧动能转换模式

依据中国国务院发展研究中心 2017 年发布的《借鉴德国工业 4.0，推动中国制造业转型升级》研究报告的判断，中国制造业在整体层面尚处于由工业 2.0 向工业 3.0 过渡的阶段，因此，打造以新型工业化以及工业化与信息化“两化融合”为主的工业 3.0 体系，应该是中国今后相当长一段时期内多数地区和多数领域经济新旧动能转换的主导和主攻方向。中国在推进新型工业化以及工业化与信息化“两化融合”中取得了积极的进展，但是，总体上仍然处于不断探索阶段。不同行业、地区和企业间的自动化程度和信息化能力存在巨大差异，自主创新能力发展水平参差不齐，这也使中国制造型在向精益制造、柔性制造、数字化制造、网络化制造的转型过程中，将呈现多样化、差别化、阶段性的需求。

一方面，迫切需要加强共性关键技术创新研发，攻克产品创新、工艺创新、基础创新、原始创新、信息化创新、过程集成创新、系统集成创新等领域的基础创新研发能力以及共性技术，开发一批具有自主知识产权的基础性和应用型相融合的创新技术，建设完善创新协同生态系统。

另一方面，迫切需要完善以企业为主体、市场为导向、政产学研用相结合的制造业创新体系，围绕产业链部署创新链，围绕创新链配置资源链，加强产业链、创新链、资源链的全面对接和融合，加强关键核心技术攻关，加速科技成果产业化，从而提高中国关键行业、关键环节和重点领域的自主创新系统能力的整体提升。比如，构建具有自主知识产权体系和自主创新能力体系的生产装备制造业，是中国作为打造工业 3.0 体系的重点突破方向。

我们的测算表明，假定中国装备制造业在 2016~2020 年劳动生产率复合年均增长率为 9.5%~12.5%，2016~2020 年装备制造业就业规模年均变化率为 4.03% 的前提下，以 2010 年不变人民币价格所计算的年均创造 GDP 规模，就高达 7045.889 亿 ~9270.907 亿元。

（三）针对以构建智能制造为主的工业 4.0 体系，加快布局和实施以突破关键核心技术创新、抢占全球科技创新制高点和重大战略性新兴产业突破为目标的经济新旧动能转换模式

全球发达国家正在推行的各种形态的工业 4.0，对中国制造业既带来挑战，也带来机遇。全球兴起的新一代信息技术和 AI 技术与制造业深度融合，正在逐步引发影响深远的产业大变革和经济大破局，并且会形成新的生产方式、产业形态、商业模式和经济增长点。

一方面，全球各国都在加大处于创新研发前沿领域以及引领产业新变革可能的科技创新领域的支持和激励力度，积极推动三维（3D）打印、移动互联网、云计算、大数据、生物工程、新能源、新材料等领域取得新突破。而且，基于信息物理系统的智能装备、智能工厂等智能制造正在引领制造方式变革；网络众包、协同设计、大规模个性化定制、精准供应链管理、全生命周期管理、电子商务等正在重塑全球产业产品价值链体系。而且，在可穿戴智能产品、智能家电、智能汽车等智能终端产品方面，正在出现突破苗头，不断拓展制造业新领域新形态新模式。

另一方面，要在这些科技创新前沿领域取得进步和成效，尤为需要基础创新和原始创新能力的全面支撑，没有基础创新和原始创新能力的提升和强化，中国就不可能在引领产业新变革的这些科技创新领域取得真正的成功和推进。在这种情形下，即便中国制造业整体仍然处于 2.0 和 3.0 的过渡阶段，为了加快“中国制造”向“中国创造”的战略转变，加快布局以抢占全球科技创新制高点的创新驱动发展战略，加快实施以特定领域和重点领域的战略性新兴产业突破为目标的创新“弯道超车”战略，仍然要构建以智能制造为主的工业 4.0 体系，作为加快中国经济新旧动能转换重点方向之一。

我们的测算表明，假定中国战略性新兴制造业在 2016~2020 年劳动生产率复合年均增长率为 9.5%~11.5%、战略性新兴制造业就业规模年均变化率为 2.88% 的前提下，以 2010 年不变人民币价格所计算的年均创造 GDP 规模，就高达 3848.625 亿 ~4658.862 亿元。再比如，根据埃森哲咨询公司 2017 年发布的《人工智能：助力中国经济增长》的报告，深入研究了人工智能技术对中国经济的影响，他们的测算预计，作为全新的生产要素，人工智能有潜力在 2035 年推动中国劳动生产率提高 27%，促使中国经济总增加值提升 7.111 万亿美元。

（四）立足于中国特有的“超级规模市场→超级商业模式创新机会→全新经济增长点”的增长机制，促进以“互联网 +”和数字经济为导向的经济新旧动能转换模式的多点形成和加速形成

与其他发达国家或新兴国家相比，中国经济所独有的一个巨大竞争优势是“超级规模市场→超级商业模式创新机会→全新经济增长点”的增长机制，这种增长机制并不依靠强大的原始创新和基础创新，而是依靠特定信息技术下的市场创新和商业模式创新，可以充分发挥类似于中国这样的发展中大国所具有的巨大市场机会和市场优势。随着中国人均GDP的逐步增长，工资水平的普遍提升以及中产阶层规模的进一步扩张，所带来的消费规模的急剧扩大和消费需求的升级换代，会促使中国的“超级规模市场”的潜力得到极大的释放。因此，对于中国这样的独特发展中大国而言，自身的“超级规模市场”优势，很有可能转化为“超级商业模式创新机会”，进而成为既有成熟发达国家所不具备的独特的“全新经济增长点”，成为中国经济增长的内生动力来源。有鉴于此，中国经济新旧动能转换的一个重要方向以及可行路径是要利用“互联网+”等的特定技术效应，在多产业融合以及“互联网+”和产业融合等领域，充分发挥“超级规模市场→超级商业模式创新机会→全新经济增长点”的特定增长机会，培育中国新经济新动能的加速形成和壮大。

一方面，以分享经济为例，根据2017年2月28日国家信息中心分享经济研究中心发布《中国分享经济发展报告2017》数据显示，中国分享经济从零到有，呈现出一个爆炸式增长的惊人态势。特别是中国在消费和服务领域所迸发出来的分享经济创新模式，在中国经济增长新动力新动能的培育和兴起方面，已经扮演了相当重要的支撑角色。从交易规模看，2016年，中国分享经济实现的市场交易额高达3.45万亿元，同比增速高达103%，参与分享人数达6亿，提供服务者人数约6000万。从分享经济对拉动投资的贡献作用来看，2016年，中国分享经济企业的融资规模达1710亿元，比2015年的增速高130%。分享经济对中国创造就业岗位和解决就业问题方面的作用，也极为引人注目。有专家曾预计到2020年，分享经济提供服务者的人数有望超过1亿人，其中，全职参与人员能够达到2000万人。曾有学者预测，从未来的发展趋势来看，中国分享经济的规模仍有可能保持年均40%左右的高速增长态势，到2020年，分享经济交易规模占GDP比重可能会达到10%以上。有鉴于此，有学者甚至表示，在未来的3~5年，分享经济能够成为中国抵消和阻挡投资增速继续下滑的最为关键的支撑力量。

另一方面，以数字经济为例，中国信息通信研究院2017年发布了《中国数字经济发展白皮书2017》，数字经济已成为近年来带动经济增长的核心动力，他们的测算表明，2016年，中国数字经济总量达到22.6万亿元，同比名义增长接近19%，占GDP比重超过30%，同比提升2.8个百分点。再比如，据美国麦肯锡咨询公司2017年所发表的报告《中国数字经济如何引领全球趋势》显示，中国目前已是全球领先的数字化投资和应用大国，取得的成就远超多数关注者预期。庞大市场体量，中国政府“先试水、后监管”鼓励创新的态度，“百度、阿里巴巴和腾讯”（BAT）等巨头数字生态圈的扩展，都表明中国数字化发展还有巨大潜力。同时，中国正通过输出数字资金、商业模式和技术等方式，改变全球数字化格局，极可能对世界经济产生重大影响。这具体表现在：

一是中国现已成为全球电子商务和数字化支付的“领头羊”，孕育了全球1/3的“独角兽”公司。过去10年来，中国已在多个领域成为全球数字经济的引领者。以电子商务为例，10年前中国电商交易额还不到全球总额的1%，如今占比已超40%，据估算已超英、美、日、法、德五国总和。数字化支付也在迅速增长。2016年，中国与个人消费相关移动支付交易额高达7900亿美元，相当于美国的11倍。全球262家“独角兽”公司中，1/3是中国公司，占其总估值的43%。

二是中国的数字化投资与初创企业生态圈的活跃度在全球名列前茅。中国风投投资总额从2011~2013年的120亿美元迅速增至2014~2019年的1200亿美元，在全球风险投资中的占比也从6%相应提升到19%。大部分风投资金流向大数据、人工智能、金融科技等数字企业。中国对某些关键数字技术的风投规模位居世界第三，包括虚拟现实、自动驾驶汽车、3D打印、机器人、无人机及人工智能。2014~2016年，中国对外风险投资总额达380亿美元，约80%投资都流向发达经济体，其中75%流入数字化相关行业。在过去的两年内，中国三大互联网巨头达成35笔跨国交易，而美国三大巨头只达成20笔。

（五）在进一步深入推进改革开放的背景下，经济新旧动能转换的推进，不能忽略以重塑制造业国际竞争优势，优化出口结构为导向以及关键领域的进口替代机会等领域所蕴藏的重要增长和发展机会

自从中国进入经济新常态以来，出口增速呈现了逐步下滑态势，对中国经济增长拉动作用在逐步减弱，但客观事实是，出口仍然是中国经济增长动力的主要支撑力量之一。数据显示，2016 年，出口额占中国 GDP 的比重仍然达到 18.61%，进出口占中国 GDP 的比重高达 32.71%。然而，导致中国出口增速下滑的原因，既与全球经济以及主要发达国家经济的“大停滞”周期密切相关，也与中国劳动力等关键要素成本急剧提升所导致的低成本出口优势过早过快弱化密切相关。牛津经济研究院调研结果显示，2016 年，中国劳动力生产率仅为美国的 14% 左右，但劳动力成本在总体上已经与美国基本持平，甚至已经超过不少东欧国家。面对各种要素成本的持续上涨压力，中国的制造业出口部门正在经历重要的分化现象：高端制造业通过“自动化 + 信息化”的有机结合追求智能化生产，以“机器替代人”和“生产线替代人”降低人工成本，以提升生产效率来降低相对成本；中低端制造业则通过“外迁 + 小型化”方式来降低生产成本，而留在国内的工厂规模却日益趋于小型化，作为接单窗口，以满足客户研发和打样需求。

在这种情形下，我们更要清醒地看到，中国的对外贸易部门仍然蕴藏着巨大的经济新旧动能转换机会，这具体表现在：

一是传统制造业出口优势重塑所蕴藏的创新和产业发展机会。可以通过大规模的“机器替代人”“技术替代人”“生产流水线替代人”等途径，提升传统制造业出口部门的劳动生产率和全要素生产率，通过降低相对出口成本，来重塑中国传统制造业的出口竞争优势，守住中国传统制造业的既定出口市场份额和市场地位，这就给中国装备制造业以及智能制造提供了重要机会。

二是出口结构优化升级所蕴藏的经济新旧动能转换机会。依靠传统制造业的产业链和创新链的融合来促进出口国内附加值的提升和全球价值链的攀升。基于与发达国家互利共赢的基础，将中国的出口结构适度地向高端制造业和战略性新兴产业的方向升级，确保中国制造业在全球高端市场所应有的一席之地。

三是在欧美等主要发达国家经济复苏效应的带动下，全球可能会进入新一轮的朱格拉周期（见图 1–1）。中国是全球装备制造业的主要出口大国，因此会受益于全球经济复苏所带来的对装备制造产品的巨大需求，从而拉动中国装备设备制造业的再繁荣，通过出口结构的转型升级渠道，促进中国装备设备制造业部门中经济新旧动能转换，从而进一步推动中国经济增长。

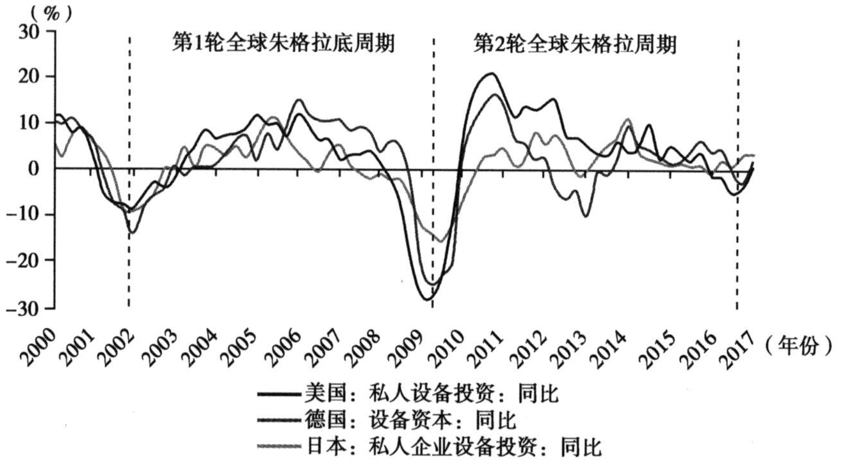

图 1–1 全球经济朱格拉周期的变化趋势

资料来源：国泰君安证券研究报告:《全球新一轮朱格拉周期下中国制造业再繁荣》，2017 年 8 月 22 日。

四是关键领域的进口替代所蕴藏的经济新旧动能转换机会。如图 1–2 所示，从中国对外贸易中的进口结构来看，自 2002 年以来，中国机电产品进口额占中国进口额的比重就超过 40%，在 2006 年达到最高值 54.03%，之后呈现一个轻微的“U”型变化态势，2016 年达到 48.59%。而且，高新技术产品进口额占中国进口额的比重从 1998 年的 20.82% 逐步上升到 2016 年的 31.22%。从 2016 年中国工业品进口金额的排序来看，反映中国制造业部门中以高创新、高技术、高附加值含量为主的关键零配件的总进口额就高达 4263.6 亿美元，而且，医药品加原料药加医药器械的进口额达到 479.62 亿美元。这两项进口额占中国当年 GDP 的比重为 4.31%。其中，集成电路的进口依赖度则高达 90% 以上，而仪器仪表和医疗器械进口依赖度都在 30% 以上。

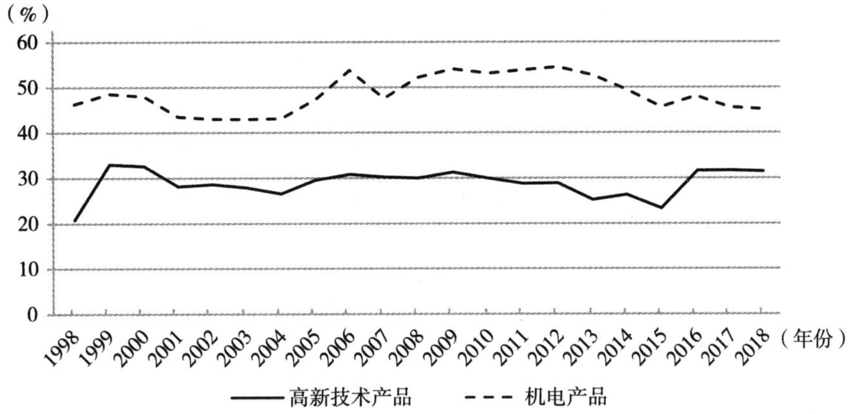

图 1-2　中国不同类型产品进口额占进口总额比值的变化趋势

资料来源：笔者根据商务部和海关总署网站的数据整理所得。

（六）立足于中国特色的区域阶梯式发展空间和区域一体化的巨大发展机会，促进以提升区域协同和区域融合发展为导向的经济新旧动能转换新格局形成

需要客观看到的是，中国经济发展所具有独特的巨大的多层次区域空间优势，这为中国创新和产业的融合发展提供了经济发展水平差异较大的不同区域之间的产业转移机会和不同层次产业的阶梯式发展机会，也提供了推进区域一体化和区域协同发展的重大发展机会。通过落实国家区域发展总体战略和主体功能区规划，综合考虑资源能源、环境容量、市场空间等因素，制定和实施重点行业布局规划，优化制造业发展布局。

调整优化重大生产力布局。特别是要创建一批承接产业转移示范园区，建设一批特色和优势突出、产业链协同高效、核心竞争力强、公共服务体系健全的新型工业化示范基地，引导产业合理有序转移，推动东中西部制造业协调发展，推动长江经济带产业协同发展以及创新和产业的协同发展，特别是推动京津冀的创新和产业协同发展，这将充分释放中国的经济新旧动能转换的潜力和空间。仅京津冀创新和产业协同发展战略的推进，就可能为中国经济释放巨大的动能。在京津冀协同发展战略的全面落实和推动下，京津冀地区经济运行总体平稳，新动能加快成长，同时协同发展继续稳步推进。经初步核算，2017 年上半年，京津冀三地实现地区生产总值（GDP）合计 38198.6 亿元，已占全国的 10%。

第二节　当前中国经济新旧动能转换进程中的突出问题及机制体制障碍

一、以制造业为主的实体经济部门是决定中国经济内生动力的核心因素

当前，以制造业为主的实体经济部门的下行压力仍然突出，下行趋势短期内难以根本性逆转，这是造成当前中国经济面临持续下行压力和风险的核心因素。

（一）以制造业为主的实体经济部门的整体增长乏力、增长动力不足，是导致当前中国经济下行趋势的核心因素

最为直观的一个判断依据是，自 2014 年以来，中国 GDP 同比增速由 2014 年第四季度的 7.2% 逐步下滑到 2019 年第二季度的 6.2%，与此同时，规模以上工业部门增加值同比增速由 2014 年第四季度的 7.0% 逐步下滑到 2019 年第二季度的 5.8%。二者的下行趋势和波动特征表现出相当程度的相关性和一致性。同时，第三产业的增加值同比增速始终高于工业部门，而且一直呈现出相对稳定的增长态势，如图 1–3 所示。

2019 年上半年，国内生产总值同比增长 6.3%。分季度看，2019 年第一季度同比增长 6.4%，第二季度增长 6.2%，第二季度比第一季度下降 0.2 个百分点。分产业看，2019 年第一季度工业增加值同比增长 6.1%，第二季度为 5.8%，下降 0.3 个百分点。而 2019 年上半年第三产业增加值同比增长 7.0%，仍然维持相对高水平增长态势。这深刻表明，当前阶段，以制造业为主的实体经济部门的下行态势，是中国经济整体下行趋势的决定性因素。

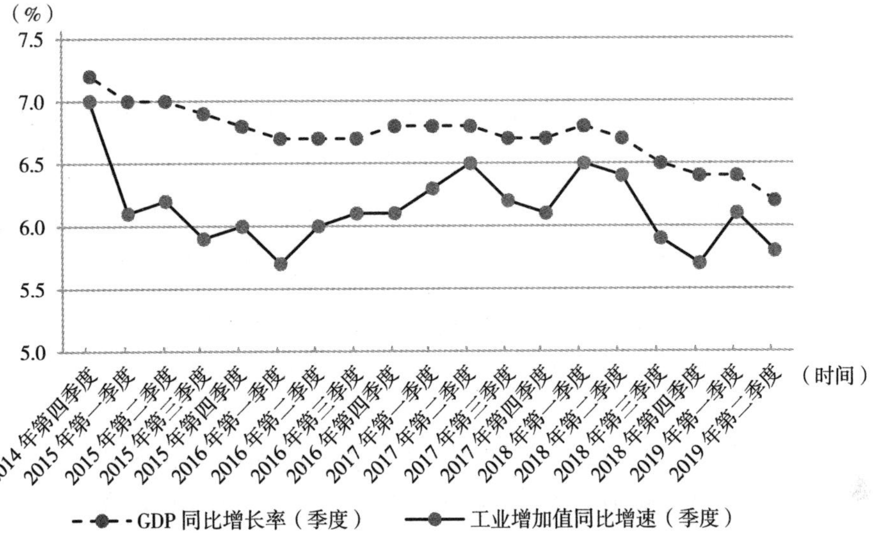

图 1-3　中国 GDP 同比增长率和工业增加值同比增速的季度变化趋势

资料来源：作者利用国家统计局数据计算所得。

（二）第三产业对中国经济增长贡献起到主导作用

总体来看，当前阶段，虽然第三产业对中国经济增长贡献起到主导作用，而且贡献率一直处于增加状态，2019 年上半年，第三产业增加值占国内生产总值的比重为 54.9%，比上年同期提高 0.5 个百分点，比第二产业高 15.0 个百分点；第三产业增长对国内生产总值增长的贡献率为 60.3%，高于第二产业 23.2 个百分点。然而，无法忽略的基本事实是，以制造业为主的实体经济部门仍然是中国经济可持续增长的基础。从短期的角度来看，以制造业为主的实体经济部门的增长动力偏弱，这是导致中国经济持续下行的主要因素，也是决定中国经济短期内能否实现“筑底企稳”的关键因素。从中长期的角度来看，以制造业为主的实体经济部门能否顺利实现转型升级以及自主创新能力体系培育与构建，更是维持中国经济实现中高速增长状态和高质量增长路径的重要条件。

一方面，当前，中国第三产业部门中以新商业模式、数字经济和“互联网 +”为主导创新模式的新经济新动能的兴起，在一定程度上对冲了中国经济下行压力，然而，基本事实是，第三产业部门中经济新旧动能的顺利转换，难以完全替代工业部门中经济新旧动能的转换，对中国经济可持续增长的支撑作用。从第三产业的发展阶段和内在规律逻辑看，基于新商业模式、数字经济和“互联网 +”模式创新的生产服务业和生活服务业，虽然在一定程度上和一定范围内可以实现独立式的发展格局，但正由“相互孤立增长模式”逐步过渡到“相互支撑型发展模式”或者“相互依赖型发展模式”，即第三产业和第二产业之间的互动性和相互支撑性逐步加强。客观事实是，第三产业的增长最终无法脱离以制造业为主的实体经济部门的内生需求和派生需求的硬性约束，必然会遇到增长“天花板”效应。

另一方面，以制造业为主的实体经济部门中新旧动能的加速替换和顺利转换，无论是从短期角度还是从中长期角度来看，对中国经济内生动力的促进效应和塑造功能的决定性作用，都日益凸显和日显重要。

这主要体现在：

第一，以制造业为主的实体经济部门中，新旧动能转换过程中所释放出的巨额固定资产，是短期内对冲中国投资动力不足的核心因素，也是缓解经济下行压力的重要因素。

第二，以制造业为主的实体经济部门自主创新能力体系的培育和自主创新能力的提升，所释放出的巨额创新研发投入，既是 GDP 的重要构成部分，也是拉动中国经济可持续增长和高质量增长的重要因素。

第三，以制造业为主的实体经济部门劳动生产率和全要素生产率的全面提升，是中长期内决定中国经济增长内生动力的重要因素。从中国的现实状况看（见图 1–4），至少 2004~2018 年，第三产业的劳动生产率远远低于制造业部门的劳动生产率，而且，二者的差距一直相对稳定，且有逐步扩大的趋势。在这种情形下，由于第三产业的生产率“拖累”效应，随着第三产业占 GDP 的比重持续提高，中国的产业结构越来越偏向第三产业，很有可能会对中国经济潜在增长率造成结构性“下拉”效应。因此，只有持续性地大幅度提高制造业部门的劳动生产率，才能抵消第三产业部门的相对较低的生产力发展困局，方可持续提高中国整体经济的劳动生产率。

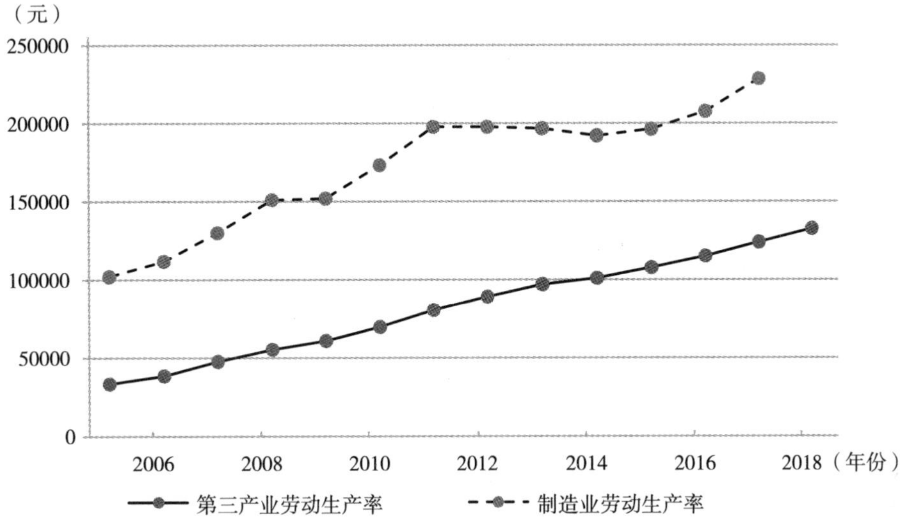

图 1-4 中国第三产业和制造业劳动生产率变化趋势

资料来源：作者利用国家统计局数据计算所得。

第四，以制造业为主的实体经济部门所蕴含的工资增长空间以及未来的高人力资本就业岗位创造能力，是中长期内影响中国内需驱动增长模式加速形成和激发中高端消费动力的重要因素。从中国的现实状况来看（见图 1-5），2002~2018 年，第三产业的人均名义工资水平一直高于制造业部门的人均名义工资水平。更为重要的是，二者的差距不仅没有呈现出收敛趋势，相反，却呈现出逐步扩大趋势，这意味着中国制造业部门的工资水平在相对较低的情形下有相当大的提升空间和机会。今后一段时期内，以制造业为主的实体经济部门推行的转型升级、关键核心技术创新突破以及自主创新能力体系构建主导的新旧动能转化过程中，所蕴含和释放出来的工资增长空间以及未来的高人力资本就业岗位创造能力，必然会在中长期影响中国内需驱动增长模式加速形成，激发中高端消费动力的提升。

二、高度清醒地认识到中国情景下创新和经济增长之间可能的复杂关系

既有的研究表明，创新和经济增长之间存在着复杂关系。创新未必会转化为经济增长的动力。从中国的现实情况看，一方面，中国正在逐步越

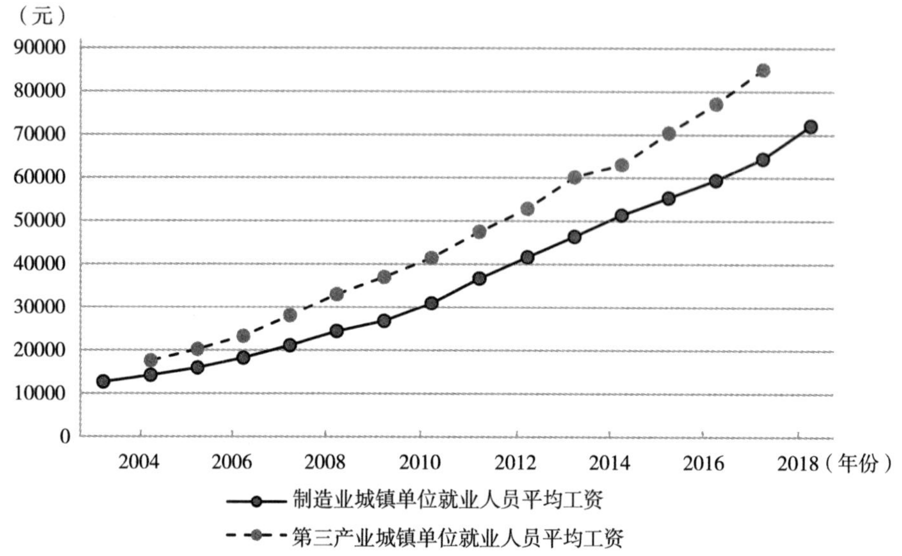

图 1-5　中国第三产业和制造业人均工资的变化趋势

资料来源：笔者利用国家统计局数据计算所得。

过利用简单模仿创新机会的发展阶段，进入了依靠打造模仿后集成创新体系、构建基于本土市场内需升级机会的自主创新能力体系全面提升的特定阶段，甚至在某些领域已经进入了依靠创新和技术突破的前沿阶段。另一方面，在发达国家针对中国的创新和技术封锁和压制日益强化的前提下，无论是从基础创新角度，还是从应用创新角度，抑或是从科技创新还是产业创新的角度看，中国均需要主要依靠自主创新能力体系的构建，以完成自身的经济新旧动能转换过程。因此，在这种情形下，中国情景下创新和经济增长之间的关系可能更为复杂，更具有阶段性动态特征。

当前，更要从两个方面关注中国背景下创新和经济增长之间可能的复杂关系：

（一）信息技术一定能带来中国经济增长吗

"索洛悖论"理论假说指出，计算机信息技术的发展未必会带来生产率的提高，也未必会带来经济增长。对此，"高登质疑"对此的解释是，信息技术进步也未必能够给生产率的提高带来质的变化。对计算机的大量投资并没有带来美国劳动生产率的加速提高；相反，在 19 世纪末 20 世纪初，以电力和汽车为代表的第二次科技革命曾经带来美国劳动生产率和全要素生产率的高速增长。因此，计算机革命根本不能与19世纪末的伟大发明相提并论。最为突出的证据是“麦肯锡报告”，麦肯锡公司于2001年发表了一份题为《美国经济的未来》的研究报告，认为“信息产业只是美劳动生产率增长的诸多驱动因素之一”，该报告指出“信息技术投资在某些行业发挥了巨大作用，但在另外一些行业则成效甚微。产品创新、服务创新、竞争加剧以及在一定程度上的周期性需求，都是促进劳动生产率增长更为重要的直接因素”。麦肯锡公司着重研究了银行、酒店、电信行业的长途数据业务等，这些部门都进行了大量的信息技术投资，但其劳动生产率增长反而减慢了，并未对经济增长产生促进效应。

这种情形下，值得我们高度关注和思考的问题是，中国正在推进的“互联网 +”以及信息化和工业化深度融合等发展战略，究竟能在多大程度上促进第三产业自身以及第二产业中制造业的劳动生产率和全要素生产率的可持续提升？是否会陷入“鲍莫尔成本病”的发展困局，甚至造成“互联网 +”和信息化的泡沫化现象？图1–6的数据显示，2015年8月~2019年5月，在中国新经济中，占比最大的是新一代信息技术和信息服务行业，大概占新经济规模的1/3，其在中国整个经济规模中所占比重基本稳定在10%左右，其次是金融和法律服务业，所占新经济规模比重在11%左右。相反，诸如高端装备制造产业、生物医药产业、新材料产业、新能源产业以及科学研究和技术服务业等与制造业实体经济部门密切相关的产业部门，所占新经济规模比重大概在8%、7.8%、1.6%、1.4%和5%左右（见图1–7、图1–8）。这种巨大的反差背后可能反映出的事实是，中国当前阶段主导新经济的力量是新一代信息技术与信息服务行业、金融和法律服务业，更能体现中国自主创新能力的高端装备制造产业、生物医药产业、新材料产业、新能源产业以及科学研究和技术服务业等部门，尚未成为中国新经济的主导力量。由此，可以进一步看出，一方面，中国以原始创新、基础创新、应用创新和集成创新为主的自主创新能力体系，可能尚未处于构建中；另一方面，信息化技术和“互联网 +”在需求侧的消费领域得到广泛使用，在市场商业模式创新和组织模式创新得到突破和应用。但是，可能尚未与供给侧生产部门得到充分的融合，并未通过对制造业劳动生产率和全要素生产率的促进效应，对中国经济增长动力形成有效的支撑效应。这应该是中国今后信息化技术和“互联网 +”的重点实施和突破方向。

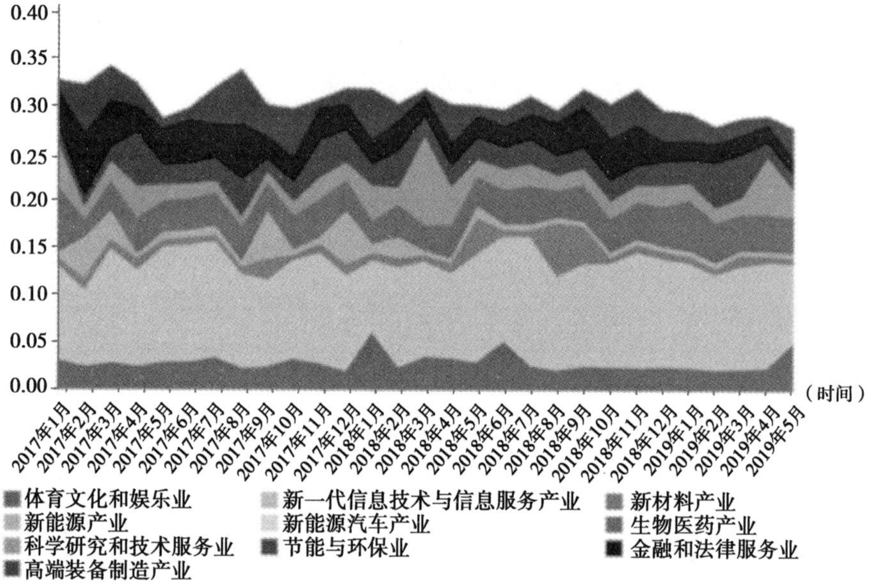

图 1-6　2017 年 1 月至 2019 年 5 月中国新经济中各产业发展占比变化趋势

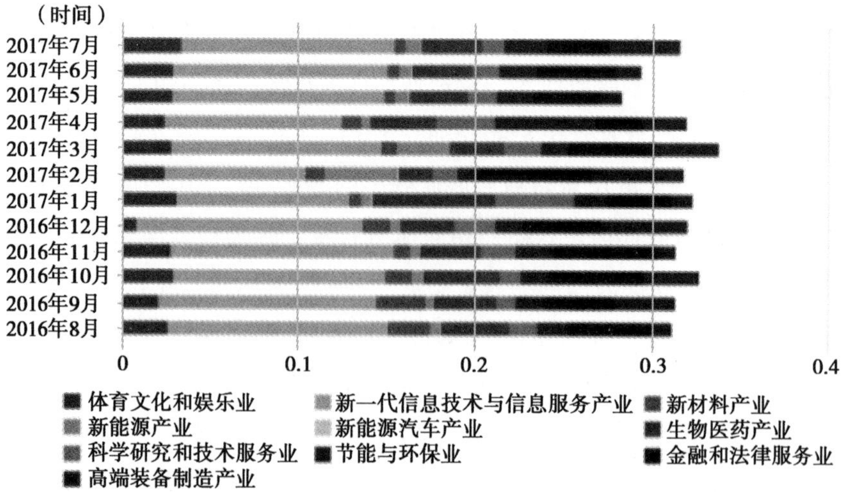

图 1-7　2016 年 8 月至 2017 年 7 月中国新经济中各产业发展占比变化趋势

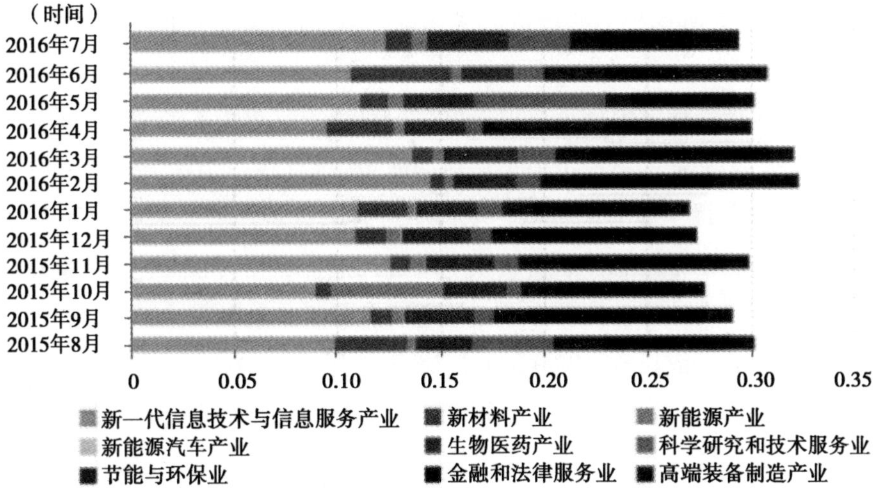

图 1-8　2015~2016 年中国新经济中各产业发展占比变化趋势

资料来源：财智 BBD 新经济指数（试行版），http：//cebm.caixin.com/2016-03-03/100915274.html；http：//nei.caixin.com/2019-06-02/101422673.html。

（二）专利快速增长一定能带来中国经济增长吗

自 1984 年中国正式颁布《专利法》以来，1987~2019 年，中国专利的申请受理量和授权量呈现快速增长态势。三种专利的申请受理量由 1985 年的 14372 件增加到 2018 年的 4323112 件，增长了 299.80 倍。三种专利的授权量在 1985 年仅有 138 件，而 2018 年增长至 2447460 件，这一增幅更是达到了 17734.22 倍。特别是进入 21 世纪以来，无论是从申请角度还是从授权角度来看，中国专利数量均呈现了加速式、爆炸式增长态势。中国在 2012 年已成为全球发明专利申请数量第一大国。2014 年，中国企业在《专利合作条约》的 PCT 框架下共提交了 25539 件国际专利申请，年增长率高达 18.7%，是当年全球专利申请呈现两位数增长的唯一国家。2016 年，美国在《专利合作条约》的 PCT 框架下的专利申请量接近 56600 件，连续 39 年保持第一，其次是日本超过 45200 件，中国则接近 43000 件，已经逼近了美日的申请数量；到了 2018 年，这一数字更是增长至 53345 件，仅比排名第一的美国少 2797 件。

（三）当前阶段中国新经济新动能占 GDP 的比重能否整体上跨越 30% 的门槛

迄今为止，在中国制造业中并没有形成新动能与传统经济稳定的融合发展态势。无论是从新经济还是从新动能角度来看，中国新经济新动能增长势头虽然取得了显著的成效，取得了可喜的进步，但一个客观事实是，新经济新动能在中国总体经济规模中所占比重仍然相对较低，并未对中国经济增长形成主导型的拉动作用。从高技术服务业角度看，2019 年，中国高技术服务业完成投资 14960 亿元，比 2018 年增长 18.3%，增速比第三产业投资要高出 7.4 个百分点，比全部投资要高出 10.2 个百分点。但是，高技术服务业占第三产业投资的比重仅为 4.3%，对第三产业发展的拉动效应相对有限。从工业高技术产业的角度来看，2019 年，中国工业高技术产业投资 22787 亿元，比 2018 年增长了 14.2%，增速比工业部门投资增速要高出 10.6 个百分点，但其占全部工业投资的比重也仅为 10%，其对第二产业发展的拉动效应也相对有限。

同时，中国经济呈现出典型的区域之间不平等。中国不同省份地区和城市之间新动能占 GDP 比重的落差极大，充分说明中国经济发展的不平衡性以及经济发展条件的显著差异性，从而深刻反映了中国当前情景下推进创新和产业深度融合发展所面临的多样性和复杂性，背后所掩藏的挑战性和艰巨性。深圳作为中国新动能转换发展得最为有效的创新型城市，2019 年，以“三新产业”为主的新动能占 GDP 比重达到了 50.4%。但作为构建全球有影响力的全国科技创新中心发展定位的首都北京，2017 年上半年，新经济新动能占 GDP 比重就只有 33.4%。仅仅从这两个中国主要发达城市的数据对比就可以看出，中国不同城市之间新经济新动能显著的发展差异。很显然，对于大部分的中西部地区和东北地区的城市而言，新经济新动能占 GDP 比重必然更低了，处于孕育期或起步期。

当前中国新经济新动能正处于从量变逐步向质变转化的关键转折期，同时，这也意味着中国新经济发展和新动能的经济贡献处于一个极为重要的临界点以及爬坡期。所谓临界点和爬坡期的判断，指中国经济新动能占 GDP 比重目前仅有 12%，正处于由 12% 向 30% 甚至更高水平逐步攀升的关键爬坡期，这个时期恰好是新经济新动能开始逐步对中国经济增长动力形成有效支撑力，但是，新经济新动能规模尚未大到足以对中国经济增长动力起到主导型支撑作用的特定时期，经济新动能对旧动能的替代或抵消效应正处于关键“此消彼长”的拉锯战阶段，处于“逆水行舟，不进则退”的关键爬坡前行阶段，不少地方经济正处于传统发展动力快速消减与新动能增长动力加速成长的交叉点附近，特别是对于经济增长换挡期短期发展压力大的省份和城市，这种新动能的爬坡可能面临反复和阵痛。

三、当前中国地方政府在推进经济新旧动能转换进程中，发生了一系列突出的认知和操作误区

依据我们的实地调研、详细访谈、密切观察和深入思考，在中国各级地方政府落实和推进中央所部署的针对加快经济新旧动能转换的战略规划和具体政策布局的过程中，出现了一系列典型的认知误区和操作失误行为，可将之归纳为：

（一）中国各级地方政府产业政策存在的问题

目前，部分发达地区以及中西部地区省级层面采用各种新型的政府产业引导基金和创新基金，多数地方政府仍然沿袭以政府财政资金补贴和优惠政策为主、依靠创新经济开发区作为载体平台的政府主导模式，作为促进地区经济新旧动能转换的主要政策举措，而从根本上或多或少忽略了依靠减少政府不合理干预行为、消除要素市场扭曲、培育市场公平竞争环境、降低制度性交易成本，对加快地区经济新旧动能转换，激发微观主体创新创业活力的决定性作用。

我们的长期实地调查发现，不少地方政府并不是积极采取减少政府不合理干预行为，消除关键要素市场扭曲现象，培育市场公平竞争环境，降低微观企业层面的制度性交易成本和综合性生产成本，从而激励微观企业依靠自主创新能力提升来重塑市场竞争力等改革途径，推动地区经济新旧动能转换，促进地区经济新旧动能的转换，培育地区经济增长动力。相反，仍然沿袭以往的以施加各种政府财政资金补贴和优惠政策为主的政府主导模式，作为促进地区经济新旧动能转换的主要政策和措施手段，事实

上，这可能不仅不能促进地区经济新旧动能转换，推进地区的经济新旧动能转换，相反，很有可能由于固化了政府和市场之间的不合理边界，导致地区的市场化机制发展滞后甚至改革滞后，从而对地区创新和产业的深度融合发展以及经济新旧动能的转换造成不可忽略的阻碍效应甚至扭曲效应。

（二）中国不少地方政府或多或少忽略了以制造业为主的实体经济部门应该是经济新旧动能转换的主攻方向，而片面强调第三产业，特别是第三产业中的信息化产业、金融业以及物流业等相关行业对地区经济的支撑作用

从中国当前的发展阶段看，以制造业为主的实体经济部门应该是经济新旧动能转换的主攻方向和实施重点，然而，中国不少地方政府对此问题的重要性、紧迫性以及地区间和国家间制造业发展机会竞争残酷性的认识，却远远不足。

一方面，不少地方政府主观认为，中国已经进入了所谓后工业化时代，进入了服务业主导的特定发展阶段，第三产业发展的重要性已经超过第二产业。在这种认识和判断思维的扭曲效应下，不少地方政府简单或片面地将第三产业增加值在 GDP 中的比重超过第二产业比重，定义为经济结构优化升级的重要指标，确认为地区经济进入新发展阶段的特定标志。

另一方面，在制造业转型升级和可持续发展面临多重机制性、体制性障碍因素的强力制约而造成的多场发展困局下，不少地方政府并不是采取“迎难而上”的主动改革思维和策略，而是将地区经济发展动力程度不等地寄托于第三产业，尤其是偏好于采取以各种政府补贴和优惠政策为主导的产业政策，以扶持第三产业的发展，特别是强调发展第三产业中的信息化产业、金融业以及物流业等相关行业对地区经济的支撑作用，从根本上忽略了在以制造业为主的实体经济部门中加快推进经济新旧动能转换，对中国现阶段多数地区发展和壮大经济动力的决定性作用。

（三）中国不少地方政府片面地将战略性新兴产业以及高新技术产业作为经济新旧动能转换的主攻方向，而根本性地忽略了传统制造业部门仍然应该是地区经济新旧动能转换的着力点和突破口所在

当前，在面对如何依靠本地区的特定比较优势和禀赋条件来发展什么样的制造业，在我们看来，中国不少地方政府对此问题的认识和操作存在众多的误区。其中，比较突出且共性的一个现象是，不少地方政府完全不顾地区自身既有的产业发展基础与特定要素禀赋，也不顾本地区是否具有或者能否培育起来发展战略性新兴产业以及高新技术产业所必需的人才体系能力以及技术创新积累能力，更不顾本地区是否具备发展战略性新兴产业以及高新技术产业所需要的金融市场体系、多层次资本体系等关键性支撑条件，通过对国家发展战略性新兴产业以及高新技术产业的指导思路和产业目录的简单理解和照搬，依靠各种政府财政资金补贴以及优惠政策作为招商引资的核心筹码，试图将战略性新兴产业以及高新技术产业打造成为本地区经济动力的来源。

但是，对于中国的大多数地区而言，在很大程度上并不具备大规模发展战略性新兴产业以及高新技术产业的关键性基础条件和优势条件，相反，却可以通过推进真正的且扎实的改革措施降低生产成本和制度性交易成本，以恢复或重塑传统制造业的国内外市场竞争优势，促进传统制造业从“品质洼地”向“品质中高地”的升级，依靠技术进步促进传统制造业生产率的持续提升。因此，在这种情形之下，地方政府这种脱离产业根植性和要素禀赋条件的发展思路所造成的后果是，必然会激励地方政府片面夸大和扭曲战略性新兴产业以及高新技术产业对地区经济的支撑作用，而根本性地忽略了针对传统制造业的转型升级，仍然应该是这些地区经济新旧动能转换的着力点和发力点。

四、当前中国经济新旧动能加速替换过程中暴露出来的一系列新问题和新风险

（1）部分地方政府在推动经济新旧动能转换过程中，一味沿袭和依赖政府扶持政策和各种隐性土地、税收优惠政策的传统产业发展模式，在一定程度上导致新动能虚假化现象和泡沫化现象的发生。例如，利用出让金返还政策和税收财政资金后补政策，进行招商引资高新技术企业和刺激新兴产业发展，导致部分地区高新技术企业数量“虚假性”快速增长，部分地区存在盲目发展战略性新兴产业及高新技术企业，部分地区的高新技术

企业或新兴产业并不具有根植性和持续性，进而造成这些地区的经济增长内生动力严重不足的突出现象。

（2）在中央多轮环保督察行动压力之下，不少地方政府将关注力和精力放在如何应对上级的环保督察上，对不符合环保法律要求的企业和产业，采取简单的“一刀切”关停工厂方法，完全忽略了对积极发展绿色制造体系应有的推进工作责任，造成部分地区的产业断层和经济增长动力缺失风险。客观事实是，对于中国当前众多的不符合环保法律要求产业和企业而言，这些产业或企业生产的产品多数均是生产和生活必需品，不可能因为现有的生产方法不环保就完全停止生产或从国外进口。最为合理的方法是，政府采取各种市场引导政策或财政优惠政策，来帮助和激励这些产业或企业研发和引进绿色制造、绿色装备和绿色工艺，或者针对特定产业特定公共关键技术平台采取政府支持策略，或者政府主动发展集中处理污染公共设施等方法加以彻底解决。

（3）部分县镇乡层面特别是部分中西部地区的县镇乡层面减税降费政策出现了变异和扭曲现象，导致制造业企业和中小微企业的获得感有限，甚至部分地区有税费征收力度强化和征收范围扩大的趋势。实地调研发现，县镇乡区域特别是北方地区的县镇乡区域地方政府，在落实和实施国家减税降费政策过程中，由于多数地方政府财政供养人口冗余和政府机构的螺旋式膨胀所导致的长期处于“吃财政饭状态”以及巨额财政赤字压力，地区征税计划指标不仅没有调整，反而有提高的现象，造成征收范围持续扩大和征收力度过于严格，致使县镇乡区域的制造业企业和中小微企业的真实税收负担非但没有降低，而且有上涨的趋势。再加上这些地区中部分政府官员对自身利益和部门利益的强烈诉求，造成的巧立名目乱收费现象不仅没有得到遏制，相反还有激化和蔓延的趋势。这进一步加剧了这些地区中小微企业和制造业企业的真实税费负担水平，严重削弱了中小微企业和制造业企业的获得感，恶化了这些地区的营商环境，抑制了这些地区的经济增长内生动力。

（4）民营企业对制造业部门中高新技术企业投资动力尚未完全激活，相反，外资企业以及部分国有企业对高新技术部门的投资快速增长，这种此消彼长的新格局，可能会造成部分地区的新旧动能转换过程中逐步出现产业断裂断层困局和经济发展内生动力缺失风险。

2019 年 1~5 月，民间固定资产投资同比增长 5.3%，增速比 1~4 月回落 0.2 个百分点。这表明，在当前比较复杂的国内外形势下，民营企业的投资动力，特别是对制造业部门中高新技术产业的投资动力尚未完全激活。在中央出台一系列“稳民间投资”和“稳民营企业家信心”的政策激励下，虽然 2019 年呈现一定程度的恢复性反弹，但仍未呈现出可持续增长的特征。对比来看，一方面，2019 年 1~6 月，中国吸收外资额同比增长 7.2%，增速比前 5 个月加快 0.4 个百分点，而且中国吸收外资呈逐月加速趋势。更为重要的是，外商在华投资战略布局正在发生重大变化。从行业角度看，外资正加快向高技术产业及高技术服务业集聚。2019 年 1~6 月，中国高技术产业吸收外资额同比增长 44.3%，占比接近 30%，其中高技术服务业吸收外资额增速超过 70%。从地域角度看，外商投资正从东部沿海逐步向西部地区转移。2019 年上半年，西部地区吸收外资同比增长 21.2%。另一方面，国有控股固定资产投资 2019 年 1~5 月同比增长 7.2%，仍然高于民间固定资产投资 1.9 个百分点。

（5）当前中国各地兴起的公募、私募投资基金以及各种形式的天使基金、风险基金，甚至各地方政府主动设立的各种形式的产业引导发展基金，出现了扎堆甚至盲目投向具有政府优惠扶持政策密集型的特定新兴产业或具备特定要素优势产业中特定企业的新现象。

具体表现在：一方面，在各级政府的新兴产业发展战略规划的指引下，各种形式的公募私募投资基金和天使基金、风险基金，以及各地方政府设立的各种形式产业引导发展基金，均一窝蜂地扎堆投向这些新兴战略产业中的竞争领先企业，这些竞争领先企业在获得额外的政府优惠补贴政策和金融机构多重投资后，自身产能规模和市场占有份额快速扩大，利用自身的政策低成本优势和额外获得的规模经济优势，造成特定的产业垄断性竞争优势，对产业内其他正常经营企业普遍造成极大市场冲击，严重干扰了产业内的正常市场竞争秩序；另一方面，大量公募私募投资基金和天使基金、风险基金，以及各地政府设立的各种形式产业引导发展基金，专门瞄准那些具有特定资源要素的产业或企业（比如稀土产业），或瞄准那些特定产业和产业链中的“独角兽”和“隐形冠军”企业，进行扶持上市操作，甚至弄虚作假包装上市，既造成投资资金的错配效应以及特定企业的垄断效应，也造成中国新兴产业和优势产业中企业的内生发展动力和国际竞争力不足等问题。

（6）当前无法忽略的一个突出矛盾是，中国多数企业进入依赖自身创新研发投入以获取国际竞争力和持久生存核心竞争力的特定阶段，而企业自身创新研发投入在满足个性化、少批量产品为主要特征的市场需求的前提下，并不具有产业广泛的技术溢出效应和大批量产品的拉动效应，这会导致中国本土企业自主创新能力体系的培育和提升，未必能够带来大范围的全要素生产率提升，对经济增长动力的支撑作用比较有限，从而导致新经济新动能对中国经济的支撑作用不足。

通过对北京、天津、上海、江苏、浙江以及深圳等地区的实地调研发现，很多微观企业的确在努力进行“机器替代劳动力”、先进生产设备引进、产品质量提升以及自主创新研发活动，但是，这些微观个体企业的转型升级活动，在全球和中国的消费结构日益呈现个性化、多样化、批量化的特定情形下，特别是在中国大批量的劳动密集型出口产品订单容易受到很多发展中国家的挤压和分散以及制造业向发达国家回流的情形下，微观企业的各种转型升级活动和自主创新能力提升活动，只能带来企业自身的利润增加或创新利润的增加，而不能通过技术溢出效应有效促进整个产业的技术进步和带来产业的全要素生产率提升，这可能造成的悖论是，即便微观企业层面发生了个体化的经济新旧动能导向的转型升级和自主创新能力提升，然而却不能反映到整个产业层面或总体经济层面的技术溢出和技术进步，导致在总体层面中创新对经济拉动效应停滞现象的发生。而且，在中国第三产业中的服务业主要是以商业模式创新的特定情形下，必然会面临“高劳动力成本病”或鲍莫尔指出的“高人力资本病”，最终导致第三产业的劳动生产率和全要素生产率的提升程度有限甚至出现增长停滞的现象，这又会进一步拖累中国的整体劳动生产率和全要素生产率的提升。因此，我们担心的是，在以上两种因素的叠加作用下，中国新经济新动能占 GDP 的比重可能会在较低水平面临比较高的跨越门槛，可能会在 30% 的比重面临特定的阻碍效应，导致中国经济内生动力增长出现“天花板”现象。

（7）无论是从加快传统制造业的转型升级角度看，还是从促进高新技术产业或战略性新兴产业发展壮大角度看，各个层次的人才缺乏问题，已经成为制约东部和中西部地区产业和企业短期及长期发展的突出问题，这是阻碍中国众多地区经济新旧动能转换和替代的突出因素。

实地调研发现，对于那些迫切需要转型升级的传统产业而言，既普遍缺乏低技能劳动力，也缺乏专业性的创新研发人才、工程师和中高级技工，而对那些迫切需要发展壮大的高新技术产业或战略性新兴产业而言，尤其缺乏高层次的创新研发人才、新产品新工艺新材料开发工程师以及生产线上的中高级技工。显而易见，当前阶段，各层次专业化人才的缺乏，已经成为阻碍中国经济新旧动能转化的关键因素。而且，近年来中国多数地区房地产价格的持续快速增长以及近期多数城市房租价格的快速增长，已经迅速传导和推高了普通劳动力成本与高层次人力资本成本的快速持续上涨，极大地刺激了中国传统制造业和新兴产业生产成本的快速上涨，削弱了中国传统制造业的国际出口竞争优势，抑制了中国创新型中小微企业的开创活力和市场竞争力。并且，在那些人力资本密集型和创新研发密集型产业及企业中，房地产价格快速上涨和房租价格迅速上涨所带来的生产成本推高效应，对这些新经济新动能产业和企业市场竞争力和自主创新能力的抑制效应越来越明显。

第三节　当前政府和市场关系成为中国经济新旧动能能否有效转换的核心问题

全面构建政府和市场的新型协同关系，深刻体现和把握好“竞争中性”“所有制中立”原则和“新型举国体制”之间的科学和平衡关系，既是当前加快推进中国经济新旧动能转换和高质量发展的总突破口，也是深入推进机制体制改革的临界点。

依据以上的一系列分析，在我们看来，从当前中国创新链和产业链深度融合发展的特定阶段看，正处于新经济新动能的爬坡期和机制体制改革的临界点的双重叠加期。一方面，新经济新动能规模能否跨越特定的爬坡期门槛，能否对中国经济的支撑力实现从量变到质变的转变，迫切需要机制体制全面改革和深入推进的配合；另一方面，机制体制改革也处于一个关键的临界点，这个临界点的含义是，如果对机制体制改革方向的理解以及政策操作稍有偏差，或者由于利益集团的阻碍导致改革动力机制不足、改革停滞甚至改革倒退现象的发生，导致经济新旧动能转换的动机机制发生偏差甚至扭曲，中国新经济新动能可能不能顺利度过爬坡期。客观上，针对政府和市场关系的认知和把握问题，是导致当前中国不少地方政府在推动经济新旧动能转换中发生变异行为和扭曲效应的总根源，同时科学界定和认识中国情景下政府和市场二者各自的功能定位、合理边界以及动态变化特征，也是加快推进经济新旧动能转换的总突破口。对中国地方政府积极利用政府主导力量以及制定各种落实措施，依靠各种高新技术开发区、自主创新发展示范区、高新技术企业认定以及各种经济开发区的载体平台，以推动地区经济新旧动能转换的模式、行为和效果的全面观察和反思，要高度认识到，在政府主导的发展思维和既定逻辑下，不少地方政府正在实施的各种创新和产业融合赶超举措，以及出台的各类短期产业政策措施，实际上在一定程度上已经偏离了经济新旧动能转换的根本方向，沦落为追求短期 GDP 政绩以及对上负责行为，从根本上忽视和弱化了市场公平竞争机制和市场配置资源的根本性作用，造成了当前中国的经济新旧动能转换中，已经产生了不少突出的变异行为以及扭曲效应。因此，把以上所述的所有问题和障碍，上升到一个顶层设计层面的重大发展导向战略思考，归纳到一个最为核心的机制体制改革问题，就是如何正确认清和把握好政府和市场关系这个灵魂、这个锁眼、这个关键口。仍然延续以往的采取政府主导和扶持的方式，来加快推进经济新旧动能转换？还是简单迷信只有市场机制，才能加快推进经济新旧动能转换？还是积极创造和利用政府与市场的新型合作机制，来加快推进经济新旧动能转换？在我们看来，如何科学理解政府和市场在中国经济发展阶段的各自功能和合理边界，是加快推进中国创新和产业深度融合发展模式形成，以及实施相关顶层设计和具体实践相结合的关键点所在。因此，政府和市场之间的关系和动能定位问题，应该是中国当前经济发展阶段中最为核心的顶层设计问题。在经济新旧动能转换模式的形成和提升过程中，政府怎么进入？市场怎么进入？如何体现二者的有效结合点？这些都是需要迫切加以研究和解决的基础性问题。

要真正加快推进中国情景下创新和产业的深度融合发展，促进中国经济新旧动能的加速转换，依据中国的现实国情以及具体实践经验，就是要充分发挥政府和市场的新型协同协作关系。仅仅依靠政府，或者仅仅依靠市场，均不能在中国情景下全面且有效地解决经济新旧动能转换过程中所存在的诸多突出问题和障碍。对于中国的经济新旧动能转换而言，市场机制是基础性条件，是激活激发经济各微观行为主体创新创业活动的根本性制度机制，而各种形态的产业政策和创新政策，应该是对中国处于发展中国家的特定阶段所发生的各种市场失灵以及创新外部性的纠正，对由于市场机制发育不完全和市场局限性所产生的制度性环境缺陷的补充，对创新链和产业链中关键薄弱环节和关键约束条件的弥补。

从经济新旧动能转换最有成效、经济新旧动能转换最为成功的深圳和杭州这两个城市的具体实践和发展经验看，深圳是以“创新 + 新兴产业”为主导的发展模式，而杭州是以“信息经济 + 民营企业”为主导的发展模式（见表 1–3）。一方面，需要看到的是，深圳和杭州这两个城市为了主动引领地区的经济新旧动能转换，促进地区经济结构的全面转型升级，在国家出台的各项战略规划的引领下，均出台了符合自身发展特色的一系列具体政策措施体系，深刻体现了政府这只“看得见的手”对地区经济引领作用的重要性和必要性；另一方面，更需要看到的是，深圳和杭州这两个城市都是中国市场机制发育程度相对比较先进的地区，市场公平竞争、契约精神以及依靠法治来维护市场交易的理念已经深入骨髓，而且，这两个地区都是民营制造业、股份制企业和上市企业相对集中集聚的区域，市场这只“看不见的手”对创新资源、产业资源的配置以及创新资源和产业资源的对接方面起到了绝对的主导作用。因此，深圳和杭州这两个城市的成功，从表面上看，是创新和产业深度融合的成功，深层次看，是政府和市场功能有机结合的成功，而非仅仅是市场或者政府的成功。

表 1–3 深圳“创新＋新兴产业”模式和杭州“信息经济＋民营企业”模式的比较分析

	深圳“创新＋新兴产业”模式	杭州“信息经济＋民营企业”模式
新经济新动能特点	新经济新动能不断增强。2019年，新纳入“四上”单位库企业3522家，在库单位净增量超过前两年。工业、批发零售业、重点服务业是入库企业的主要行业。尤其是一大批具有新产业、新业态、新模式的“三新”企业被纳入“四上”单位库；2019年，“三新”经济增加值9827.45亿元，占GDP比重50.4%。其中，新产业增加值7847.72亿元，增长10.6%，占GDP比重40.3%。新业态（主要是房屋租赁业、供应链企业和新增企业）经济增加值1565.53亿元，占GDP的8.0%。新模式（主要是商业综合体及大个体）经济增加值414.20亿元，占GDP的2.1%。 深圳市七大战略性新兴产业和四大未来产业为主的新兴产业不断创出新高。2019年，新兴产业增加值增长10.6%，其中互联网产业增长15.3%，机器人、可穿戴设备和智能装备产业增长20.2%。无人机、新能源汽车等新产品产量分别增长60%和146%。新增国家级高新技术企业2513家，是上年增量的3倍以上，累计达8037家	新旧动能加快转换，创新生态不断优化。实现数字经济核心产业增加值预计3320亿元，增长15%左右。规模以上工业中高新技术产业、战略性新兴产业、装备制造业增加值预计分别增长10.8%、13.1%和9.3%左右。加快传统制造业数字化转型，完成“机器换人”重点项目490个，实施上云企业4万余家，开展工厂物联网试点项目236个。推进17个重点传统行业改造升级综合试点。推进大江东产业集聚区体制机制调整

续表

	深圳“创新＋新兴产业”模式	杭州“信息经济＋民营企业”模式
新经济新动能特点	截至2019年底，深圳累计PCT专利已达69347件。在全球创新活动活跃的城市当中，深圳居第二名，领先美国硅谷的59762件。从2014~2019年近5年的平均增长率来看，深圳市的平均增长率为17.79%，远高于东京的7.15%、硅谷的4.98%。 2019年，深圳全社会研发投入超过800亿元，占GDP比重提高至4.1%，超过欧美发达国家水平。仅2016年深圳就获得16项国家科技奖，其中深圳企业参与的4G TD-LTE关键技术与应用首获国家科技进步特等奖	
政府政策特色	深圳把创新提高到城市发展的战略高度，不断加强创新体系顶层设计，先后出台全国首部国家创新型城市总体规划、促进科技创新的地方性法规、自主创新“33条”、创新驱动发展“1+10”文件等系列政策。为了补足基础研究的短板，深圳又从2017年起实施“十大行动计划”，对新一轮创新驱动发展和产业升级进行布局	在经济增长动能减弱、增长势头乏力的大背景下，2014年，杭州提出以发展信息经济、推动智慧应用为主要内容的“一号工程”，这让杭州的互联网基因越发强大。如果中国要找“金融创新＋科技创新”最有代表性的城市，杭州毫无疑问能跻身国内前三强，而这正代表着中国新经济的未来 “互联网＋制造业”的融合创新方面，浙江将建成省“两化”深度融合国家示范区域30个、智能制造示范基地15个。工业互联网广泛应用，大规模个性化定制、网络协同制造、智能生产、服务型制造、绿色制造模式广泛推行，提升企业信息技术集成应用、创新应用水平和劳动生产率 浙江将基本建成国家信息经济示范区、信息化与工业化深度融合国家示范区、国家自主创新示范区、国家跨境电子商务示范区、乌镇互联网创新发展试验区，形成特色鲜明的新型智慧城市应用体系，建立自主可控的信息经济核心产业体系、新一代信息基础设施支撑体系和可信可控的网络安全保障体系，基本建立“数字浙江2.0”框架体系

续表

	深圳“创新 + 新兴产业”模式	杭州“信息经济 + 民营企业”模式
市场机制特征	2019年，深圳企业研发费投入占整个深圳市研发费投入的90%以上	2019年，杭州进入“中国民营企业500强”企业有50家之多。2016年，杭州民营经济实现增加值6586.09亿元，占GDP的59.6%，全市私营企业40.06万户，比上年末增长19.7%；个体工商户42.60万户，增长10.3%。私营企业和个体工商户从业人员分别为281.70万人、84.45万人，分别增长8.9%和6.3% 2019年，杭州发明专利申请量24951件，发明专利授权量8647件，分别增长40.4%和4.2%。新认定国家重点扶持高新技术企业515家，累计达3035家。年内新增11个中国驰名商标，累计157个。年末培育认定研发中心1765家，其中省级研发中心662家。技术市场共吸纳科技成果6597项，实现交易额84.22亿元。科技企业孵化器105家，其中国家级30家，孵化总面积289.00万平方米。纳入国家科技孵化器体系的众创空间达到35家。全市研究和试验发展（R&D）经费支出相当于地区生产总值的3.1%左右

资料来源：笔者根据资料整理所得。

综合以上分析，依据中国的发展阶段和基本国情，在推进经济新旧动能转换的进程中，还需要清晰地认识到，政府到底应该在哪些方面发力，有所作为，而不应该在哪些方面乱作为、不作为。因此，在我们看来，当前打造政府和市场有机结合体系的突破口应该落在：

（一）重新认识与协调好政府和企业在推进创新驱动发展战略中的合作关系

从中国的现实看，究竟是国家和政府还是市场和企业应该在经济新旧动能转换中起到主导作用，对此问题有不同的认识：一种认识是国家和政府应该起到主导作用，理由是类似美国这样的发达国家，长期以来美国政府支持创新研发投入占其全国投入的比重保持在50%~67%；另一种认识是企业应该在中国创新驱动发展战略的实施中起到主导作用，特别是强调要激活民营企业部门的创新研发动力和活力。在我们看来，中国当前创新研发活动所存在的突出问题是“双不足”“双短缺”问题。

一方面，从政府角度看，对基础创新和原始创新以及关键共性技术的创新研发投入过低，并没有很好地行使政府对具有外部性和公共产品性质类型创新活动应当承担的支持职能。2016 年，中国各级政府创新研发支持资金大约在 2000 亿元，远远低于按照美国政府支持创新资金比重所需要达到的 10000 亿元政府资金投入额。而且，既有的有限的政府支持创新研发活动资金，存在负面激励效应。

另一方面，中国制造业企业部门的创新研发投入也相对很低，已经严重滞后于中国经济结构转型升级和经济新旧动能转变的基本需求。实际上，美国政府支持创新研发投入所占比重没那么高，美国创新研发投入主要依靠企业。比如，2016 年深圳之所以研发投入额占 GDP 比重高达 4%，根本原因在于深圳的企业研发经费投入已经占整个深圳研发经费投入总额的 90% 以上，这恰恰说明当前推动企业为主体的创新研发投入的重要性。因此，就中国而言，强化政府和企业在创新活动中的合作关系，一方面，要绝对大幅度提高政府在基础创新和原始创新以及关键共性技术等方面的财政资金投入；另一方面，要通过营造市场公平竞争机制、完善知识产权保护制度以及适当的研发减税抵扣政策等激励机制，以引导和刺激微观企业创新研发投入的加大。

（二）重新认识和协调好国有和民营企业在经济新旧动能转换中的新型合作关系

从造成中国当前政府和市场之间边界定义不清以及功能定位混乱的诸多因素中，最为突出也最容易遭受指责的是国有企业的基础功能与市场定位问题。一方面，中国国有企业的功能定位，在相当程度上深刻体现了针对中国政府和市场边界的认识内涵和行为逻辑；另一方面，当前国有企业的种种经营行为和发展特征，事实上已经成为影响中国当前政府和市场关系的关键因素。更为重要的是，将针对国有企业功能定位的认识仅仅局限在一个静态和僵化的框架下加以讨论，是与中国经济发展阶段的动态化特征不相符合的。随着中国经济全面进入以提升企业自主创新能力和落实创新驱动发展战略为主的特定发展阶段，这意味着中国情景下政府和市场的功能边界，应该随着经济发展阶段和发展战略目标的变化而相应发生变化，意味着需要在认知国有企业和民营企业的功能定位方面，必须有全新的突破性思维。要在中国的创新链、产业链和资源链的对接和融合中，构建国有企业和民营企业的协同合作共同体。一方面，在制约中国产业转型升级的基础创新、原始创新以及关键共性技术与创新方面，利用国有企业的综合创新优势，鼓励国有企业的全面进入和集中攻关，解决这些具有公共产品性质以及半公共产品性质方面的核心制约因素和关键短板问题，夯实、强化和提升产业的基础性竞争力和国际竞争力；另一方面，在推进中国产业转型升级的产品创新、工艺创新、集成创新以及产学研一体化等方面，鼓励民营企业利用市场化机制全面进入和扩大投资，通过与国有企业构建起“利益相关、功能互补”的创新链和产业链的协同合作体系，通过国有企业将公共产品性质以及半公共产品性质的技术创新知识外溢给民营企业，民营企业再按照市场化逻辑构建起整体的产业链协作体系以及促进产业的转型升级。

（三）重新认识和协调好产业政策和公平竞争间的互动关系

产业政策既是当前政府和市场关系的争论重点之一，也是中国情景下促进经济新旧动能转换的核心问题之一。从中国旧有的以生产补贴性和选择性为主的产业政策体系看，政府居于主导地位，这种产业政策体系难以激励出真正专注于打造自主创新能力的企业，也很难激励出具有真正全球竞争力的高新技术企业或战略性新兴产业企业，更不可能创造出公平竞争的市场环境以及市场运行所需的契约和法治精神。因此，中国的产业政策调整和转型升级方向，必然是由以直接运用政府财政资金的生产性补贴和政府选择性导向，彻底转向以有效激励微观企业的自主创新能力提升以及弥补市场失灵和克服制度性交易成本的功能性产业政策为导向，转向在不直接干预和破坏市场公平机制的前提下发挥对市场机制的互补协作机制功能。

具体来看，对于那些具有外部性和技术溢出效应的公共产品性质的原始创新、基础创新以及关键共性技术和关键领域核心技术等领域，需要各级政府采取针对创新激励机制为导向的产业政策和积极运用政府财政资金来加以全面解决；对于那些制约科技创新人才激励体制、创新成果产业化以及产学研一体化的机制性、体制性的障碍因素，既要抓紧通过制度改革和体制机制创新来消除这些机制性、体制性的障碍因素，同时也可考虑采取适宜的产业政策来纠正和弥补这些机制性、体制性障碍因素对微观企业的扭曲效应；对于那些打造区域创新高地、区域创新中心以及推动跨区域协同创新体系和区域创新价值链体系的重点任务，积极采取从中央到地方的一致性、系统性产业政策来加以全面协同统筹。同时，通过适当的产业政策的创新体制，来加快深化科技与金融结合机制。

全面建设创新型国家中政府和市场有机融合的改革突破口以及解决思路：

要真正全面建设创新型国家，特别是加快促进制造业为主的实体经济部门的转型升级以及自主创新能力体系的构建，依据中国当前自主创新体系中的关键薄弱环节和关键短板，依据中国的现实国情以及具体制度性约束条件，既要科学地认识和界定在建设创新型国家过程中政府及市场二者的各自功能定位和边界，也要创造性地重新变革和打造政府和市场二者之间的新型协同协作关系。客观事实是，仅仅依靠政府这只“看得见的手”，或者一味迷信市场这只“看不见的手”，均不能在中国现阶段多数领域处于创新追赶发展阶段，部分领域处于前沿性创新和原始性创新阶段的如此特定复杂背景下，以及在多数地区处于工业 2.0 体系、部分地区处于工业 3.0 体系阶段以及少数地区处于工业 4.0 体系阶段的如此复杂背景下，全面有效地解决全面建设创新型国家过程中所存在的诸多突出问题和障碍。对于中国创新型国家建设的总任务而言，我们需要清醒地认识到，市场机制是激活创新创业的基础性条件，是激发各微观经济主体自主创新能力动力提升的根本性制度安排，而各种形态的产业政策和创新政策，应该是对中国处于特定的发展阶段所发生的各种市场失灵以及创新外部性的纠正，是对由于市场公平竞争机制特别是高端创新要素市场机制发育不完全以及市场局限性所产生的制度性交易成本过高和制度性环境缺陷的补充，是对创新链和产业链以及二者对接过程中所暴露出的关键薄弱环节和关键约束条件的弥补。基于以上分析，在我们看来，根本性的改革突破口以及符合中国现实国情的解决思路是，在全面建设创新型国家中，需要颠覆性地重新科学认识政府和市场的各自功能边界，重点应该落在创造性重构政府和市场的新型有机融合模式以及协同发展机制。具体表现在：

（1）针对中国具有平均分配主义和遍地开花高新技术开发区的发展模式以及以税收优惠政策为主的高新技术企业认定制度，针对中国地方政府普遍采用的政府主导型创新发展模式以及以直接运用政府财政资金补贴和提供各种优惠政策，到了全面反思和科学总结的特定阶段，到了需要全面做清理和调整转型的重要时机，也到了推进“大破大立”式改革的关键时期以及实施机制体制改革的临界点。

正是由于对政府和市场之间功能边界以及动态变化关系科学认识和把握得不到位，中国各级政府所采取的各种创新驱动发展举措以及产业政策和创新政策，在一定程度上偏离了制约建设创新型国家的关键薄弱环节以及关键短板，偏离了培育和提升制造业为主的实体经济部门转型升级和自主创新能力体系的基本需求和内在要求，偏离了创新和产业深度融合发展的根本取向和核心要求，对地区经济可持续发展产生了一系列负面效应和扭曲效应。从中国各地方政府的具体实践活动看，不少地方政府仍然偏好于采用选择性产业政策以及生产成本补贴型产业政策，偏向于采取招商引资优惠政策以及依赖各种高新技术开发区载体平台，导致地区间的产业结构同质化、产业低端化锁定、产业过度竞争、产能过剩以及微观企业自主创新能力动力缺失等一系列突出问题的发生，甚至在局部地区局部行业造成了“信息化泡沫”“高新技术企业泡沫”乃至“战略性新兴产业泡沫”等突出现象，而且也造成了新型的政府产业引导基金和创新基金的走样和变异现象。这些现象对通过加快推进创新型国家建设的总体任务，不仅不能起到预期的促进效应，相反还可能南辕北辙，产生无法忽略的多重负面作用以及破坏性。

因此，全面清理和转变中国地方政府针对建设创新型国家制定的各种产业政策和创新政策具体措施，对各种高新技术开发区所附加的各种不合理政府功能和做法，到了彻底反思和转型的重要关口，对中国各地方政府普遍所采用的政府主导型创新发展模式以及以直接运用政府财政资金补贴和提供各种优惠政策，到了推进“大破大立”改革的关键时期，也到了全面深入推进机制体制改革的临界点。要真正扭转和改变中国各地方政府以政府扶持为主导的创新发展模式，必须回归企业在自主创新能力体系建设以及促进创新和产业深度融合发展中的主导地位，必须回归市场机制作为激发创新以及创新和产业融合发展动力活力的基础性地位。同时，不可忽略政府的应有作用，找准政府在自主创新能力体系建设以及创新和产业融合发展中关键薄弱环节的发力点。紧紧依据和针对当前中国建设创新型国家薄弱环节的识别与弱点依据不同城市和不同区域的要素禀赋特色、既有产业基础、人才基础以及金融体系发展等关键要素条件的差异，实施不同类型的政府和市场有机结合模式，不可鼓励“一刀切”以及一切唯上模式，应鼓励地方政府依据自身地区的要素禀赋条件、经济发展水平、市场机制发育程度的差异，主动探索政府和市场有机结合的新经验、新模式、新机制。

（2）针对不同创新链环节的不同关键薄弱环节和关键短板问题，应该科学区分政府和市场的有机结合点所在，找准政府和市场各自的着力点，主要是要协调好“政府主导”和“政府引导”之间的协调关系，特别是要确定好政府在不同创新链环节的不同关键薄弱环节和关键短板问题的发力点及破解点。

首先，针对创新链中的基础研究和原始创新环节，这是中国当前建设创新型国家中最为薄弱的环节，政府应该承担全部投入的主体责任，针对政府财政投入严重不足的困局，在设计好激发高等院校、科研机构动力激励机制和制度体制的基础上，尽快将基础研究经费占 R&D 经费投入比重提升到 15% 以上。

其次，针对创新链中的应用创新环节以及中间试验（简称中试）环节，要形成政府主导和市场主导相结合的特定机制，对于那些外部性相对较大和市场不确定风险较高类型的应用创新环节项目以及中试环节项目，可采取政府财政资金补贴和扶持主导以及引导和鼓励国有企业作为主要承担者和先行者的特定发展模式。

再次，针对创新链中的商品化环节，要形成市场主导以及政府提供公共服务和知识产权保护等制度环境完善为主相结合的机制，政府依靠制度环境的完善和提升来激励不同形态的微观企业主动参与创新链中商品化环节项目。同样地，对于那些外部性程度相对较大和市场不确定风险较高类型的商品化环节项目，可适当采取政府财政资金扶持的方式来激励微观企业的参与动机。

最后，针对创新链中的大规模产业化环节，要全面减少政府干预行为以及压缩各种以财政资金补贴为主的产业政策和创新政策实施空间，主要依靠金融体系的完善、多层次人才体系的构建以及知识产权保护制度的强化等市场化环境提升途径，激励微观企业主动承担大规模产业化环节的项目。

（3）针对传统制造业、先进制造业、生产装备制造业以及战略性新兴产业不同生产体系部门的突出薄弱环节和关键短板问题，本着因地制宜、分类管理和找准“牛鼻子”问题的原则，有针对性地推进政府和市场相结合的差异性模式和不同实施机制。

具体来看，针对传统制造业中产品质量相对较低、产品设计能力相对滞后、精细制造工艺积累不够、品牌能力不足以及全要素生产率和劳动生产率亟待大幅度提升等方面的核心问题和障碍，政府可在传统制造业产业集群中具有外部性的关键共性技术、关键共性工艺技术、关键共性质量技术、集成性创新以及基础创新环节重点发力。可鼓励政府财政资金直接运用到这些具有外部性的公共服务平台的建设方面，甚至可以采取针对特定企业进行政府财政资金补贴、鼓励企业免费提供这些基础研究和关键共性技术服务的方式加以解决，更多的着力点应该落在金融体系的完善、多层次人才体系的构建以及知识产权保护制度的强化等市场化环境完善方面；针对先进制造业和生产装备制造业中的基础创新、核心生产设备、关键零配件、关键原材料和制造工艺以及精益柔性制造体系等方面的自主能力不足突出问题，对那些技术外溢性程度较大，创新不确定程度和市场风险较高，需要长期进行创新研发投入的企业而言，需要政府采取创新补贴以及实施结构性减税政策的方式加以合理激励。特别要重视政府在构建直接融资渠道的金融体系、天使基金、风险基金、高层次科研人才以及高级工程师和高级技工等高端创新要素市场的培育和提升方面的主导作用；针对战略性新兴产业中的原始创新、基础创新、前瞻性技术、颠覆性技术以及产学研衔接等方面的关键薄弱环节，需要政府在这些方面直接加大财政资金投入，可以对相关企业的相关创新研发活动直接采取政府财政资金补贴和高强度的抵税减税政策加以扶持及激励，进而激发这些领域的“后发优势”以及实施“弯道超车”的创新追赶战略。

（4）针对打造世界级先进制造集群中的突出薄弱环节和关键短板问题，将产业政策和创新政策的着力点逐步转移到促进大中小企业的创新协同协作生态体系的构建，以及促进国有企业和民营企业的新型创新协同协作体系的构建方面。

逐步扭转中国各级政府的产业补贴资金和创新补贴资金偏向于国有企业的现象，今后要将产业政策和创新政策的重点落在鼓励国有企业进入那些创新外部性和技术溢出效应较强、核心基础研究和关键公共技术效应突出、需要较长创新研究开发周期、需要巨额的前期和持久研发投入并且市场产业化风险较大的创新链环节和产业部门，落在鼓励大中小企业创新链、产业链和要素链的全面衔接和融合发展的协同协作生态体系的构建方面，落在鼓励打造国有企业和民营企业创新链、产业链和要素链的全面衔接和融合发展的新型协同协作体系。通过激活和重塑中国产业中的产业链协作体系、产业集群体系以及世界级先进制造集群的低成本竞争优势、创新竞争优势以及国际竞争优势，以贯彻党的十九大提出的建设现代化经济体系的发展目标。

第四节　“双循环”新发展格局下中国产业链体系的战略布局与实施路径

一、如何认识构建国内产业链循环体系是“双循环”新发展格局的基石

（一）全球既有的产业链、供应链体系面临根本性的调整、收缩和重构的风险与挑战，对中国深度参与的全球产业链、供应链体系造成了突出的排挤效应，很有可能成为当前阶段制约中国经济高质量增长的最为突出的外部因素

当前，难以忽略的一个重大现象是，针对产业链、供应链的主导权和

控制权，愈发成为发达国家、新兴大国和发展中国家对全球经济治理机制争夺的核心点。发达国家不仅对全球产业链、供应链体系中技术创新密集型、人力资本密集型的创新研发环节、品牌销售环节、高质量产品制造业环节以及相应的关键设备、关键材料、关键零配件、关键工艺等环节垄断地位的维护动机愈加强烈，也对全球产业链、供应链体系中的相对低附加值的生产制造组装环节采取了迁出或回流策略。而且，发达国家针对全球价值链体系中的低附加值的生产制造组装环节，以追逐利益最大化的行为动机，采取向劳动力成本相对更低的发展中国家转移和分散布局的策略。

事实上，在国家竞争优势愈发由跨国企业向产业链体系转移和集中的情形下，对全球发展主导权和发展空间的竞争日益集中到对全球产业链、供应链的主导权和控制权方面。全球西方发达国家兴起的民粹主义和贸易保护主义，并不会从根本上消灭全球自由贸易，只会使全球贸易比较优势的动态变化格局的形成，由低成本劳动力和规模经济比较优势快速向创新唯一决定型比较优势转移。更为重要的现象是，西方发达国家民粹主义和贸易保护主义的兴起，背后带着较为明显的政治动机。既试图借此削弱中国的制造业能力和规模优势，阻碍中国经济的持续崛起；又试图借助对 WTO 规则的全面掌控权，强迫中国等发展中国家单方面对美国等主要发达国家开放市场，进而全面占据类似中国这样的发展中国家的国内高端需求市场，阻碍以中国为主的发展中国家的经济和自主科技创新能力的全面崛起。新冠肺炎疫情的巨大冲击，刺激和唤醒了全球主要发达国家的民粹主义及贸易保护主义，这必然会对中国深度参与的产业链和价值链带来重大影响。当前全球主要发达国家和新兴国家正处于应对疫情冲击带来的压力之下，一旦这些国家解决了全球新冠肺炎疫情带来的负面冲击后，美国、欧盟、日本等主要发达国家以及巴西、印度等新兴国家，必然会实施全面重构全球产业链、供应链和价值链的“一致性”战略布局。主要是将所谓关乎自身国家安全的产业链和供应链体系向国内转移布局，这在一定程度上迫使中国被动转向优先布局和构建国内产业链循环体系，以应对更加复杂的全球贸易形势。

（二）在此特定发展阶段实施“双循环”新发展格局的战略意图，就是在面对全球百年未有之大变局的国际复杂形势下，全面解决制约中国经济高质量发展的本土产业链体系中的关键卡点和堵点问题，夯实中国产业链的国际竞争优势，强化中国跨越“中等收入陷阱”的内生能力

事实上，需要重新认识的一个基本发展规律是，在既有的发达国家主导的全球价值链体系中，所形成的发达国家和发展中国家之间利益依附体系，以及在以创新链决定的全球价值链体系中，所形成的新型“中心—外围”体系，对发展中国家跨越“中等收入陷阱”产生了极大的阻断效应影响。对于中国这样的发展中大国而言，即便成为了全球低附加值产品的世界加工厂，依靠既有全球价值链体系中的低端生产制造组装环节，只能促使绝大多数发展中国家获得从低收入国家发展成为中等收入国家的机会，并不存在促使发展中国家从中等收入国家继续发展成为高收入国家的空间。

客观事实是，发展中国家要从中等收入国家发展成为高收入国家，从本质上看，就是要全面依靠自身的自主创新能力体系及其背后的制度优势，在全球产业链、创新链和价值链中“抢”来更多更高收入的就业岗位。而这些高收入、高人力资本的就业岗位，往往集中在产业链体系中的创新研发、产品设计、品牌营销和高端生产制造环节，集中在创新链体系中的基础研究、应用基础研究和工程化等环节，集中在重点产业链和战略新兴产业体系中的关键核心技术创新领域。因此，这就是以美国为首的西方发达国家针对中国进行技术封锁和科技创新围堵战略的根本性原因。为此，中国要跨越“中等收入陷阱”，只能立足于自主可控和深刻体现自主创新能力的国内产业链和创新链的融合体系，依赖具有更强创新力、更高附加值、更安全可靠的产业链、供应链所蕴含的内生型增长动力机制，这是中国促使经济高质量发展模式加速形成的重大战略布局。

（三）“双循环”新发展格局不仅是中国应对当前复杂国际形势的关键一招，更是基于中国经济全面进入内需驱动型发展阶段规律的科学判断和前瞻性把握，对中国国内经济高质量发展模式的重新启动作用要大于针对当前国外复杂环境的应对作用

毋庸置疑的是，中国如此庞大体量的经济体，不可能一直依赖外需驱动型的发展模式来支撑，必须在适当的时机全面转为内需驱动型增长模式，依靠自身内需市场规模的持续扩张和消费结构的升级换代，来重塑经济内生型增长动力机制。有鉴于此，中国后续的经济内生型增长动力，必须牢牢构筑在坚持扩大内需这个战略基点之上，核心的实现途径是把主动深化供给侧结构性改革和积极实施扩大内需战略有机结合起来。高质量供给引领和创造新需求，以供给侧生产部门的质量变革、效率变革和创新变革，将产业链、供应链体系中的高附加值、高技术创新密集度环节尽可能留在中国国内，以持续性创造和释放更多数量的、更高收入的就业岗位，为需求侧的居民收入可持续增长奠定坚实基础，进而通过供给侧结构性改革来提高劳动报酬在初次分配中的比重，着力提高低收入群体收入，扩大中等收入群体，进而依靠中国内需规模扩张和内需层次升级形成的全球最大内需市场，来支撑中国经济内生型增长的动力机制，从而夯实中国经济高质量增长必须依赖的全球最为庞大的内需市场的发展基础。

（四）构建“双循环”新发展格局的基础，在于优先布局中国国内循环的产业链、供应链体系，特别是要构建联结东、中、西部地区和东北地区的产业链、供应链循环体系。优先布局以中国国内自主可控、自立自强的创新链、产业链和供应链相互深度融合的循环体系

一国国内产业链的完整性优势和自主可控优势，愈发成为影响一国产业链国家安全的关键因素。强化中国自主可控的国内产业链循环体系，是维护和提升“双循环”新发展格局的基础。一国本土的产业链、供应链现代化水平，不仅体现在国家战略科技力量方面，也深刻体现在一国以制造业为主的实体经济部门中企业自主创新能力方面，更全面体现在产业链中的关键核心技术创新自主能力体系方面，体现在从基础研究环节到应用基础研究再到工程化产业化环节的创新链与产业链相互融合体系方面。因此，利用中国的东部发达地区在基础研究、应用基础研究以及企业自主创新研发能力方面逐步积累的综合优势，发挥东北地区在关键资源、生产装备等方面长期形成的互补优势，再对接中西部地区在劳动力密集型环节和资源密集型环节所具有的独特优势，中国完全可以构建联结东、中、西部地区和东北地区的产业链、供应链循环体系。以此逐步缩小地区之间的发展差距，实现均衡增长的重大发展目标，对全球发展中国家起到体现中国社会主义核心价值观发展模式巨大优势的示范作用。

二、如何理解“双循环”新发展格局与国内产业链循环体系的相互支撑逻辑

（一）科学辨析和把握当前发展阶段的“双循环”新发展格局中，构建“国内循环体系”和深度参与“国际循环体系”的相互逻辑关系

针对中共十九届五中全会提出的“加快构建以国内大循环为主体、国内国际双循环相互促进”新发展格局的重大战略。这引发思考和探索的问题是，“以国内大循环为主体”和“国内国际双循环相互促进”二者之间的内在逻辑究竟是什么？

在我们看来，针对当前处于跨越“中等收入陷阱”特定发展阶段的中国而言，二者之间的逻辑关系是，“内循环体系”是基础，在中国今后相当长一段时期内处于经济发展战略的相对主导地位。而“国内国际循环相互促进体系”处于相对服从地位。实质上，中国“内循环体系”形成力量的强弱，在相当程度上影响和决定了中国形成“国内国际循环相互促进体系”的基本格局，决定了中国在未来全球贸易和投资体系中的核心地位，决定了中国未来参与国际经济合作和竞争新优势，决定了中国对全球贸易和投资新规则体系以及全球经济治理新机制的渗透力和干预力。概括而言，构建“国内循环体系”的自主能力，决定了中国深度参与和影响“国际循环体系”的能力，“内循环体系”是本，而“国内国际循环相互促进体系”是末；“内循环体系”是因，而“国内国际循环相互促进体系”是果。

（二）围绕中国今后一段时期内实施的经济高质量发展阶段目标，高度认识中国构建“内循环体系”和深度参与“国际循环体系”的各自核心战略支点及其相互支撑的逻辑分析

当前，中国构建“内循环体系”有两个至关重要的战略支点：一是全面突破制约中国未来重点产业链和战略性新兴产业体系可持续发展的关键核

心技术创新；二是推进内需持续扩大和升级战略。

一方面，不容否认的是，当前中国实施构建“以国内大循环为主体”新发展格局的背后动因，必然与主动应对美国为首的西方发达国家，针对中国高科技产业和本土高科技跨国企业发起的技术创新封锁和科技创新自主能力遏制策略的内在动机紧密相关。在完全违背 WTO 的公平市场竞争机制基本原则的情形下，美国借口维护国家安全的“莫须有”理由，利用其盟国体系在战略新兴产业体系中组建针对中国的一系列技术封锁联盟体系。其根本目的是维持美国在全球科技创新体系中的绝对领导优势地位，进而攫取超越其他国家利益的发展利益，从而维护美国的唯一超级大国的经济霸权。在这种得到美国国内两党一致赞同的日益凸显的对华战略博弈格局下，对事关维系中国经济可持续发展利益的深度参与的全球价值链分工和贸易体系，造成了难以忽略的持久性冲击，以及重构和收缩的重大外部发展风险。美国对中国的中兴、华为等本土高科技跨国企业展开的全面封锁和围堵策略，迫使中国明白如果不能将重点产业链和战略新兴产业体系中的关键核心技术创新领域掌握在中国本土企业手中，不仅是影响中国能否继续在全球产业链、供应链体系中维持正常出口能力的重要因素，更是关乎中国经济能否实现安全发展的关键因素。中国能否在重点产业链和战略新兴产业体系关键核心技术创新领域具备系统性的、可持续的重大突破自主能力，已经上升为发展和安全基本矛盾问题的主要方面，成为中国经济发展战略必须优先布局的重大战略。

另一方面，现阶段中国实施以“内循环体系”为主的发展战略，既与当前愈加复杂的国外经济和贸易形势有关，也与中国经济正在由外需拉动型发展模式向内需驱动型发展模式的全面转变密切相关。需要高度关注的一个基本事实是，在 2020 年中国 GDP 规模即将突破 100 万元，人均 GDP 突破 10000 美元的关键发展节点，中国已经确定在 2020 年超越美国形成全球规模相对最大的内需市场。而且，在 2021~2035 年，伴随中国 GDP 规模的翻番，人均可支配收入也至少翻一番，这导致中国经济再经过 15 年的可持续发展，必然成为全球绝对规模最为庞大的、最为重要的需求市场。客观事实是，中国如此庞大体量的发展中国家，再去依靠全球价值链分工和贸易体系中劳动密集型的、低附加值形式的生产组装制造环节所蕴含的出口机会，必然难以支撑中国 GDP 再翻一番的发展目标，难以支撑中国经济从中等收入国家持续提升成为高收入国家。因此，在今后相当长的一段时期内，中国的经济增长只能主要依靠内需规模扩张和层次升级带来的内源性动力机制，而出口外需所蕴含的外源性动力机制，只能是中国的经济增长的一个有益补充，不可能再成为中国经济增长的核心支撑机制。倘若中国再去一味追求出口市场的扩大，必然会刺激全球的发达国家和发展中国家均成为中国的竞争者甚至敌对者，严重恶化中国经济高质量的外部环境。

对比来看，“国内国际循环相互促进”也有两个至关重要的战略支点：一是依靠构建自主可控的创新链体系，重塑中国产业链的国际竞争优势；二是提升中国参与制定全球贸易新规则和全球经济治理机制的能力，坚持中国在全球对外开放新格局的基础地位，促使深刻体现中国“互利共赢”价值观的对外开放新格局的加速形成。

一方面，即便是在中国的出口规模难以持续扩张的前提下，出口外需仍然可以在一定程度上产生对中国经济高质量的支撑效应。具体体现在：一是中国可以通过出口结构的提质增效途径，即增加既有出口规模中的中国本土附加值比重，从而在保持出口总额不变的情形下，促使中国本土企业在出口贸易活动中获得更大的国内增加值额；二是中国可以通过出口结构的优化升级途径，即加大创新研发活动在出口产品价值链中所创造的增加值，同样可以在保持出口总额不变的情形下，促使中国本土企业在全球价值链分工和贸易体系中的攀升，进而创造更多的高人力资本、高技术创新密集度、高收入的就业岗位，进一步夯实中国的内需规模，促进中国内需的升级换代。在这种情形下，“国内国际循环相互促进”的含义，就是在构建自主创新能力体系促进产业链基础能力提升的基础上，在促进中国国内创新链和产业链深度融合的基础上，促进中国本土企业主导的国内产业链、供应链体系的形成，进而促使中国出口优势的优化升级。与此同时，将中国的中西部欠发达地区纳入到中国国内的产业链、供应链循环体系之中，深度挖掘中西部欠发达地区的相对低成本劳动力要素禀赋优势，优先发挥中国不同区域内的产业链、供应链梯度转移和有序分工发展优势，进而强化乃至重塑中国在劳动密集型产业方面的出口优势。

另一方面，既有的多轮国际贸易体系及其贸易规则和全球经济治理机制，均是从少数西方发达国家的国家利益角度来制定和推行的，以产品内分工为主的连接发达国家和发展中国家的全球价值链分工和贸易体系，实质上是由美国为首的发达国家来主导和推动的，中国这样的发展中国家，也仅仅只是美国等发达国家主动和推动的全球价值链分工和贸易体系的被动接受者和重要参与者。事实上，当前逆全球化和贸易保护主义的突然爆发及逐步盛行，从根本上看仍然是由美国为首的西方发达国家国内持续存在收入不平等引发的民粹主义而累积和催发的，是西方发达国家的国内矛盾在本国内部制度固化的情形下难以化解才必须将国内矛盾转移到其他国家，通过外部化手段来解决的一种策略行为。在美国为首的西方国家看到中国通过深度融入既有的全球价值链分工和贸易体系，迅速成长为全球第二大经济体，对西方发达国家的发展模式及其背后的价值观体系形成较为突出的竞争效应时，又试图通过更换和替代既有的 WTO 规则以及全球经济治理机制，通过改变全球贸易和投资规则，来限制类似中国这样的新兴国家和发展中国家的经济发展机会。有鉴于此，中国在构建“以国内大循环为主体”新发展格局的前提下，仍然强调强化“国内国际循环相互促进体系”的建设，其中的深层次意图就在于，立足于国内做好自己发展规划的总体思想指导，中国仍然要代表最为广大的新兴国家和发展中国家在发达国家主导和控制的全球贸易及投资体系中的基本发展利益诉求。依靠自身强大的国内产业链循环体系和庞大的内需市场规模，对全球贸易和投资规则的制定产生巨大影响力，代表新兴国家和发展中国家的基本利益诉求来与发达国家进行博弈，从而构建一个更符合发达国家和发展中国家共同利益的全球贸易和投资新规则。如图 1-9 所示。

一国在关键核心技术创新方面的自主能力体系，对一国国际贸易比较优势的决定性作用愈发重要，成为影响一国产业链体系国际竞争力的最突出因素。依据我们的观察和思考，既有的国际贸易比较优势理论可能正在面临全面的挑战。

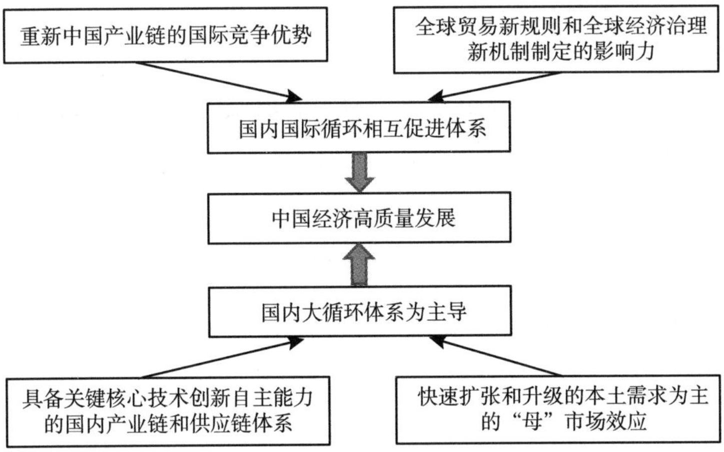

图 1-9　中国“双循环”新发展格局的决定模型

由劳动力低成本要素禀赋催生的比较优势和企业或产业内部规模经济催生的比较优势，在国际贸易中的重要性逐步下降，而由产业集聚外部规模经济催生的比较优势和产业链体系中关键核心技术创新自主能力体系催生的比较优势，在国际贸易中的重要性逐步上升。特别是产业链体系中关键核心技术创新自主能力体系，甚至演化为国际贸易的唯一决定型比较优势。自 2018 年中美之间全面爆发的科技创新战略竞争格局，特别是以美国为首的西方发达国家针对中国本土高科技跨国企业发起的一系列技术封锁和围堵策略，预示着既有的国际贸易比较优势可能面临全面失效的现象。全球贸易的推动力，可能正在由“最低成本”决定逻辑向“谁能唯一生产”决定逻辑演进。

一方面，在全球主要发达国家均积极实施制造业回流或鼓励制造环节在不同国家分散策略的情形下，一国在产品链或产业链某个环节具有最低生产成本的能力，再也不是推动今后一段时期内全球贸易扩张的驱动力，低成本比较优势推动的自由贸易体系面临瓦解。相反，那些在产品链或产业链中的关键生产设备、关键零配件、关键材料和关键工艺等环节，具备“唯一创新和生产能力”的国家和企业，才具有持续推动自由贸易的能力。需要清醒地认清西方发达国家反对全球自由贸易体系的内在逻辑，就是在“谁都能生产”的行业领域中，依靠强行推行制造业回流或分散策略来保护本国的中等收入群体的就业岗位以及遏制新兴大国的后续发展机会；在“竞争性创新生产”的行业领域中，通过采取技术创新封锁战略来维护本国高科技跨国企业的创新优势和全球市场发展机会；在“谁能唯一生产”的行业领域中，反而推行自由贸易策略来占据全球的高端需求市场。

另一方面，全球的产业链体系中逐步形成了以关键核心技术创新自主能力决定的相互制衡式的分工和贸易利益分配格局。具体来说，一国必须在全球产业链、创新链体系中的基础研究和应用开发环节，或者在工程化产业化环节中的关键生产设备、关键零配件、关键材料和关键工艺等某个或多个环节，具有独一无二的创新研发和开发生产自主能力，才能在全球产业链、供应链体系中具备相对安全地位以及拥有决定性的利益分配权力。一旦别国威胁停止提供各种关键设备、关键零配件、关键材料或禁止使用别国拥有知识产权的某种技术创新工具时，本国可以同样威胁停止或禁止使用自身掌握的某种产品和技术工具，从而达到相互威胁或相互制约式的产业链共生共赢状态。如图 1-10 所示：

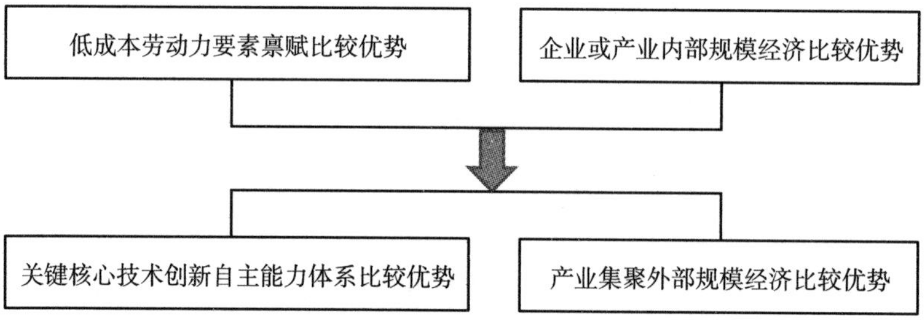

图 1-10　国际贸易比较优势的演化逻辑

三、影响中国构建国内产业链循环体系的国内外因素分析

（一）关键核心技术创新对构建国内产业链循环体系的基础性作用

综合以上分析，可以看出的基本事实是：一方面，即便外资企业在中国市场占据了相当一部分的高端需求市场环节，但由于中国坚持将对外开放作为基本国策，因此，短期内只能依靠中国本土企业自主创新能力的全面提升，以缓解外资企业对中国本土企业和国内产业链体系所产生的各种

负面影响，提升中国国内产业链循环的自主可控能力。而要素市场化改革的相对滞后以及持续存在的收入不平等和城乡发展差距发展困局，均属于机制体制性因素，需要中长期的系统性的制度改革来逐步化解，短期内难以全面解决。另一方面，无论是从短期还是从中长期来看，能否在产业链、创新链体系中的关键核心技术创新领域实现重大突破，才是能否促进中国国内产业链循环体系加速形成和中国本土企业国际竞争力提升的重要因素。因此，如何在制约中国当前和未来重点高端产业以及战略性新兴产业体系中的“卡脖子”“牛鼻子”式的关键核心技术创新领域实现重大突破，是推进自立自强的国内产业链循环体系的重大发展任务。

当前中国众多产业链遭受的“卡脖子”式关键核心技术创新领域的问题，既集中在高技术行业和战略性新兴产业部门，也表现在传统制造业部门；既表现在高端生产装备以及核心基础零部件、关键基础材料、先进基础工艺及产业技术基础“四基”等“硬”科技方面，也表现在工业软件、操作系统和基本算法逻辑等“软”科技方面。总体来看，对保障中国产业链安全和维持供应链国际竞争力造成的约束及冲击是全方位的。而针对这些“卡脖子”式关键核心技术创新领域的共性特征进行归纳，可以发现四个基本的内在特征：一是表现出从基础研究到应用基础研究再到工程化产业化的全创新链环节布局；二是需要具有前瞻性和持续性的巨额创新研发投入和生产开发投入；三是需要庞大而稳定的专业化研发团队支持；四是需要众多具有持续领先自主创新能力的企业系统性协同体系。而从中国的现实状况看，很多企业既不具备从基础研究到应用基础研究环节的能力和动力机制，也不具备进行前瞻性的持续性的巨额创新研发投入和生产开发投入的能力和实力，也不具备组建和维持庞大而稳定的专业化研发团队的财力和实力，尤其在本国国内并不具备组建自主创新能力持续领先企业的系统性协同体系来集中攻关的条件，导致中国的单个科研机构、国有企业部门或民营企业部门均没有能力和动力机制去专注这些关键核心技术创新领域的攻关和突破。这是荷兰高端光刻机制造商 ASML 高调宣称，即便将高端光刻机的图纸送给中国，中国也制造不出高端光刻机的根本原因所在。

（二）中国构建国内产业链循环体系的国内核心支撑条件分析

（1）深刻理解构建中国国内产业链循环体系与强化制造业在国民经济基础地位之间的相互支撑关系。当前中国各地区发展过程暴露出来的一个突出问题是，很多地区的制造业部门在面临一系列机制体制阻碍和外部冲击的情形下，本地区制造业企业发生逐步弱化现象。这造成制造业增加值占GDP比重出现了被动下降的现象，迫使本地区第三产业部门增加值占GDP的被动式上升，而不少地方政府却将之理解为地区产业结构的优化升级。实质上这是地区经济发展环境逐步恶化或特定要素优势过早过快下滑的结果，这种现象在中国的中西部地区和东北地区尤为突出。为此，在"十四五"期间，中央提出了必须"保持制造业比重基本稳定，巩固壮大实体经济根基"的重大战略目标，并将之作为中国今后相当长一段时期内必须坚持的根本性发展战略，这就明确了制造业体系在构建中国国内产业链循环体系的核心地位。

（2）从提升中国产业链现代化水平的角度看，核心逻辑就是立足中国自身庞大的内需市场规模和相对齐全的工业生产部门种类的综合优势，激发隐含在中国独一无二的产业体系规模优势、产业链配套优势和部分战略性新兴产业先发优势。既可以推动传统产业的高端化，也可以培育和打造新兴产业链，进而全面强化中国国内产业链体系在全球的新竞争优势，有效抵御其他国家对中国产业体系的敌意竞争和恶意转移风险。

（3）需要重点关注的是，中国幅员辽阔的不同区域之间存在类似发达国家和发展中国家之间的经济发展差距，而且，不同区域在各种要素禀赋方面存在阶梯式的差异性，这种特定的"阶梯式"特征的"母市场"效应，创造了中国不同要素依赖型产业在国内进行有序转移的机遇期，特别是创造了部分劳动密集型产业在国内实现有序转移和布局的战略机会，进而通过区域之间的产业链优化布局，为消除中国不同区域之间的经济发展差距提供基础条件。如图1-11所示。

（4）深刻理解构建和强化中国国内产业链循环体系与建设创新型国家之间的相互支撑关系。全球所有现代化大国的历史发展经验证明，现代大国的本质特征是必须承担全球领先的创新型国家责任，在人类文明进步和

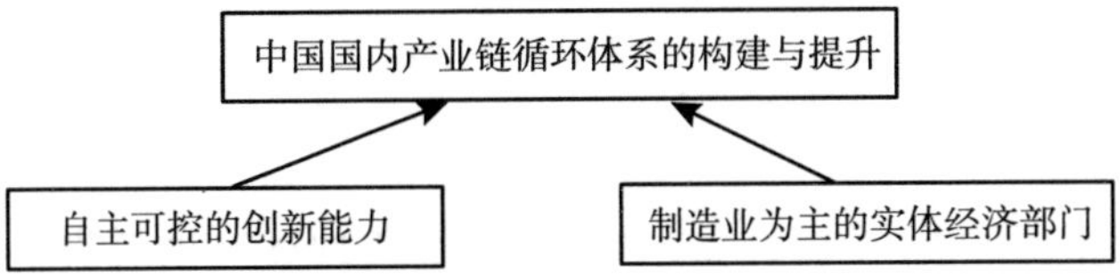

图 1–11　中国国内产业链循环体系的支撑模型

互利共赢发展格局中发挥主导作用。换言之，一国的国家意识形态层面的价值观，并不能够孤立于经济层面，而是愈发地深刻体现在经济发展能力，尤其体现在国家创新优势方面。中国作为负责任的发展中大国，其从发展角度体现出的核心责任是独立自主地全面建成全球领先的创新型国家，为发展中国家探索出一条体现中国核心发展价值观的全新发展道路。而从建设创新型国家的角度看，就是探索如何利用政府和市场机制的有机结合体制，既要在强化国家战略科技力量方面深刻体现政府和市场机制有机结合体制的有效性，也要在提升企业自主科技创新能力方面深刻体现政府和市场机制有机结合的综合优势。同样地，从一国国内产业链循环体系的国际竞争优势的源泉看，既深刻体现在国家战略科技力量方面，也体现在企业自主创新能力方面。基于此逻辑，可以得出的明显判断是，构建和强化中国国内产业链循环体系与建设创新型国家这两大目标之间，实质上是一个硬币的"两面"，背后共同体现出的是中国特色的政府和市场有机结合的国家意识形态层面的价值观。因此，不宜将强调构建国内产业链循环体系的内在驱动力机制仅仅归结为中国庞大的国内内需市场规模优势的市场发函的必然结果，也要深刻认识到政府在推动国内产业链循环体系形成过程中应有的合理作用，特别是政府在强化国家战略科技力量方面的主导性作用，以及市场竞争机制在促进企业自主创新能力提升的基础性作用。如图 1–12 所示。

（三）全面把握中国构建国内产业链循环体系可能遇到的外部压力和挑战

难以忽略的重大问题是，中国提出的"双循环"新发展格局，必然会引发来自发达国家乃至发展中国家的高度关注、担忧和质疑，甚至会造成部分发达国家的强烈反对性举措，从而对中国提出的"双循环"新发展格

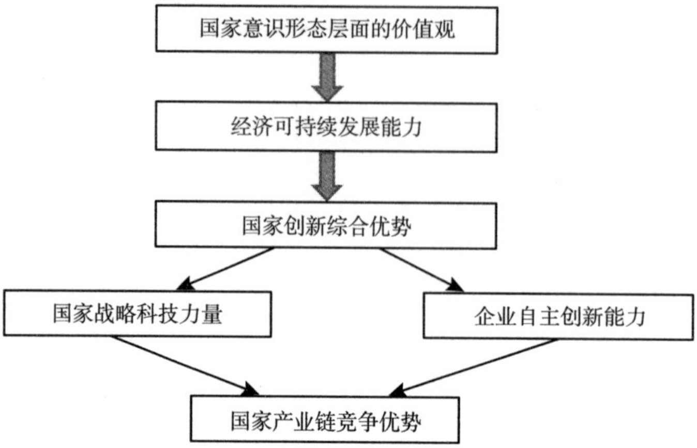

图 1–12　国家产业链竞争优势的决定因素模型

局战略布局带来难以忽略的诸多压力、风险和挑战。必须未雨绸缪，及早加以应对。

首先，中国正在构建的国内产业链主导的经济循环体系及其实施的关键核心技术创新领域自主突破，必然会带来西方发达国家的竞争和敌视行为。中国力主构建国内产业链主导的经济循环体系发展战略及其针对产业链的“卡脖子”关键核心技术创新领域自主突破策略，必然会带来对国外关键装备、关键零配件、关键材料等高技术含量产品的逐步进口替代行为，对发达国家主导的全球价值链分工和利益分配格局造成重大冲击。一方面，需要客观看到的是，仅仅从进口金额看，即便中国在《科技日报》统计的 35 项“卡脖子”关键核心技术创新领域全面实现自主突破和进口替代，我们预计，会降低中国进口额 4500 亿 ~5000 亿美元，约占中国 2019 年进口额的 20768.9 亿美元的 21.67%~24.07%。其中，半导体集成电路产品及相关产业产品的进口占据了 60% 以上。2019 年，全球半导体集成电路芯片市场销售额约为 4376 亿美元，其中，2018 年和 2019 年，中国电子芯片产品的进口额就分别高达 3120 亿和 3040 亿美元。如果仅仅从中国实施关键核心技术创新领域全面突破所带来的进口替代额统计数据看，可能并不会对全球贸易额带来太大程度的负面冲击。但是，倘若考虑到这些进口替代领域的产品集中在美国、日本、德国等少数发达国家，其产生的政治冲击效应要大于经济冲击效应，必然会强化这些发达国家对中国科技创新崛起的全面担忧、竞争甚至敌视态度，可能会激发发达国家组成科技创新联盟来封锁和围堵中国科技创新的崛起态势。另一方面，更需要重视的矛盾焦点是，这些关键核心技术创新领域背后代表的是高人力资本、高收入的就业机会。针对中国经济崛起和科技创新自主能力全面崛起，西方发达国家担心的核心焦点是中国高科技产业在全球的快速扩张，会挤占和替代发达国家的高收入就业岗位，破坏西方发达国家以高收入就业岗位维持的社会稳定结构，进而从根本上削弱西方国家奉行的自由资本主义价值观。因此，从这层意义上看，中国正在构建的国内产业链主导的经济循环体系及其实施的关键核心技术创新领域自主突破，必然会带来西方发达国家的竞争和敌视行为。

其次，当前中国和以美国为首的西方发达国家之间的战略竞争逐步爆发，聚焦于科技创新领域，美国必然会主动利用自身主导的创新链形成的盟国利益体系，在全产业链中全方位实施和展开针对中国的技术封锁和遏制策略，从科技创新自主能力方面彻底削弱中国赶超美国的综合能力。从2020年到2035年，中美之间必然全面进入以科技创新竞争主导的战略竞争阶段。虽然美国会继续在地缘政治、国家制度、意识形态和价值观方面持续制造高强度摩擦，但是，更要注意的核心问题在于，中美之间日益凸显的科技创新战略竞争格局及其带来的未来战略新兴产业的发展主导权，才是影响中国国家利益的决定性因素。从美国当前对华战略定位的转变角度来看，强力维持美国在全球当前和未来科技创新领域及其战略新兴产业的对华全面优势，已经成为美国两党的基本共识。因此，在美国精英阶层的战略谋划中，即便中国GDP规模在2027年左右超过美国，美国针对中国的最大优势仍然在于四个方面：一是全球一流大学体系及其隐含的原始创新和基础研究能力等方面独一无二；二是全球布局的金融体系优势及其隐含的将科技创新转化为全球优势产业体系的独特优势；三是美元的世界货币地位及其隐含的发展军事体系的低成本代价；四是对全球顶级人才的特殊吸引力和最为自由宽松的科研制度体系。只要美国能够充分保持这些核心优势，美国针对中国的全面战略优势仍然可以在相当长一段时期内继续维持。

需要高度关注的重大现象是，全球会以较大概率形成美国主导的科技创新体系和中国等发展中国家共同主导的科技创新体系的分野及竞争。这是因为：一方面，在全球既有的科技创新领域占有主导优势，特别是战略新兴产业领域的基础研究和关键核心技术创新领域方面占据全面优势的美国，必然会主动利用这些优势作为打击中国经济持续增长的核心手段。当前，不仅仅是在集成电路产业体系中，美国对中国采取了关键核心技术创新产品禁售、强迫产业链撤离中国和阻止人才交流学习机会等形式的全面封锁和遏制战略，今后一段时期内必然会蔓延到美国占据优势的所有产业体系和领域。另一方面，美国针对中国发起的科技创新领域的全面遏制和封锁战略，必然会倒逼和刺激中国在所有全球产业链的关键核心技术创新领域实现自主可控的应对策略，唤醒和促使中国在基础研究、原始创新、颠覆性技术创新和关键核心技术创新等领域全面强化自主能力。因此，从美国的主动攻击性策略和中国的被动应对性策略，中美之间相互隔离的科技创新体系的形成，似乎短期内已无逆转的可能，美国主导的科技创新体系和中国等发展中国家共同主导的科技创新体系的分野及竞争，将逐步演变为全球的重大现实问题。进一步地，中美双方在未来科技创新领域中的底层设计架构、知识产权体系、科研成果发布渠道、高端科学研究人才以及工程化产业化自主能力体系等方面，均会展开全方位的全球竞争。

四、中国实施“双循环”新发展格局和布局国内产业链循环体系的战略思路与改革举措

（一）必须始终坚持和利用体现中国核心国家价值观和意识形态的中国特色的政府和市场有机结合机制，来推进“双循环”新发展格局下国内产业链循环体系的构建和战略布局，促进国内产业链体系与全球产业链体系的有效对接和相互融合

一方面，中国的发展经验一再证明，一味依赖政府主导型或一味依靠市场推动型的发展策略，均难以有效推动中国国内产业链循环体系的构建和产业的有序转移。客观事实是，政府主导和推动的东部地区部分劳动密集型产业及相对低技术含量产业向中西部地区进行梯度转移的效果相当有

限，大量劳动密集型产业中的外资企业，非但没有按照政府意愿转移到中国的中西部地区，反而撤离中国并向东南亚地区的发展中国家转移。因此，必须充分关注外资企业在中国国内产业链循环体系的战略布局中，对中国经济可能带来的复杂性影响效应，既要将部分遵循市场公平竞争机制的外资企业纳入到中国国内产业链循环体系中，发挥外资企业对中国产业链的有益补充作用，也要预防部分高科技外资企业受到母国政治格局变化影响而对中国国内产业链正常运行所产生的巨大破坏作用。因此，中国各级政府在谋划布局国内重点产业链体系中，必须前瞻性地设计和合理定位产业链各个环节中外资企业的风险及作用。

另一方面，针对中国所制定的“双循环”新发展格局战略布局，尤其需要科学把握和妥善处理国内产业链循环体系与全球产业链的有效对接及结合难题。显而易见，如果中国的国内产业链循环体系完全封闭或独立于全球产业链、创新链和价值链体系之外，既违背中国一直坚持的对外开放战略和构建人类命运共同体的战略构想，也会促使中国对全球经济发展的影响力逐步弱化，最终将对中国经济高质量发展战略的全面实施造成非常突出的不利影响。因此，中国在优先布局国内产业链循环体系的前提下，要前瞻性地预判和系统性地解决国内产业链循环体系与全球产业链体系之间可能发生的竞争、冲突和矛盾点，可以优先采取将中国国内产业链、创新链循环体系与 RECP 充分对接和融合的战略布局，逐步推向与全球产业链体系的对接和融合。

（二）要全面突破制约中国产业链安全和发展的“卡脖子”关键核心技术创新领域中，自主创新能力培育和提升的各种机制体制束缚，必须依靠政府和市场深度有机融合的新型举国体制

一方面，事实证明，无论是依靠中国国内单个的科研机构、国有企业或民营企业，均难以真正具备在某个产业链领域中的“卡脖子”关键核心技术创新上进行全面突破的自主能力。针对那些“卡脖子”关键核心技术创新领域中，具有公共产品性质或不具备规模经济性质的基础研究、应用基础研究或者市场需求规模相对较小的关键材料、关键零配件产品，必须以政府财政资金支持的方式来加以布局推进。而针对那些具有市场盈利前景的关键生产装备、关键零配件和关键材料等产品，可以通过加大研发加计扣除政策、高新技术企业减税政策以及企业所得税抵免等政策来加以激励和扶持，尤其要鼓励“国有企业 + 民营企业”和“龙头企业 + 配套型中小微企业”的先进集群模式，以形成破解和攻克中国关键核心技术创新领域的长期稳定性组合团队力量和集体力量。

另一方面，针对制约中国重点产业链和战略性新兴产业体系的“卡脖子”关键核心技术创新困局，建议由国家层面组建各领域的联合攻关协调小组，统筹全国的科研机构、高等院校、国有企业、股份制企业和民营企业形成稳定的协同协作攻关团队，鼓励有能力的重要利益相关方的个体科研机构、高等院校、国有企业、股份制企业或民营企业，主导或承担团队攻关。特别是要在招标和选拔机制方面做全新的改革，将“能者挂帅”“组阁制”“包干制”等基本原则贯彻到“卡脖子”关键核心技术创新领域的专业化攻关团队运行机制之中，特别是要创造鼓励自由探索和容忍失败的氛围，鼓励各级政府成立专项投资扶持基金，以股权投资的方式来激励“卡脖子”关键核心技术创新领域的专业化攻关团队的创新研发活动和工程化产业化运行。

（三）中美双方必然会在未来全球产业链和创新链的主导权争夺和战略布局方面展开全方位竞争

在全球正在形成的两种相互隔离式科技创新体系的复杂格局下，中国必须高度重视利用自身的全球第一规模市场优势来尽快培育国内产业链循环体系；同时，通过主动打造与欧盟、东盟以及其他新兴国家和发展中国家的创新链、价值链和供应链的互利共赢体系，以“集体”对“集体”、“利益同盟”对“利益同盟”策略，维护中国的国家发展利益。

首先，要清醒地认识到中美各自主导的相互隔离式的两大全球科技创新体系格局的形成不可避免，构建以自身基础研究和原始创新为基础的全球科技创新体系，及其催生的战略新兴产业体系中的产业链、供应链和创新链协同能力，已成为 2020~2035 年中国的核心发展战略。不可否认，在中国构建自身主导的全球科技创新体系及其催生的战略新兴产业链、供应链和创新链体系的最初过程中，必然不会有全球重要国家的参与，中国只能采取孤军奋战的发展策略。更为关键的是，全球科技创新体系的主导权，不仅在于高新技术产业和高端装备产业的关键核心技术创新和集成生产制造能力，也在于战略新兴产业体系中的产业链、供应链和创新链协同能力，更在于基础研究、原始创新和颠覆性技术创新的持续领先能力。

其次，美国针对中国发起的相互隔离式的全球科技创新同盟体系，并不是针对中国经济和市场实施完全“经济脱钩”策略，而是谋取针对中国市场的单边开放优势，抢占中国的高端市场。今后中美之间的长期竞合关系，是指美国针对中国的科技创新及其产品全面封锁和遏制，进而扩大美国高科技产品在中国市场份额的复杂关系，从而阻断中国国内的本土高端市场需求支撑中国高科技跨国本土企业的崛起和发展空间。为此，在中美科技创新脱钩态势难以避免的情形下，中国没有必要对美国实施以单方面开放换和平的妥协策略，而是必须以“对等开放”原则作为双方谈判博弈和利益竞争的基础。

再次，要以更具前瞻性的战略智慧与欧盟构建利益共同体，同时，将更多的新兴国家和发展中国家逐步纳入到中国正在构建的全球科技创新体系及其引发的战略新兴产业体系中的产业链、供应链和创新链体系中。美国遏制中国的策略是试图采取同盟体系，而中国应对美国正在构建的排斥中国的全球科技创新体系的最高智慧，也是应该采取与其他国家形成“你中有我、我中有你”共同利益体系。为此，一是中国在加快与欧盟签订自由贸易和投资协议的基础上，强化双方在全球科技创新领域的全面合作关系。二是可以进一步加大针对新兴国家的市场开放，通过强化与新兴国家打造产业链、供应链和创新链的协同分工体系基础，逐步推进基于共同利益的全球科技创新体系。特别是要保持战略耐心，做好与印度、巴西、俄罗斯等国的科技创新合作。三是全面构建针对发展中国家单方面完全开放的全球科技创新体系，特别是针对“一带一路”沿线发展中国家，设计专门的科技创新合作机制和高科技产业联合发展机制，鼓励双方科研机构的全面合作。

最后，尽快实施针对吸引全球科技创新高端人才来华研究和工作的国民待遇条件，营造对标国际一流的居住和生活环境，特别是将吸引新兴国家和发展中国家一流人才来华学习、研究和工作作为今后中国实施人才开放计划的重点目标。一方面，针对中国当前和未来重点产业链和战略新兴产业体系中的关键核心技术创新突破方面急需的各类人才，制定和实施专项人才引进计划，将新兴国家和发展中国家或地区列为专项人才引进计划的重点；另一方面，瞄准重点领域的基础研究、原始创新和颠覆性技术创新，加快实施面向全球开放性的人才引进计划，可以通过实施中国的快速绿卡通道和移民公民计划，增强对全球高端人才来华的吸引力。

第五节　中国推进经济新旧动能转化的突破方向及相关建议

近期，中国的改革政策逐步聚焦于促进以制造业为主的实体经济部门新旧动能加速替换过程，这集中表现在一系列组合政策文件的出台和政策组合效应。然而，需要高度关注的：一是这些政策的组合效应究竟如何？有没有形成政策的合力效应？二是这些政策的基层落实性和贯彻性如何？特别是在中国基层政府官员普遍存在“懒政、怠政、怕政”行为动机和激励机制情形下，政策的基层落实力和执行力就显得更为重要。而且，针对中国经济新旧动能转换过程中暴露出一系列机制体制障碍，以及制造业为主的实体经济部门的内外结构性问题和矛盾，尤为需要短期政策和中长期政策的组合策略，才能有效地解决这些重要的内外结构性问题和矛盾。

一、近期可着力的短期政策

近期，中国仍有调整和降低基准利率的空间，但从中国的现实状况看，如果基于促进制造业部门新旧动能转换的角度，针对制造业企业和中小微企业的减税降费政策，要优于降低基准利率的货币政策，针对高新技术企业的加大研发加计扣除政策和先进生产设备减税抵扣政策，要优于政府财政资金补贴政策。

（一）构建针对基础研究、应用基础研究、颠覆性技术、关键共性技术方面的政府财政扶持机制，重塑“新型举国体制”

要优先制定和实施将基础研究经费占R&D经费支出比重达到10%以上的战略目标和相应的具体任务安排，特别是要全面持续性地加大政府财政资金对原始创新、基础研究、颠覆性技术和关键共性技术创新的财政资金支持。通过全面推行科技机制体制改革，加大对从事基础研究、应用基础研究、颠覆性技术、关键共性技术等前沿领域的高等院校和专业化科研机构的财政资金支持力度。"新型举国体制"的特点之一，就是要在基础研究、应用基础研究等领域，率先放开和鼓励企业作为主体承担单位以及企业和专业化科研机构，联合申请国家各种重大科技计划项目、国家实验室、国家重点实验室、国家自然基金委各种项目等途径，通过这些项目的实施来激活和坐实各种国家实验室、国家重点实验室、国家工程研究中心、工业技术研究基地等。同时，适当调整和加大针对这些特定领域的政府采购范围和力度，从补贴需求角度而非生产角度，来贯彻政府对关键核心技术创新的支持政策。要优先在首都地区构建真正与专业化科学研究和科技前沿自由探索体制相匹配的科技管理治理制度，打造真正与专业化科学研究和科技前沿自由探索体制相匹配的财务报销制度，设计出真正与专业化科学研究和科技前沿自由探索体制相适宜的人才薪酬激励机制，要将已出台的各种科技管理制度落实和细化，作为科技创新体制改革的重点任务。

（二）当前在实施制造业部门减税政策过程中，要紧扣既有的不合理增值税制度这个制约制造业发展的关键问题和痛点，重点关注在特定领域和特定产业推行结构性减税政策，特别是要认识实施差别化增值税减税政策的重要性和紧迫性

从落实"稳就业"和维持传统制造业国际竞争力的双重战略高度出发，针对出口导向的传统劳动密集型产业，尽快制定和实施较大幅度降低增值税的改革举措，建议将其增值税税率调整为8%~10%。鉴于中国经济实力和国际竞争力是构建在传统产业集群和世界级先进制造集群基础上的客观事实，针对处于产业链和产品链配套环节的中小微企业，建议尽快将其增值税税率也调整为8%~10%。

（三）构建针对不同产业的关键核心技术创新突破的新型财政扶持和激励体制，设计针对中小微企业的生产设备购进、创新研发投入、人才引进培养的新型财政激励政策体系

面对中国在对外开放的新形势和新要求，尤要强调打造大中小企业在创新链和产业链对接方面全面融合的创新共同体系，打造创新协同协作新格局。一方面，将鼓励大中小企业按照创新链、产业链、产品链分工特征组团而成的创新共同体系，上升为今后一段时期内中国各级政府产业政策和创新政策的改革侧重点；另一方面，不要纠缠和束缚于国有企业及民营企业谁应该在中国国民经济运行中起主导作用的简单战略定位和狭隘思维范式，而应着眼于在全球贸易保护主义重新兴起及全球主要国家创新竞争愈加激烈的情形下，通过鼓励国有企业和民营企业在中国重点产业领域中的关键核心技术创新突破方面，形成新型的协同合作体系，打造创新协同协作的新格局。既要鼓励国有企业的技术创新向民营企业和中小企业的免费溢出，也要鼓励中小企业和民营企业主动深度参与到国有企业主导的创新链和产业链对接体系，构建出具有全球创新竞争优势的创新共同体系。

（四）加快培育多层次人才体系

一是继续强化高等院校在基础学科、基础应用学科以及特定专业学科的人才培养规模，构建与中国当前以制造业为主的实体经济部门中，重点产业领域自主创新能力体系构建和关键核心技术创新突破相适宜的现代科学研究学科体系。同时，继续加大对职业技术学院的政府财政支持力度，鼓励职业技术学院的新型专业设置，适当重新布局和升级职业技术学院。

二是建议继续降低各类金融机构员工的收入水平，适当拉平制造业和金融机构部门之间不合理的、持续扩大的收入差距。通过改变对金融经济等“热门”专业高收入的不良预期，彻底扭转高等院校学生过度热衷和偏好金融经济等“热门”学科的现象，强化高等院校和科研机构学生选择和从事科学研究基础学科、工程师以及技工相关学科学习的激励动机。

三是加快设计和出台新型的技工分级制度，适度强化特定类型的技工认定分级证书制度，建议将工程师、技工等级与退休金的多少挂钩，将参加各种劳动者技能大赛所获得的各类工匠荣誉称号和退休金挂钩。同时，从提高终身收入的角度来构建有效的收入激励制度。建议可适当弹性延长高级科研人才、工程师和高级技工的退休时间。

二、重点布局的中长期政策

（一）从中长期角度来看，中国制造业部门“降成本”政策的有效性，必须依赖降低制度性交易成本和政府规模性行政成本的根本性改革路径，重点是降低政府财政供养人口规模、适度收缩政府治理层级和政府行政机构规模、激发政府官员行政效率和主动创造能力

特别是建议稳步压缩甚至取消乡镇政府行政机构，逐步采取将公务员队伍压缩 1/3 和提高公务员收入并行的重大改革举措，通过将政府官员权力的标准化、市场化和效率化，倒逼和适度收缩政府官员规模，从降低新政成本和制度性交易成本渠道来取得降成本的制度性持久效果。要将县镇乡区域地方政府的降税减费政策的有效性，与降低县镇乡区域政府财政供养人口规模和适当压缩地方政府冗余功能的体制改革结合起来。建议再次大规模实施镇乡政府合并的制度改革，尤其建议将县域中平均 30~50 个镇乡政府机构，按照地理经济中心辐射范围，合并压缩到 4~8 个镇乡政府机构。对于裁撤的镇乡政府财政供养人员，可采取提前退休以及政府提供转岗再就业扶持基金模式加以解决。

（二）要将深入金融体制改革摆在中国供给侧结构性改革的首要位置，深刻认识金融供给侧结构性改革对中国经济新旧动能转换的极端重要性。针对中国经济新旧动能转换中蕴含的巨额高质量投资需求以及巨量创新研发投入特征，加快构建与内在需求相匹配的现代金融体系

首先，将全面引入和实施“竞争中性”和“所有制中立”原则作为今后中国金融结构性改革的核心。当前，仅仅通过所谓的精准定向式的基础利率降低货币政策，或者通过各种行政命令指导以及各种局部的金融工具创新（比如，我们实地调查发现，银行机构的承兑汇票已经成为阻碍中小微企业融资和发展的突出问题），来鼓励银行体系对制造业可持续发展的支持政策，已经很难从根本上解决金融体系资金不愿流入制造业为主的实体经济部门的难题和困局。中国的民营企业、中小微企业、创新创业所遭受的融资难融资贵困局，背后反映出的是深层次制度性障碍，只能通过“壮士断腕”式的机制体制改革方可破局和化解。客观事实是，当前以遵循商业经营逻辑和追求自身利益最大化利益原则为主的银行体系，与制造业部门转型升级和实施创新驱动发展战略的诸多内在需求之间的矛盾和冲突，已到一个即将爆发的临界点，中国已经到了针对既有的银行主导型金融体制体系，实施“大破大立”式改革的关键阶段。在我们看来，当前阶段，中国金融结构性改革的逻辑起点和核心问题，是将“竞争中性”和“所有制中立”原则，全面引入和落实到金融体制体系的全程化改革进程之中。今后改革的主线和突破点应该是，一方面，要尽快打破国有金融机构和金融市场各种显性或隐性的行政性市场进入壁垒，真正推进以强调公平市场竞争机制为导向的银行体制改革，构建与市场化机制要求全面兼容的银行现代公司治理结构、风险识别监管机制以及组织架构运行模式；另一方面，不要简单地认为一味发展民营银行或将民营资本和国外资本引入中国的金融机构，就可以解决中国银行体系乃至金融体系中的诸多根本性问题，倒逼和促发中国金融体制的全面改革，进而有效鼓励金融体系的结构性改革，刺激金融工具创新。事实上，即便引入了民营性质的中小商业银行，只要没有“竞争中性”和“所有制中立”原则的全面引入及实施，就无法有效解决中国金融机构的根源性问题，导致中国金融体制的根本性改变。因此，优先加快实施中国金融业的“对内开放”，才能由表及里、从现象触及实质，真正激发股份制商业银行体系和各种金融机构市场化经营机制的构建以及现代公司治理结构改革激励机制的确立。

其次，加快构建以全能制银行主导的金融结构性改革。必须将推进和实施中国金融结构性改革的逻辑起点定位为，加快构建与制造业为主的实体经济部门自主创新能力体系培育和关键核心技术创新突破的内在需求相匹配、相适宜的现代金融体系。无论是从促进以产品质量和全要素生产率提升主导的传统制造业转型升级活动的角度看，还是从以打造自主创新能力体系以及精益制造生态系统主导的先进制造业发展壮大活动的角度看，抑或是从以构建原始创新、基础创新和应用创新主导以及产学研深度融合主导的战略性新兴产业培育发展活动的角度看，这些活动均蕴含着巨额的高质量投资机会以及巨大的创新研发投入空间，特别需要以长期贷款期限和相对低成本为主要特征的金融体系加以匹配，迫切需要以直接融资渠道主导的金融结构加以匹配。然而，中国目前仍然是以银行机构主导的金融体系以及以间接融资渠道为主的金融结构，这已经严重滞后于构建以制造业为主的实体经济部门自主创新能力体系的多方面需求，既与制造业为主的实体经济部门的转型升级活动发生了严重的不匹配现象，也与正在全面推进的创新驱动发展战略和建设创新型国家发生了全面的不兼容现象，而且，这些不匹配、不兼容现象在一定程度上呈现出固化特征以及路径依赖特征。对此，我们建议，一方面，要使得金融体系真正对接和满足科技创新小微企业、传统制造业、高端装备生产企业以及战略性新兴产业企业，对相对低成本的5~10年周期甚至更长时期的先进生产设备和智能制造设备更换的贷款融资需求，使得金融体系对接和满足制造业部门的关键核心技术突破、自主创新能力体系培育等所隐含的巨额创新研发投入需求。当前中国金融结构性改革的最优实施路径是，逐步取消针对银行机构直接融资功能的法律限制，尽快赋予和强化银行体系的直接融资功能，前瞻性地探索和构建全能制银行体系下的新型金融监管制度。另一方面，在充分借鉴德国的“主银行制”和日本的“实业财团 + 银行制”的综合优势基础上，可以前瞻性地探索特定的产业集团和股份制中小商业银行体系的联合控股和构建长期“互利共赢”式的新型融合发展模式，将银行机构的盈利模式和盈利空间转化到覆盖和满足对企业在不同生命周期的不同融资需求特征方面，鼓励银行机构从为企业或产业提供全生命周期形态的多样化、个性化融资服务，以获取自身长期利益的最大化，而非仅仅谋取企业或产业特定发展阶段的短期利润最大化。

再次，加快布局适宜地方经济和产业发展特征的、具有直接融资功能的专业化、地方化股份制中小商业银行体系。按照第五次国家金融工作会议指明的“发展中小银行和民营金融机构”的基本精神，积极探索和发展具有直接融资功能的地方化、专业化的股份制中小商业银行体系。所谓的“地方化”，指这些地区性的中小商业银行，其经营业务范围应该限制在特定地区之内，专门服务于特定地区的经济发展以及满足实体经济部门的各种融资需求，将自身的盈利空间和生存发展机会，与地区的经济发展和实体经济部门的发展机会充分融合在一起，互利共赢，共生共长。所谓的

“专业化”，指特定的中小商业银行，其经营业务范围应该限制在特定产业行业，专门服务于特定产业和企业的各种融资需求，将自身的盈利空间和生存发展机会，与产业的发展机会深度融合。发展具有直接融资功能的中小商业银行体系，指赋予地区性、专业性的中小商业银行的直接融资功能，发展全能制银行式的中小商业银行，强化中小银行机构利用直接融资渠道对地区实体经济部门的支撑功能。而且，针对积极探索和发展具有直接融资功能的地方化、专业化中小商业银行体系的既定目标，迫切需要前瞻性地研究和构建全能中小商业银行体系下的新型金融监管体制。更为重要的是，要积极鼓励具有直接融资功能的地方化、专业化的股份制中小商业银行体系，与战略性新兴产业、企业集团、本土跨国企业的相互融合发展机制和银企一体化机制，并前瞻性地研究由此带来的金融风险监管制度设计与创新。

最后，加快发展覆盖全产业链和创新链对接和融合体系的多层次、多样化现代资本市场体系。切实从提高直接融资比重和强化提供长期期限贷款这两大核心能力角度，以全面推进金融体制的改革和金融结构的转换，将资本市场改革的着力点和金融监管制度设计的核心点，全面落实在构建与制造业为主的实体经济部门的转型升级以及自主创新能力体系相互匹配和相互支撑方面。一方面，认准和坚持发展股票市场对解决中国当前加快发展壮大战略性新兴产业和高新技术企业的根本性作用，不要受到股市中各种利益集团的干扰，继续加快科技创新企业的新股发行速度。同时，遏制和消除企业在上市过程中的作假和腐败活动，加快健全股市的一视同仁退出机制。实现允许国外优质企业在中国股市上市的机制突破。特别是要打通股票市场和银行体系之间的资金流传通道，打通企业股权融资和银行直接投资渠道之间的障碍。另一方面，通过特定的税收激励政策措施，彻底扭转各种形式的公募私募基金以及天使风险基金偏向于获取短期利益的操作行为和逻辑，鼓励公募私募基金以及天使风险基金投向和满足特定产业产品领域的关键核心技术创新活动的外部融资需求，覆盖和满足在全产业链和创新链融合体系的各个对接环节的股权融资、债务融资、信用贷款、抵押贷款等多样化、全流程的外部融资需求。同时，积极扩大和提升上市企业一级市场、二级市场以及新三板、新四板，对从事关键产业、产品领域的关键核心技术创新突破工作的企业的优先上市权和再融资权。

今后一段时期内的重点改革突破口是：

（1）高度重视促进经济新旧动能转换，在中国当前经济发展阶段的基础性地位以及所呈现的多样化特征。

要高度认识到推进经济新旧动能转换，在中国经济发展阶段的临界点和关键期的特殊地位，对中国潜在增长率结构性变化的重要作用，对中国开启经济“新周期”的决定性作用。在中国存在工业 2.0、工业 3.0 和工业 4.0 的多层次工业体系的复杂背景下，要高度清醒地认识到，在中国中西部的多数地区，最为基础的工业 2.0 体系也没有完成，因此，经济新旧动能转换的主攻方向应该落在夯实工业 2.0 体系的基础工作，切不可盲目实施“弯道超车”的发展战略，造成地区经济新旧动能的断裂以及制造业过早过快“空心化”现象的发生；在中国东部的多数发达地区，整体上正处于工业 2.0 体系向工业 3.0 体系的过渡阶段，经济新旧动能转换的主攻方向应该落在打造和完善工业 3.0 体系方面，特别是要在特定的高新技术产业体系中基础创新、应用创新、集成创新以及关键共性技术创新能力体系方面的构建和提升有所突破；对于类似北京、上海、深圳等核心城市以及中国重点区域的经济中心而言，应该在智能制造以及战略性新兴产业为主的工业 4.0 体系方面，由“点”到“面”逐步实施“弯道超车”赶超型的创新驱动发展战略。

针对民营企业在此轮“去产能”策略感受到的不公平待遇或敏感问题，主动将当前以各级政府行政督察和强制性指令为主的“去产能”策略，适度转向以强调“竞争中性”“所有制中立”主导的市场化原则。同时，政府应积极加大制约行业、园区和产业集群环保技术创新、环保处理工艺和关键设备等关键共性技术方面的扶持力度和有效激励政策。我们建议，当前最为紧迫的改革着力点应该是，全面清理清退中国各级地方政府采取的以政府补贴为主的产业政策和创新政策。特别是要全面取消针对专利的各级地方政府财政资金的补贴和奖励政策，适度调整中国各级地方政府当前实施的高新技术企业认定制度以及企业所得税减免政策，要将维护市场公平竞争机制的建设任务上升为总体层面的产业政策和创新政策基础性制度环境的前提目标。在制度环境成本比简单要素成本更为制约中国以制造业为主的实体经济部门的自主创新能力体系培育和关键核心技术创新突破的情形下，要将中国各地政府的产业政策和创新政策的改革重点，落在对强化和提高知识产权保护执法力度和提高违法成本方面，落在约束和控制政府对市场经济的不合理干预行为以及降低制度性交易成本方面，落在构建有利于创新创业的国际一流营商环境等重点方面。

（2）对中国地方政府原有的政府主导和政策刺激型的经济新旧动能转换模式，到了“大破大立”的关键时期，也到了机制体制改革的临界点。

正是由于对政府和市场关系认识和把握得不到位，中国不少地方政府所采取的各种产业政策和开发区政策，在一定程度上偏离了经济新旧动能转换模式的市场化发展方向，对地区经济可持续发展产生了一系列负面效应和扭曲效应。从中国各地方政府的具体实践活动来看，在落实中央所部署的一系列落实和推进经济新旧动能转换为内涵的创新驱动发展战略以及供给侧结构性改革等国家发展战略进程中，不少地方政府仍然偏好于采用选择性产业政策和生产成本补贴型产业政策，偏向于采取招商引资优惠政策以及依赖各种开发区载体平台，导致地区间的产业结构同质化、产业低端化锁定、产业过度竞争、产能过剩以及微观企业自主创新能力动力缺失等一系列突出现象的发生，甚至在局部地区局部行业造成了“信息化泡沫”“高新技术企业泡沫”乃至“战略性新兴产业泡沫”等现象。而且，也造成了新型的政府产业引导基金和创新基金的走样和变异现象。对通过加快推进经济新旧动能转换，推进经济结构转型升级，不仅不能起到预期的促进效应，相反可能会南辕北辙，产生无法忽略的多重负面作用以及破坏性。因此，全面清理和转变中国地方政府针对经济新旧动能转换的各种产业政策措施，对开发区以及各种高新技术开发区所附加的各种不合理政府功能和做法，到了彻底反思和转型的重要关口，对中国地方政府原有的经济发展模式，到了“大破大立”的关键时期，也到了全面深入推进机制体制改革的临界点。要真正扭转和改变中国地方政府以政府扶持为主导的经济新旧动能转换模式，必须回归市场机制作为激发经济新旧动能转换动力活力的基础性地位。同时，不可忽略政府的应有作用，找准政府在经济新旧动能转换中关键薄弱环节的发力点，鼓励地方政府在加快推进经济新旧动能转换过程中，重新认识和协调好“国家规划”和“地方特色”之间的承接关系，依据地区自身要素禀赋条件、经济发展阶段水平、市场机制发育程度的差异，探索政府和市场有机结合的新经验、新模式、新机制。

（3）依靠加快建设法治体系来维护市场公平竞争机制在国民经济的基础性地位，建议加快将“竞争中性”和“所有制中立”原则全面引入到市场经济体系和现代法治体系的完善和建设。

中国于2008年8月1日起实施的《反垄断法》，并未直接对公平竞争审查制度作出法律制度规定。《反垄断法》这一与生俱来的先天立法缺陷，随着中国反垄断国内外形势的复杂化以及利益集团的干扰，造成滥用市场支配地位、排除或限制竞争等各种垄断行为屡治不止，严重抑制了中国市场公平机制这个经济发展基础性制度的发挥。针对这个重大问题，2016年6月，国务院发布《关于在市场体系建设中建立公平竞争审查制度的意见》（以下简称《意见》），要求在各种经济政策和产业政策中建立公平竞争审查制度，借以防止出台排除、限制竞争的政策措施，逐步清理废除妨碍全国统一市场和公平竞争的规定和做法。毋庸置疑，国务院出台的这一《意见》弥补了公平竞争审查制度缺失的反垄断短板，有利于纵深推进反垄断执法，但由于《意见》本身不具有法律效力，很难在实践中真正对滥用市场支配地位、排除或限制竞争等垄断行为进行规制和限制。因此，建议将公平竞争审查制度列入《反垄断法》的修订核心内容，确立公平竞争政策在中国国民经济运行中的基础性地位，从而以法律的形式将公平竞争审查制度程序化、规范化，以法律的名义确保这一反垄断手段的规范性、强制性和有效性，既有利于以法律的名义固化市场公平竞争审查的经验和成果，又可以最大限度地释放法治体系在加快中国经济新旧动能转换中所具有的法治潜能。

（4）依据在中国经济新旧动能转换进程中中小微企业地位日益加强的新形势，加快推进以保护制造业和中小微企业为主要目标的知识产权保护法和专利法方面的重大改革。

从中国经济发展的现实情况看，要强化和完善针对“中国制造”的知识产权布局，围绕“中国制造2025”的重点领域和“互联网+”行动的关键环节，形成一批产业关键核心共性技术知识产权。同时，在以智能制造、高新技术产业、战略性新兴产业、“互联网+”以及重构型商业模式创新（如分享经济、共享经济）所主导的产业大变革时代，中小微企业必将是中国创新的主体，中国经济进入了大中规模企业、高新技术企业和国有企业全面利用兼并并购高创新能力的中小微企业来提升自身市场竞争力的特定时代。这种情形下，制定针对激励中小微企业创新研发活动以及强化保护中小微企业的巨额创新研发投入利益，既符合中国现实国情，也是有极大发展价值的政策导向。对此，我们建议，一方面，中国知识产权保护制度和专利激励政策的调整方向，应该特别针对中小微企业，鼓励中小企业研究开发拥有自主知识产权的技术和产品；另一方面，建议中国加快研究制定类似美国《拜杜法案》的法律法规。美国1981年制定的《拜杜法案》规定，小企业能够把专利转化为生产力的，这个小企业可以拥有专利权的1/3。因此，针对中国而言，应抓紧研究和出台鼓励中小企业把高等院校、科研机构所发明的知识产权专利转化为生产力和形成产业化成果，并且可以分享20%~35%知识产权的法律法规。

（5）全面反思国有企业和民营企业在中国经济发展中的各自定位，谋求在中国经济新旧动能转换中打造“国有+民营”协同合作的新格局。

当前，真正认识和理顺政府和市场之间的合理边界关系，特别是要理顺国有企业和民营企业之间的公平竞争关系，消除民营企业对国有企业快速扩张和竞争力提升的竞争压力感甚至恐惧感，构建国有企业和民营企业在创新型国家建设以及打造国家创新链中的新型协同合作关系。在我们看来，不要再纠结于“国进民退”或“国退民进”的简单思维，而是要立足国家创新驱动发展战略的全面部署和深入推进，瞄准中国构建创新型大国的阶段性战略目标，依靠推进以促进产品质量提升和全要素生产率提升为主的制造业实体经济部门的供给侧结构性改革，对中国国有企业和民营企业在构建国家创新体系以及打造核心创新链中的关系与定位，做全新的战略性思考和突破性改革。要从中国经济发展阶段的内在要求出发，在创新链的不同环节，发挥政府和市场各自功能的有机结合，全面创新政府在配置资源方面的新思路和新模式。当前最为紧迫、最为核心的任务是在创新链中具有半公共产品性质的应用开发和中间实验环节，同时是当前中国自主创新能力体系的构建中最为薄弱的环节和关键短板之处，应构建“国有＋民营”协同合作的新格局，加快构建新形态的经济新旧动能转换的新模式，积极加快打造具有新形态的社会主义经济发展新模式。

（6）针对中国经济新旧动能转换中蕴含的巨额高质量投资需求以及创新研发投入特征，加快构建与内在需求相匹配的现代金融体系。

首先，将全面引入和实施“竞争中性”和“所有制中立”原则作为今后中国金融结构性改革的核心。当前，仅仅通过所谓的精准定向式的基础利率降低货币政策，或者通过各种行政命令指导以及各种局部的金融工具创新（比如，我们实地调查发现，银行机构的承兑汇票已经成为阻碍中小微企业融资和发展的突出问题），来鼓励银行体系对制造业可持续发展的支持政策，已经很难从根本上解决金融体系资金不愿流入以制造业为主的实体经济部门的难题和困局。中国的民营企业、中小微企业、创新创业所遭受的融资难融资贵困局，背后反映出的是深层次制度性因素障碍，只能通过“壮士断腕”式的机制体制改革方可破局和化解。客观事实是，当前以遵循商业经营逻辑和追求自身利益最大化原则为主的银行体系，与制造业部门转型升级和实施创新驱动发展战略的诸多内在需求之间的矛盾和冲突，已到一个即将爆发的临界点，中国已经到了针对既有的银行主导型金融体制体系实施“大破大立”式改革的关键阶段。在我们看来，当前阶段，中国金融结构性改革的逻辑起点和核心问题，是要将“竞争中性”和“所有制中立”原则，全面引入和落实到金融体制体系的全程化改革进程之中。就此，今后主要的改革主线和突破重点是，一方面，要尽快打破国有金融机构和金融市场的各种显性或隐性的行政性市场进入壁垒，真正推进以强调公平市场竞争机制为导向的银行体制改革，构建与市场化机制要求全面兼容的银行现代公司治理结构、风险识别监管机制以及组织架构运行模式；另一方面，不要简单地认为一味发展民营银行或将民营资本和国外资本引入中国的金融机构，就可以解决中国银行体系乃至金融体系中的诸多根本性问题，倒逼和促发中国金融体制体系的全面改革，进而能有效鼓励金融体系的结构性改革，刺激金融工具创新。事实上，即便引入了民营性质的中小商业银行，只要没有“竞争中性”和“所有制中立”原则的全面引入和实施，就无法有效解决中国金融机构的根源性问题，使中国金融体制体系根本性改变。因此，优先加快实施中国金融业的“对内开放”，才能由表及里、从现象触及实质，真正激发股份制商业银行体系和各种金融机构市场化经营机制的构建和现代公司治理结构改革激励机制的确立。

其次，加快以构建全能制银行主导的金融结构性改革。必须将推进和实施中国金融结构性改革的逻辑起点，定位为加快构建与制造业为主的实体经济部门自主创新能力体系培育和关键核心技术创新突破的内在需求相匹配、相适宜的现代金融体系。无论是从促进以产品质量和全要素生产率提升主导的传统制造业转型升级活动的角度看，还是从以打造自主创新能力体系以及精益制造生态系统主导的先进制造业发展壮大活动的角度看，抑或是从以构建原始创新、基础创新和应用创新主导以及产学研深度融合为主导的战略性新兴产业培育发展活动的角度看，这些活动均蕴含着巨额的高质量投资机会以及巨大的创新研发投入空间，特别需要以长期贷款期限和相对低成本为主要特征的金融体系来加以匹配，迫切需要以直接融资渠道主导的金融结构来加以匹配。然而，中国目前仍然是以银行机构主导的金融体系以及以间接融资渠道为主的金融结构，这已经严重滞后于构建以制造业为主的实体经济部门自主创新能力体系的多方面需求，既与制造业为主的实体经济部门的转型升级活动发生了严重的不匹配现象，也与正在全面推进的创新驱动发展战略和建设创新型国家发生了全面的不兼容现象，而且，这些不匹配、不兼容现象在一定程度上呈现出固化特征以及路径依赖特征。对此，我们建议：一方面，要使得金融体系真正对接和满足科技创新小微企业、传统制造业、高端生产装备企业以及战略性新兴产业企业，对相对低成本的5~10年周期甚至更长时期的先进生产设备和智能制造设备更换的贷款融资需求，使得金融体系对接和满足制造业部门的关键核心技术突破、自主创新能力体系培育等所隐含的巨额创新研发投入需求。当前中国金融结构性改革的最优实施路径是，逐步取消针对银行机构直接融资功能的法律限制，尽快赋予和强化银行体系的直接融资功能，前瞻性地探索和构建全能制银行体系下的新型金融监管制度。另一方面，在充分借鉴德国的“主银行制”和日本的“实业财团＋银行制”的综合优势基础上，可以前瞻性地探索特定的产业集团和股份制中小商业银行体系的联合控股和构建长期“互利共赢”式的新型融合发展模式，要将银行机构的盈利模式和盈利空间转化到覆盖及满足对企业在不同生命周期的不同融资需求特征方面，鼓励银行机构要从为企业或产业提供全生命周期形态的多样化、个性化融资服务，以获取自身长期利益的最大化，而非仅仅谋取企业或产业特定发展阶段的短期利润最大化。

再次，加快布局适宜地方经济和产业发展特征的、具有直接融资功能的专业化、地方化股份制中小商业银行体系。按照第五次国家金融工作会议指明的“发展中小银行和民营金融机构”的基本精神，积极探索和发展具有直接融资功能的地方化、专业化的股份制中小商业银行体系。所谓的“地方化”，指这些地区性的中小商业银行，其经营业务范围应该被限制在特定地区之内，专门服务于特定地区的经济发展以及满足实体经济部门的各种融资需求，将自身的盈利空间和生存发展机会，与地区的经济发展和实体经济部门的发展机会充分融合在一起，互利共赢，共生共长。所谓的“专业化”，指特定的中小商业银行，其经营业务范围应该被限制在特定产业行业，专门服务于满足特定产业和企业的各种融资需求，将自身的盈利空间和生存发展机会与产业的发展机会深度融合。发展具有直接融资功能的中小商业银行体系，指赋予地区性、专业性的中小商业银行的直接融资功能，发展全能制银行式的中小商业银行，强化中小银行机构利用直接融资渠道对地区实体经济部门的支撑功能。而且，针对积极探索和发展具有直接融资功能的地方化、专业化中小商业银行体系的既定目标，迫切需要前瞻性地研究和构建全能中小商业银行体系下的新型金融监管体制。更为重要的是，要积极鼓励具有直接融资功能的地方化、专业化的股份制中小商业银行体系，与战略性新兴产业、企业集团、本土跨国公司的相互融合发展机制和银企一体化机制，并前瞻性地研究由此带来的金融风险监管制度设计与创新。

最后，加快发展覆盖全产业链和创新链对接和融合体系的多层次、多样化现代资本市场体系。切实从提高直接融资比重和强化提供长期期限贷款的这两大核心能力角度，全面推进金融体制的改革和金融结构的转换，要将资本市场改革的着力点和金融监管制度设计的核心点，全面落实在构建与制造业为主的实体经济部门的转型升级活动以及自主创新能力体系相互匹配和相互支撑方面。一方面，认准和坚持发展股票市场对解决中国当前加快发展壮大战略性新兴产业及高新技术企业的根本性作用，不要受到股市中各种利益集团的干扰，继续加快科技创新企业的新股发行速度。同时，遏制和消除企业在上市过程中的作假和腐败活动，加快健全股市的一视同仁退出机制。特别是要打通股票市场和银行体系之间的资金流转通道，打通企业股权融资和银行直接投资渠道之间的障碍。另一方面，通过特定的税收激励政策措施，彻底扭转各种形式的公募私募基金以及天使基金、风险基金偏向于获取短期利益的操作行为和逻辑，鼓励公募私募基金以及天使风险基金投向和满足特定产业产品领域的关键核心技术创新活动的外部融资需求，覆盖和满足在全产业链及创新链融合体系的各个对接环节的股权融资、债务融资、信用贷款、抵押贷款等多样化、全流程的外部融资需求。同时，积极扩大和提升上市企业一级市场、二级市场以及新三板、新四板，对从事关键产业、产品领域的关键核心技术创新突破工作的企业的优先上市权和再融资权。

（7）针对中国经济新旧动能转换中所需多层次人才体系存在的关键问题和核心问题，加快构建与制造业为主的实体经济部门多样化、多层次需求相匹配的现代人才体系。

针对中国当前以制造业为主的实体经济部门中日益凸显和加重的多层次人才短缺以及劳动力技能供需错配的突出问题、核心问题，在我们看来，当前解决问题的要害在于两点：一是如何从根本上扭转 63% 没有读过高中（包括职业高中）的农村劳动力的现状，解决提高农村劳动力特别是青年农村劳动力的现代职业技能培训和人力资本的难题？二是如何从根本上扭转不少大学生热衷于经济金融专业的偏好，依据现阶段中国“制造业立国”和“制造业强国”的发展目标，提升高等院校培养高级技工、工程师和科技创新研发人才等方面的综合能力？有鉴于此，中国既有的人才教育培养体系到了“大破大立”的关键时期，迫切需要在以下方面加快彻底改革和重点建设：

首先，以市场需求为导向，赋予高校更大的办学自主权，教育机构应加强与企业对接，校企联合培养高层次技术性人才。

其次，强化与智能制造和“互联网+”的发展需求相匹配的中低端技术技能人才需求，职业培训平民化，通过国家财政补贴，扶助农民工尤其是年轻一代农民工的技能提升。

再次，逐渐建立以企业为主体的职业技能培训供给模式。弘扬“工匠精神”，完善职业化教育链条，打通入学、求学、求职、发展等全链条，建设多元的现代职业教育体系。

最后，在宏观层面，打破行政性和行业性垄断，促进人力资源的合理配置和流动，以机会公平为原则推动户籍、社会保障、教育等制度改革，创造更好的人才流动、就业和创业环境。

第六节　强化财政体制方面的创新型改革举措与具体政策建议

（一）构建针对基础研究、应用基础研究、颠覆性技术、关键共性技术方面的新型政府财政扶持机制，重塑“新型举国体制”

要优先制定和实施将基础研究经费占 R&D 经费支出比重达到 10% 以上的战略目标和相应的具体任务安排，特别是要全面持续性地加大政府财政资金对原始创新、基础研究、颠覆性技术和关键共性技术创新的高强度的直接财政资金支持。全面通过推行科技机制体制改革，加大对从事基础研究、应用基础研究、颠覆性技术、关键共性技术等前沿领域的高等院校和专业化科研机构的财政资金支持力度。“新型举国体制”的特点之一，是要在基础研究、应用基础研究等领域，率先放开和鼓励企业作为主体承担单位以及企业和专业化科研机构，联合申请国家各种重大科技计划项目、国家实验室、国家重点实验室、国家自然基金委各种项目等途径，通过这些项目的实施来激活和坐实各种国家实验室、国家重点实验室、国家工程研究中心、工业技术研究基地等。同时，适当调整和加大针对这些特定领域的政府采购范围和力度，从补贴需求角度而非生产角度来贯彻政府对关键核心技术创新的支持政策。

要优先在首都地区构建真正与专业化科学研究和科技前沿自由探索体制相匹配的科技管理治理制度，打造真正与专业化科学研究和科技前沿自由探索体制相匹配的财务报销制度，设计出真正与专业化科学研究和科技前沿自由探索体制相适宜的人才薪酬激励机制，要将国家政府机构已经出台的各种科技管理制度精神的落实和细化作为当前首都乃至京津冀区域内的一体化科技创新体制改革重点任务。

（二）构建针对不同产业的关键核心技术创新突破的新型财政扶持和激励体制

当前以间接税为主的征税体制以及所造成的制造业相对较高税费水平，是造成中国以制造业为主的实体经济部门自主创新能力体系和关键核心技术创新突破能力不足或缺位的核心因素之一。对于多数具有公共产品性质的基础研究和应用基础研究，以及具有半公共产品性质的关键共性技术和应用技术开发而言，既由于面临较为突出的外溢效应所导致前期的巨额创新研发投入所遭受的收益不确定问题，也由于中国制造业部门的长期相对较低利润率所导致的创新研发资金来源不足难题，必须要有特定的减税政策作为重要的激励机制，来对冲制造业企业创新研发活动的外部性，弥补制造业部门的长期相对较低利润率的制约效应。然而，与主要发达国家的直接税体制不同，中国当前实施的以间接税为主的税收结构体制，特别是以增值税为主的税收结构和征税制度，造成了制造业企业部门成为国家税收收入的最主要来源。长期以来，中国的第一大税种就是增值税，约占税收总收入的 40%，第二大税种是企业所得税，约占税收总收入的 20%。增值税和企业所得税这两大税种的收入总和，已经占据了税收总收入的 60% 以上，而制造业则是增值税收入的最主要来源。因此，以增值税为主的税收体制，就必然会成为影响和制约制造业利润率以及导致制造业税费负担水平相对较高的重要因素。

当前，中国制造业面临以税收、社会保险费用、政府性基金和行政性收费、行政性灰色隐性寻租成本等为主要形式的“综合税费成本”过高，再叠加基础能源和战略资源行业垄断、金融业为主的服务业开放不足等因素所导致的基础性成本过高的发展困局。以往较低的环境、资源、土地（招商引资无偿划拨）成本以及较低的劳动力成本，可以对冲和弥补中国制造业相对较高的“综合税费成本”和制度性交易成本，维持中国制造业的低成本出口竞争优势。然而，随着环境环保成本和劳动力成本的快速提高，难以对冲和弥补中国制造业面临的相对较高的“综合税费成本”和制度性交易成本，这必然会加剧增值税体制和制造业正常盈利能力之间的矛盾，以间接税为主的征税体制以及所造成的制造业相对较高的税费水平问题，对中国以制造业为主的实体经济部门自主创新能力体系和关键核心技术创新突破能力的阻碍作用和抑制效应更加凸显。

（三）全面反思、检查、督察各级政府实施的各种形式政府补贴政策，进行全面梳理和调整的重要性和具体途径

（1）以运用政府补贴为主的创新政策和产业政策，成为压制以制造业为主的实体经济部门自主创新能力体系构建和关键核心技术创新突破的突出因素。

从中国当前各级政府所运用的产业政策以及创新政策来看，主要呈现出两个方面的基本特征：一是偏向于采用以政府补贴等各种优惠政策为主的刺激手段；二是存在偏好于国有企业或者是偏向于为当地 GDP 贡献较大、税收贡献较大的大规模企业，针对中小微企业创新创业活动的特殊支持政策相对较少较弱，本质上具有“锦上添花”而非“雪中送炭”的特定特征。

（2）针对中国各级政府以政府补贴为主的产业政策和创新政策进行全面调整和改革，积极运用各种创新减税和抵扣政策。同时，构建以鼓励市场竞争为导向的创新政策体系，构建以强化知识产权保护制度为导向的创新制度环境，构建以降低制度性交易成本为导向的营商环境，强力发挥市场“看不见的手”在激励微观企业的应用技术开发、重大创新成果工程化和产业化、高端生产装备设备、关键材料、关键工艺等方面的主体地位。

当前，最为紧迫的改革举措着力点应该是：

一是全面清理清退中国各级地方政府采取的以政府补贴为主的产业政策和创新政策，特别是要全面取消针对专利的各级各地政府财政资金的补贴和奖励政策，适度调整中国各级政府当前实施的高新技术企业认定制度以及企业所得税减免政策。

二是加快启动针对传统制造业以促进产品质量提升和全要素生产率提高为主的先进生产设备更新和购置的抵扣和减税措施，启动加大针对高端制造业、高端生产装备制造业和战略性新兴产业在基础研究、应用基础研究、中试研究、工程化研究、颠覆性技术研究以及关键共性技术研究等方面的研发加计扣除政策改革，建议允许企业单独以及企业和科研机构联合申请国家自然基金项目资金，真正促进制造业企业基础研究和应用基础研究投入和能力的提高。

三是要将维护市场公平竞争机制的建设任务，上升为总体层面的产业政策和创新政策基础性制度环境的前提目标。在制度环境成本比简单要素成本更为制约中国以制造业为主的实体经济部门的自主创新能力体系培育和关键核心技术创新突破的情形下，要将中国各地政府的产业政策和创新政策的改革重点，落在对强化和提高知识产权保护执法力度和提高违法成本方面，落到通过各级政府持续深入推进的“简政放权”行动，以及逐步收缩财政供养人口规模和减少政府层级机构，以约束和控制政府对市场经济的不合理干预行为以及降低制度性交易成本，落在构建有利于创新创业的国际一流营商环境等重点方面。

（四）设计针对中小微企业的生产设备购进、创新研发投入、人才引进培养的新型财政激励政策体系

（1）针对中国对外开放的新形势和新要求，尤要强调打造大中小企业在创新链和产业链对接方面全面融合的创新共同体系，打造创新协同协作的新格局。

一方面，将鼓励大中小企业按照创新链和产业链、产品链分工特征组团而成的创新共同体系，上升为今后一段时期内中国各级政府产业政策和创新政策的改革侧重点。特别要提高和强化针对创新型小企业创新研发活动的减税免税政策，激活小企业的创新自主能力；同时，针对按照创新链和产业链、产品链分工特征组团而成的大中小企业的创新共同体系，建议采用相应的增值税抵扣政策，降低中小联合创新的税负水平。

另一方面，不要纠缠和束缚于国有企业和民营企业谁应该在中国国民经济运行中起主导作用的简单战略定位和狭隘思维范式问题，而应该着眼于在全球贸易保护主义重新兴起以及全球主要国家创新竞争愈加激烈的情形下，通过鼓励国有企业和民营企业在中国重点产业领域中的关键核心技术创新突破方面，形成新型的协同合作体系，打造创新协同协作的新格局。既要鼓励国有企业的技术创新向民营企业和中小企业的免费溢出，也要鼓励中小企业和民营企业主动深度参与到国有企业主导的创新链和产业链对接体系，构建出具有全球创新竞争优势的创新共同体系。

（2）加快培育和激励以制造业为主的实体经济部门自主创新能力体系培育和关键核心技术创新突破的内在需求相匹配、相适宜的多层次人才体系。

一是继续强化高等院校在基础学科、基础应用学科以及特定专业学科的人才培养规模，构建与中国当前以制造业为主的实体经济部门中，重点产业领域的自主创新能力体系构建和关键核心技术创新突破相适宜的现代科学研究学科体系。同时，继续加大对职业技术学院的政府财政支持力度，鼓励职业技术学院的新型专业设置，适当重新布局和升级职业技术学院。

二是建议继续降低各类金融机构员工的收入水平，适当拉平制造业和金融机构部门之间不合理的、持续扩大的收入差距现象。通过改变对金融经济等“热门”专业高收入的不良预期，彻底扭转高等院校学生过度热衷和偏好金融经济等“热门”学科的重大现象，强化高等院校和科研机构学生选择和从事科学研究基础学科、工程师以及技工相关学科学习的激励动机。

三是加快设计和出台新型技工分级制度，适度强化特定类型的技工认定分级证书制度，建议将工程师、技工等级与退休金的多少挂钩，将参加各种劳动者技能大赛所获得的各类工匠荣誉称号和退休金的多少挂钩。同时，从提高终身收入的角度构建有效的收入激励制度。建议可适当弹性延长高级科研人才、工程师和高级技工的退休时间。

（五）针对高新技术企业所得税减免政策、研发加计扣除政策等的效果进行全面评估、调整和清理

首先，针对当前中国各级政府普遍制定和实施的以运用政府财政资金为主的创新扶持和补贴政策，并未对中国多数本土企业私人性质创新投入形成挤入效应，反而在一定程度上引致了突出的挤出效应的客观现实，全面评价和反思中国创新支持政策的激励效应并对这一政策体系实施有效改革已经是十分重要而紧迫的任务。最为可行的改革突破思路应是：中国各级政府在逐步弱化和取消以政府财政资金为主的创新扶持和补贴政策的同时，必须重视完善知识产权保护制度并强化其执行力度，积极推进构建与以制造业为主的实体经济部门的各种创新需求相匹配的、具有直接融资功能的现代金融体系和多层次资本市场，从而以消除阻碍微观企业自主创新能力培育和提升的外部制度环境约束和缺陷为基本手段，实现从根本上减少和纠正中国本土企业自主创新活动对政府创新扶持和补贴政策的直接依赖的企业创新发展目标。另外，科学地厘清政府和市场各自的着力点和合理功能边界，找准当前中国政府和市场在创新领域的有机结合点，并瞄准在创新链环节的关键薄弱环节和短板方面的发力点和破解点，从而集中发力，各个击破，在此过程中，还需审慎把握“政府引导”和“市场主导”之间的协同关系，促进二者互补、联动发展。同时，全面发挥市场经济在提升微观企业自主创新能力中的基础性作用，充分激活市场竞争机制在激发微观企业自主创新活动的真正动力、活力方面的核心作用。

其次，基于当前中国情境下政府支持创新发展的一个关键政策导向，即依靠积极推动高新技术开发区建设和高新技术企业发展，落实创新驱动发展战略，不少地方政府仍然偏好于采用选择型生产成本补贴型的产业政策和创新政策，诸如采取优惠型招商引资政策和依赖以各种形式的高新技术开发区为载体平台的发展模式，从而导致了地区间的产业结构同质化、产业低端化锁定、产业过度竞争以及微观企业自主创新动力、能力普遍缺失等一系列严峻问题的产生，甚至在局部地区、局部行业还引致“高新技术企业泡沫”的重大现象出现。这使得当前实施的高新技术开发区政策与高新技术企业认定制度，对于加快推进创新型国家建设的总体任务，不仅

不能起到应有的促进效应，相反，可能会产生无法忽略的多重负面作用以及阻碍作用。因此，已经到了对以平均分配主义为特征的、遍地开花的高新技术开发区的发展模式，以及以企业所得税税收优惠政策为主的高新技术企业认定制度，进行科学评估和全面反思的特定阶段。今后，必须调整甚至重构现行的高新技术企业认定标准，努力消除高新技术企业认定制度的制度性缺陷，严格监管和惩罚申报过程中的弄虚作假和虚报谎报行为；同时，以强化中国制造业企业自主创新能力的培育和提升为核心目标，加快实现对高新技术企业制度的改革和重新设计。

最后，长期以来，中国各级政府习以为常地依赖以政府财政资金为主的创新扶持和补贴政策来激励企业创新的行为模式，已经沦为以美国为首的发达国家，指责中国政府违反市场公平竞争原则、过度干预微观经济活动的重要借口；同时，这一行为模式是引发中国近年来所频繁遭受的反补贴、反倾销等贸易纠纷和贸易挤压的重要缘由，更构成了当前美方挑起中美贸易战、否认中国正常市场经济地位的核心理由，严重制约中国的出口竞争优势的发挥，并最终弱化了出口对经济的支撑作用。因此，无论是基于国家实施创新政策干预行为的科学逻辑，还是立足于实现中国对外改革开放目标的战略意图，中国都必须全面摒弃以政府财政资金和各种优惠政策的直接运用为主的创新扶持和补贴政策，加快调整和改革现行的政府政策主导型的创新发展模式；同时，回归微观企业在自主创新能力体系建设以及促进创新和产业深度融合发展中的主体地位，重视市场机制以及知识产权保护制度作为激发微观企业自主创新以及和产业融合发展动力、活力的基础性地位；此外，不可忽略政府应有的作用，应找准政府在特定创新链和产业链中的基础创新、应用基础创新、颠覆性技术创新以及关键共性技术创新等方面的关键薄弱环节的发力点。

（六）针对特定区域的“收缩型城市”，特别是那些经济新旧动能转换面临特定障碍的新旧产业衔接发生断裂的地区城市而言，要高度关注这些地区城市的财政压力风险和地方债务爆发风险，建议将这些地区城市的地方财政支出权力进行“托管”式监督

随着新经济的快速发展，在一定时期内反而加剧了区域经济发展的差距，区域间收入差距有扩大趋势。

首先，对比不同城市的财政收入结构可以明显发现：部分地区存在税收占比下降趋势，尽管这其中有预算口径调整的因素，但也反映出经济下行、减税政策以及财政体制调整给地方税源带来的不利影响。

其次，与财政资源相对应的，不同财政资源初始禀赋差异的地区在如何落实新动能发展、加速旧动能转型过程中也出现了严重的分化现象。随着“放管服”、营商环境建设等一系列制度改革的全面开展，“收缩型城市”往往无法在较短时间内落实到位，没有“真放权、放真权”，仍然存在审批环节较多、下放不同步的问题，一些竞争性行业市场准入程序复杂、透明度不高；市场监管机构分散，监管职能分布在不同部门，各部门监管制度和标准不一致，横向协同、纵向联动的监管机制尚未完全建立起来，监管越位、缺位、不到位问题依然突出，抑制了企业转型升级动力；适应产业新动能发展的新型监管制度尚未建立起来。新动能代表先进的生产力，它的一个重要特征是信息、数据作为一种新的重要的资源参与生产、流通、分配和消费，因而它的监管也应有别于传统模式。由于新动能出现时间比较短，与之相适应的新型监管制度尚未形成，特别是包括相关法律法规、社会信用体系等仍在建立健全过程中。新动能发展的必要元素在这些地区往往由于支撑经济稳定的传统产业没有完成改革而存在一定程度上的缺位，进一步加剧了其与新动能发展迅速地区的差距，这一点是在推进改革过程中需要重点关注的，甚至在一定阶段可以通过先进城市的帮扶活动助力这些城市跨过转型阵痛期。

最后，新动能发展在根本上要求对高端要素的把握，特别是和新动能经济匹配的人才要素的吸引能力。高端要素支撑不足，“缺人才、缺技术、缺资金”严重制约经济新旧动能转换。无论是新动能培育还是旧动能改造，都离不开人才、资金、科技等高端要素。从实践看，高端要素支撑不足已经成为制约“收缩型城市”和财政脆弱城市的产业经济新旧动能转换的重大瓶颈。

第一，高端人才供给短缺。如目前快速发展的云计算、大数据、人工智能、机器人等行业面临高层次复合型人才严重不足的制约，特别是大数据分析挖掘算法、大数据建模等高端人才更为缺乏，而这些人才在供给不足的就业市场中迅速向一线城市聚集，其他转型城市因其比较优势不足愈发不能吸引这类人才。

第二，创新能力不足和技术转移转化困难，需要财政和金融资源的高密集度投入。对于“收缩型城市”和财政脆弱城市来说，这种创新能力基础服务的提供是对其财政实力的巨大挑战，其没有能力建立以企业作为创新主体，以公共孵化、交易平台作为辅助的完整体制机制，企业从事科技创新意愿和能力不足。

第三，资本“脱实向虚”导致实体经济融资难融资贵。地方政府在稳增长和转型过程中依然在一定程度上依赖房地产行业的发展，既要实现就业稳定，又要保证财政收入的稳定，无疑使得区域内资本流向出现“两个背离”，从而造成产业发展转型和地方长期稳增长目标的矛盾。

值得关注的是，在财政风险上升的同时，公共风险也在上升。公共风险上升表现在城镇化、人口流动、老龄化等对公共服务的挑战愈加明显，公共服务改革跟不上，例如部分地区养老保险收不抵支的情况有继续扩大的趋势。更为严重的是，在经济下行风险仍存在的背景下，叠加了财政风险与公共风险的“双升”，这意味着整体风险在扩大，政策空间在收窄。对于公共服务功能需要充分保证的部分地方政府，我们既需要对其财政压力和债务风险压力进行全天候监测和预警工作，还需要留足政策工具，在特定时期可能需要通过外部力量介入，对这类地区城市的财政支出权力进行“托管”式监督，需要在最短时间内对其财政结构优化和财政可持续能力构建合适的预案，避免地方财政波动对经济新旧动能转换造成的短频高能负向冲击。

第二章

经济发展动能转换的国别经验研究

第一节　主要发达国家经济新旧动能转换的模式和经验归纳

一、美国

相比于中国、日本和拉美地区，美国并没有真正意义上的产业政策。换句话说，美国的产业政策都是以充分尊重市场规律，尽可能发挥市场机制配置资源的作用为原则的。纵观美国经济发展和产业变迁史，美国并没有严格意义上的产业政策，即便我们要研究的美国信息产业崛起过程，美国政府也并未做出经典意义上的产业发展战略规划，没有通过行政手段直接或间接对产业资源进行直接的调配。因此，我们在研究美国产业政策时，采取从更加宽泛的角度切入的方法来理解产业政策，将所有就某一产业有倾向和扶持意图的政策都看作产业政策的内容，故此处我们使用“优选产业政策”一词而非传统的“产业政策”来描述这一政府经济行为。

（一）20 世纪 90 年代

1993 年 2 月，时任总统克林顿发表政策声明——《技术为经济增长服务：建设经济实力的新方针》，标志着美国政府对产业的干预政策形成体系。这一干预政策的集中体现是克林顿政府为振兴信息产业所提出的“信息高速公路计划”（简称 NII）。在这一计划中，克林顿为政府职能的定位制定了九项原则：①通过税收和法律促进对 NII 的民间投资；②利用财政政策推广

“全民服务”的概念，保证所有用户能负担使用信息资源的成本；③加强政府研究计划与民企科研的合作，充分发挥政府资金“催化剂”作用，支持民企开发信息产业所需技术；④加强制度建设，保障知识产权；⑤保障网络安全；⑥协调各级政府及国际间合作；⑦制定统一标准；⑧提供利用政府信息机会，制定相应政府财政政策；⑨改进无线电频谱管理。

可以看出，在促进信息产业发展中，美国政府职能表现出三点特征：一是政府职能不再局限于基础技术研发，而是深入技术研发全过程，积极干预应用技术的研究工作，通过政府财税政策的引导作用助推企业实现技术突破。二是政府不再仅注重产业技术政策，而是综合运用制度加政策的方针对从研发到生产再到销售市场的全产业过程进行干预，积极运用财政补贴扶持尚未成熟的市场，加强制度建设和市场监管，保证市场安全规范，完整统一。三是注重基础设施投入。由于信息高速公路计划本身是针对信息产业的基础设施建设，制订此计划本身表明美国政府对产业发展中基础设施的重视。

在信息产业政策层面，美国很早就成立科学研究与开发办公室，通过综合政府、企业、民间科研力量发展以计算机技术为基础的信息产业；到 20 世纪 90 年代，美国陆续推出“高性能计算与通信计划（1991 年）”“国家信息高速公路计划（1993 年）”“全球信息基础设施计划（1994 年）”“高性能计算与通信计划（1996 年）”“21 世纪信息技术计划（1999 年）”，发展以信息通信技术为基础的信息产业。美国在 20 世纪 90 年代到 21 世纪前 10 年如雨后春笋般成立的信息产业公司就是在“信息高速公路计划”成功搭建信息基础设施后出现的。除此之外，为了适应信息产业的发展，美国政府还制定了信息人才培养和引进战略。

基于克林顿的政府干预政策，20 世纪 90 年代以来，以大规模集成电路、微型计算机和互联网为载体的信息通信技术取得了长足进步。美国凭借在这些技术上的竞争优势，一方面，通过对传统产业进行持续改造，使化学、钢铁、电气设备、汽车等制造业和金融、保险、培训、卫生保健等服务业焕发新的活力；另一方面，不断延伸出新产业、新业态、新模式，如卫星导航、网络教育、电子商务等产业的出现和发展极大地促进了美国产业的转型升级。除此之外，美国还积极输出产业资本和金融资本，通过全球化配置资源，构建以其为主导的国际生产网络，从而在世界范围内再次加强了领先地位。截至2007年底，美国第二产业产值比重下降了3.4%，第三产业产值比重上升了4.2%。第二产业制造业和公用事业产值比重分别下降了3.9%和0.9%，采矿、采石、石油和天然气开采业，建筑业产值比重都上升了0.7%。第三产业批发和零售业、政府公共服务业产值比重分别下降了0.9%、0.7%，专业、科学和技术服务业，金融和保险业，行政支持和废弃物管理服务业，信息业，卫生保健和社会保障业，房地产和租赁业的产值比重分别上升了1.3%、1.2%、0.9%、0.8%、0.6%和0.6%。

20世纪90年代，美国以信息技术产业为主导促成“新经济”的形成与发展。“新经济”增长过程中出现了一系列与以往经济增长事实不同的特征，即经济持续稳定增长达120个月，经济高增长的同时伴随着低通货膨胀率和低失业率，自20世纪90年代下半期始，美国的劳动生产出现了高速增长，从1996年到2000年，年均增长速度高达3.1%，2000年更是达到4.2%，连续5年保持高速增长。经济增长的过程同时也是产业结构高级化的过程，高新技术的发展使美国经济的发展由原来的规模扩张型转变为以主导技术更替为特征的结构升级型，以信息技术产业为代表的“新经济”部门得到了迅猛发展，并成为美国经济发展的持续动力。从1990年到2002年，信息技术产业的产值从3300亿美元增长到了7290亿美元，平均每年增长10.4%，远远高于同期经济增长率，取代汽车、建筑等传统产业成为美国经济最大的支柱产业，对经济增长的贡献率日益提高。

（二）2008年至今：“再工业化”重塑和未来产业发展部署

早在2007年，美国陆续颁布了《太阳能、风能、废弃物和地热发电生产激励法案》（1990年）、《能源政策法案》（1992年，2005年修订）、《能源独立与安全法案》（2007年），通过税收减免、政府购买、合作研发激励等方式发展可再生能源产业；国际金融危机后，美国推出新的经济发展战略，先后公布了《重振美国制造业框架》（2009年）、《制造业促进法案》（2010年）、《先进制造业伙伴计划》（2011年）和《先进制造业国家战略计划》（2012年）等一系列政策措施，并在公路、铁路、宽带网络等基础设施建设和卫生医疗、教育培训等产业加大了投资力度，试图通过“再工业化”重塑产业竞争优势。同时，美国又发布“网络与信息技术研发计划（2010年）”，并在《复苏与再投资法案》（2009年）、《美国清洁能源安全法案》（2009年）、《联邦云计算战略》（2011年）、《国家生物经济蓝图》（2012年）、《大数据研究和发展计划》（2012年）、《美国联邦政府医疗信息战略规划（2015~2020）》（2014年）、《清洁能源计划》（2015年）等战略部署中，将新能源、新材料、先进制造、大数据、低碳环保、生物医疗等产业作为未来重点发展领域。此外，美国还通过了《多德—弗兰克法案》（2010年）、《患者保护与平价医疗法案》（2010年），在金融、医保、房地产等领域推进了多项改革，有效保障了相关产业的平稳复苏。

截至2016年底，美国第二产业产值比重下降了2.1%，第三产业产值比重上升了2.4%。第二产业采矿、采石、石油和天然气开采业，制造业产值比重分别下降了1.3%、0.6%。第三产业金融和保险业、卫生保健和社会保障业、房地产和租赁业产值比重分别上升了1.1%、0.6%、0.4%，政府公共服务业产值比重下降了0.7%。

（三）美国“再工业化”产业升级的案例——页岩气开采技术

早在1982年，美国就开始了页岩气的探索性开采，经过20余年的努力，终于掌握了成熟的页岩气开采技术。如“水力压裂法”极大地降低了石油和页岩气的开采成本，为美国天然气和石油工业带来了一次革命。2000年，美国页岩气产量只有110亿立方米，在天然气总产量中仅占1.6%。在新开采技术的助推下，2010年，美国的页岩气产量骤升至1378亿立方米，在天然气总产量中占23%。由于页岩气产量的增加，美国已于2009年取代俄国成为世界第一天然气生产国。值得注意的是，美国引领的“页岩气革命”带来了能源价格的大幅下降，使得美国制造业获得巨大的竞争优势，吸引许多企业重归美国。据摩根士丹利的研究报告，基于廉价能源，美国的“再工业化”进程将获得有效动力，并将抢占那些现在由新兴市场国家代工的“非复杂”产品（计算机、金属制品和汽车）的生产，将与新兴市场国家争夺国际市场份额。

2013年3月，中石化董事长表示，页岩气产业的发展已使北美地区成为全球石化低成本的区域之一。未来世界化工业制造中心可能会重新回归美国，成为美国“再工业化”的强力支撑。据统计，2011 年，欧洲、亚洲的大宗基础化学品几乎全行业亏损，而美国同行业平均开工率则由三年前的不到 60% 猛增至 93%，产品出口增长了 11%，盈利水平甚至超过了中东地区的初级能源加工业。由于“页岩气革命”导致美国能源实力的大爆发，降低了美国石油对外依存度。2011 年，美国汽油、柴油及其他燃料的出口量超过进口量，这是自 1949 年以来的第一次。另据美国能源信息署统计，2003 年美国石油消费比重占总能源消费的 48%，由于“页岩气革命”等因素的影响，预计到 2035 年这一比例会降至 31%。英国石油公司（BP）的研究报告显示，由于天然气产量的增加，美国有望于 2030 年实现“能源独立”。此外，“页岩气革命”还有助于促进就业增长。根据美国天然气协会的一份研究报告，2015 年，页岩气为美国 GDP 贡献 0.7% 的增长率，约 1180 亿美元，并增加 80 万个就业机会。

（四）美国新动能发展动态

新动能，指新一轮科技革命和产业变革中形成的经济社会发展新动力，新技术、新产业、新业态、新模式等。旧动能，是指传统动能，它不仅涉及高耗能高污染的制造业，更宽泛地覆盖利用传统经营模式经营的第一、第二、第三产业。美国自 1993 年克林顿上台后，抢抓当时信息技术革命的发展机遇，将大力发展信息产业等高科技产业作为政策的重点和优先考虑方向，加快信息高速公路建设，促进互联网在制造业和服务业的应用，由此催生了举世瞩目的“新经济”。1991~2000 年，美国国内生产总值增长近 2.7 万亿美元，年平均增长率 3.5%，通胀率维持在 2% 左右，失业率从 1991 年的 6.8% 最低降至 3.8%。美国新经济发展的动能主要可归结为以下两个方面：

一方面，加快产业结构调整与变革。20 世纪 70 年代的两次石油危机给美国以汽车、钢铁为代表的传统产业带来严重冲击，西欧、日本等经济的复兴与赶超又挤压了美国高技术产业的国际市场占有率，国际竞争力的下滑促使美国开始产业结构大调整。20 世纪 90 年代，克林顿上台后制定了重点发展高科技尤其是信息技术的国家战略，大力推进信息技术的发展及在其他经济部门的广泛应用。在政策的支持、高科技领域的大量投资以及信息技术革命加速扩散下，信息技术部门创新不断涌现，信息技术产业成为推动美国经济增长的主要部门。1991~2000年，信息技术产业占美国GDP份额从6.1%升至9.5%，超过了钢铁、汽车和建筑业的总和，对经济增长贡献率从16.7%增长到32%。在美国产业结构调整过程中传统产业的改造与高新技术产业的发展始终相辅相成。汽车、化工等传统制造业纷纷以电子技术设备来更换六七十年代的机器设备，采用计算机辅助设计、制造和工程等先进技术改造生产流程，提高生产效率。信息技术的发展又催生了众多R&D密集型的高新技术制造业，经过重组、改造与调整的制造业继续在美国新经济中发挥支柱作用。产业结构的服务化趋势日益明显，信息服务、电信服务等新兴服务业迅速发展，教育培训、金融保险、医疗保健等传统服务业尤其是知识密集型产业也实现了信息化改造。在信息化与全球化的推动下，美国建立起以信息技术产业为龙头的、现代化、信息化、服务化的新型产业结构，提高了产业竞争力并发挥了缓和经济周期波动的重要作用。

另一方面，通过广泛应用互联网与信息技术提升全要素生产率。美国新经济时期的主要特点是出现了劳动生产率和全要素生产率的加速增长。1973~1995年，美国劳动生产率和全要素生产率年均增速分别为1.4%和0.1%，1996~2000年分别增长到2.9%和1.04%。学术界和美国政府普遍将生产率增长（尤其是1995年后）归因于信息技术进步与应用。美国商务部报告称，20世纪90年代后半期，信息技术的生产和应用对美国生产率增长的贡献达到一半以上，信息技术及其商业化从根本上改变了美国的经济活动。尽管信息技术资产所占份额较小，但由于信息技术的扩散尤其是互联网和电子商务的溢出效应，企业组织方式改善，交易成本降低，从而带来了经济整体全要素生产率的提高。

二、日本

2016年5月，日本文部科学省发布了“人工智能/大数据/物联网/网络安全综合项目”（AIP项目）2016年度战略目标，推动物联网与人工智能

（AI）、大数据整合。AIP 项目包括增强数据分析能力、实施系统优化以及维护系统安全等三大目标。其中数据分析关键是利用 AI 技术整理多样化信息，建议针对该领域的需求开展相应的研发工作；系统优化方面，主要是开发能根据特定情况与环境，智能、自主地获取最佳数据的技术；为加强系统安全，AIP 项目建议开发具有高度适应性的高性能、轻量化加密技术。

2016 年 9 月，日本经产省提出“日本再兴战略”，通过发展人工智能、大数据、物联网等技术，促进经济社会的“再造”。日本认为，在物联网 IoT、大数据与 AI 技术融合发展驱使下，将呈现出社会机器人化、定制化、共享经济等新形态。

2016 年 12 月，日本工业价值链促进会（IVI）为掌握工业物联网“参考架构”的主导权，基于本国制造业价值链，制定了“工业价值链参考框架 IVRA”。致力于通过物理生产系统使每家企业都获得价值，企业必须互联制造；考虑到实际接口的复杂性，IVRA 采用“松耦合性定义标准”，建立企业易于合作的“宽接口”，应对不可预测的未来需求。员工是未来智能工厂的核心，在这一构架中占据核心位置。目前，IVRA 已经吸引逾 180 家机构参与，其中超过 100 家是企业，以大企业为主。

2016 年，日本物联网市场规模已达 62000 亿日元（约合人民币 3825.4 亿元）。据日本总务省测算，通过向地区社会导入把所有物品与网络相联的物联网等尖端技术，到 2020 年，每年将产生 4.93 万亿日元（约合人民币 2968 亿元）的经济效应，累计创造出 45 万个就业岗位。

（一）日本科技计划概况

日本政府的科技计划的制订，已形成规范的程序。采取省厅分工负责制，可以分为三个层次：

第一个层次是日本政府的科技发展长期规划、重大科技战略和计划，一般都是由政府的最高科技审议机构——科学技术会议，以回答总理大臣咨询的方式提出来的。2001 年 1 月，日本政府机构改革，在内阁府设立了综合科技会议，取代了原有的科学技术会议。综合科学技术会议是日本发展科学技术的最高领导机构。该机构的最主要任务是，制定国家科技发展战略、审议和评估研究课题以及协调跨省厅的事务等。综合科技会议为了迅速深入了解各有关重要事项的专业知识，下设专门调查会重点领域推进战略专门调查会、评估专门调查会、科技体系改革专门调查会、生命伦理专门调查会、关于日本学术会议方式的专门调查会、宇宙开发利用专门调查会和知识产权战略专门调查会。

第二个层次是日本政府各部门根据日本科技会议年以前制定的科技基本法年制订科技计划与战略时，重大科技计划都是采取向科技会议提出咨询的方式进行，而一般性的科技计划由各部门的技术审议会议制定。例如，日本政府年月出台的各领域推进战略，是由总理大臣向综合科技会议提出咨询，综合科技会议为应答咨询，专门设置了重点领域推进战略专门调查会，并组织产学官的专家和有识之士集中调查和讨论。经过反复调查研究和讨论后，专门调查会制定出有关推进战略。各咨询审议机构也都制订了相应的科技长期发展基本计划。例如，内阁府原子能委员会制定的“原子能研究、开发及利用长期计划”、文部科学省宇宙开发委员会出台的“宇宙开发基本计划”等。日本政府各部门咨询审议机构在制定本部门科技计划与战略时，都会邀请各方面专家、学者和技术人士参加，组成“计划评估讨论会”，经过长期调查审议研究，反复认真修订后才对外公布。各省厅的科学技术审议机构有文部科学省的科技学术审议会，经日本中央省厅机构改革后，将航空、电子等技术审议会、海洋开发审议会、资源调查会和学术审议会等合并为科技学术审议会、宇宙开发委员会、内阁府的原子能委员会、经济产业省的产业机构审议会、农林水产省的农林水产技术会议等。各研究机构的审议机构，一般设有运营管理委员会和评估委员会，它们对于研究机构的预算分配以及课题的选择和评估均起着重要的作用。科研机构根据政府制订的科技基本计划和各部门的研究基本目标，提出自己的研究计划。这一计划的实施需得到上级主管部门的认可。

第三个层次是各科研机构的科技计划的制订，隶属于各科研机构的运营和管理委员会。日本政府的科技计划体系建立在各省厅的“研究开发制度”和“应用促进事业”两大基础上。“研究开发制度”和“应用促进事业”分别包含了两类性质不同的科技计划。“研究开发制度”支持的计划主要是以研究开发为目的，经费大部分来自政府“应用促进事业”支持的计划，主要以技术应用和再开发为目的，政府通过资金和政策引导市场行为。“研究开发制度”的计划指导国立研究机构的“特别研究”类计划的立项，“应用促进事业”的计划引导企业的技术开发和国立研究机构的合作研究。各类“研究开发制度”和“应用促进事业”的计划均按照领域跨部门安排项目。科技厅科学技术振兴调整费的“制度”所支持的科技计划，主要支持基础性研究及相关设施建设和人才培养，项目不仅跨部门，而且跨领域安排。日本虽然在许多技术领域处在世界前沿，但为维持和提高自己的技术优势和竞争能力，在“科学技术立国”的口号下，制订了一系列科学技术计划，推进重点领域的研究开发，包括基础先导性科学技术、典型的科学研究设施计划，其目的是实现从经济技术强国发展成为世界科学强国的目标，缩小在基础研究领域和尖端科学领域与欧美发达国家的差距、与人类生存有关的科学技术、与改善社会生活环境有关的技术。

（二）日本 4G 产业发展

日本移动通信起步较早，其蜂窝移动电话服务始于 1979 年。1994 年前后，日本引入多家运营商竞争机制。早在 2001 年 10 月，日本最大的电信运营商 NTT DoCoMo 开通了全球首个 WCDMA 商用 3G 网络。2002 年，日本第二大移动通信运营商 KDDI 获得 CDMA 2000 的 3G 牌照。2005 年，SOFTBANK MOBILE 获得 3G 牌照。日本 3G 市场“三分天下”的格局由此奠定。2010 年末，NTT DoCoMo 开始提供 3.9G 商用服务，推动日本进入 4G 时代。据日本总务省统计局数据显示，截至 2013 年 11 月，日本总人口约为 1.27 亿，而当前在网手机用户规模已达 1.4 亿，这一数字甚至超过人口总数。客观来看，日本移动互联网 3G 时代的超前发展备受全球瞩目。经过三年商用，其 4G 产业也积累了较强的先发优势与宝贵经验。当前，日本主要电信运营商包括 NTT DoCoMo、KDDI、SOFTBANK MOBILE、E-mobile、Willcom 等。在移动通信市场中，NTT DoCoMo 所占市场份额最高，达 44%，其网络覆盖与业务发展情况也较为领先。紧随其后的是 KDDI 旗下 au 与 SOFTBANK MOBILE，其市场份额分别达到 28% 与 25%。Willcom 一直专注于无线市话（Personal Handy-phone System，PHS，俗称“小灵通”）业务发展，专为大型企业员工配备 PHS 设备。此外，E-mobile 市场份额并不大，但其主推的移动 Wi-Fi 业务却已红遍日本。日本手机用户规模及移动运营商的市场份额情况如下：NTT DoCoMo 是日本首家推出 3.9G 服务的运营商，当前也占有最大的市场份额。成立至今，NTT DoCoMo 已陆续推出了 PHS、MOVA、FOMA、Paging、Satellite 及 Xi 六种业务体系，分别采用 2G、3G 和 3.9G 等不同频段运行。其 3G 业务 FOMA 于 2001 年推出，3.9G 业务 Xi 于 2010 年 12 月推出。自 2012 年 3 月底全面停止 2G 业务以来，它的主营业务由 3G 业务 FOMA 与 3.9G 业务 Xi 构成，二者比重分别为 70.85% 与 29.15%。截至 2013 年 3 月底，其 Xi-LTE 基站总数已达 24400 个，网络覆盖率达 77%，2015 年增至 98%。同时，NTT DoCoMo 加速实现对机场、火车站、商业区的 4G 网络覆盖，同期已覆盖国内超过 53 个主要机场与 93 个新干线车站等区域。从用户规模看，Xi-LTE 用户成长速度非常显著。截至 2013 年 11 月，Xi 用户规模已达 1804.5 万，这一数字在 2014 年 3 月末增至 2500 万。而从网络速率看，经过多轮升级，截至 2013 年中，NTT DoCoMo 已在超过 130 个城市提供 Xi-LTE 网络连接，其下行传输速率峰值已达 112.5Mbit/s。这一速率超过其他运营商，于 2013 财年末增至 150Mbit/s。与此同时，日本其他电信运营商也在加紧部署 4G 网络建设与商用。其中，与 NTT DoCoMo 一样，E-mobile 和 au 都采用了 FDD 技术的 LTE 网络。而 SOFTBANK MOBILE 则同时运营了 FDD 和 AXGP（Advanced eXtended Global Platform）两种技术的 4G 网络。2010 年，SOFTBANK MOBILE 收购了拥有 TDD 频谱的 PHS 运营商 Willcom，后将其建成 AXGP 网络，该网络可完全兼容 TD-LTE 网络。2012 年 2 月 24 日，SOFTBANK MOBILE 率先在亚洲实现 TD-LTE 商用。目前，AXGP 网络覆盖率已达 92%。为了不错失苹果等明星终端带来的利益，SOFTBANK MOBILE 自 2012 年 9 月起也着手部署 FDD-LTE 网络。截至 2013 年 3 月末，其 4G 基站在日本已超过 21000 个，基本覆盖了主要城市区域。总之，日本 4G 网络建设呈现出百花齐放的局面，多家运营商合力推动了不同技术标准的 4G 网络建设与商用，当前重点仍是拓展网络覆盖、提升速率。

基础通信业务几近饱和，这是日本 4G 业务发展的大背景。近年来，日本电信运营商的传统话音业务收入大幅下降，其移动数据业务及新兴增值业务 ARPU 值则呈逐年递增的态势。移动数据消费取代传统语音通话和短信业务成为移动用户消费的主力军的趋势几成定局。这一趋势在各运营商的营收结构中均有反映。特别是 2011 年以来，日本智能机的持续渗透与 4G 网络及业务发展加速了这一结构性调整。因此，在日本 3G 普及率极高的大环境下，通过发展 4G 保持用户在网，促使 3G 用户转网至合约价格更高的 4G 业务已成为当前日本电信运营商增收的关键。

观察日本电信运营商的业务构成，话音、数据流量、合约设备销售、增值业务运营等是最重要的方向。其中，基础语音与数据业务的收入贡献比最大，但话音等基础业务市场几近饱和；合约设备销售一直是日本电信运营商的重要收入来源，日本民众基本都会通过该渠道来购置或更换手机；同时，增值业务出现了新的趋势，运营商投建并运营应用商店，如 NTT DoCoMo 的应用商店 D-Market 等，带来了诸如数字内容销售、应用销售、商业合作，以及其他的新兴业务机遇。

以 4G 用户规模最大的 NTT DoCoMo 为例，截至 2012 年末，其营收总额达 44702 亿日元。其中，话音业务收入占 28.51%，数据业务收入占 42.37%，合约设备销售收入占 16.96%，而其他运营收入约占 12.16%。其他运营收入来源主要包括 D-Market（即由 NTT DoCoMo 直接运营的应用商店，主要包括游戏、购物、视频、动画、音乐、阅读、应用推荐等）、跨屏服务、云服务、地面无线广播电视 NOTTV、DoCoMo 精选（数字内容、手机安全等服务组合）、D-Creator（即 D-Market 子频道，2013 年 5 月上线，以艺术家及工匠原创物品展示与销售为主）、移动医疗、移动教育等领域。深入到具体业务层面，客观而言，尽管日本 4G 网络已商用三年，目前其业务发展很大程度上仍只是 3G 的深化。运营商所寄望的“杀手级应用”尚未出现，各方依然在移动互联网的振兴之路上探索。当前，各运营商发力点与创新点集中在视频通话、高清影音应用、语音操控及云端助手、可穿戴计算与移动健康管理等方面。

与此同时，电信运营商阵地之外，互联网公司试图越过它们，发展基于开放移动互联网的各种视频及数据服务业务。由于服务本身与物理网络的相关性被逐步弱化，运营商的传统优势领域面临着被侵蚀的威胁。其中，值得注意的动向有二，即跨平台社交应用与移动游戏的发展。跨平台社交应用方面，由韩国互联网集团 NHN 日本子公司推出的 Line 表现亮眼，2011 年 6 月推出至今，其全球用户已破 3 亿。不仅如此，Line 通过游戏应用内置付费、表情贴图销售及官方账号或赞助性表情销售等方式已实现规模性盈利，2013 年第三季度收入约 191 亿日元。移动游戏方面，GREE、DeNA、Gung Ho 等公司迅猛成长，均已成为全球盈利能力最强的手机游戏公司。4G 发展，对上述公司而言亦是利好，预期将对基于 HTML5、3D 等技术的社交、游戏等业务创新带来重大推动。总之，在日本基础通信市场趋于饱和的背景下，4G 商用在一定程度上抑制了用户离网，各类移动互联网应用业务（特别是存在带宽瓶颈的应用）得到了大幅提升，诸多创新也在网络升级的同时持续发酵。

（三）日本新性研究开发推进项目

2011 年 3 月，日本东北部海域发生了大地震并引发海啸，给日本经济和社会造成了严重损害。日本根据灾后重建对科技经济发展需求及世界科技发展的新趋势，对国家《第 4 期科学技术基本计划（2011~2015）》的内容和形式进行了重大调整，科技项目支持重点由前几期的分领域重点研究转变为解决发展中面临的问题为目标导向的重点研究，配套开展全过程科学技术创新和科技系统的改革。在《第 4 期科学技术基本计划》中，日本重点从“实现面向未来的经济与社会可持续发展”“应对国家面临的重大课题”“强化基础研究与人才培养”“实施推动科技与经济紧密结合的政策”等方面组织实施了一批重大科技项目，如战略性创新创造项目（Cross-ministerial Strategic Innovation Program，SIP）等。日本在推进科技计划项目中发现，现有的研发体系存在诸多弊端，如每个机构只能使用自己能够配置的资源，产学研开放共享程度不高，高风险、高影响力的研发活动很难开展等。为克服现有科研体制管理弊端，推进国内外科技创新资源的整合利用，鼓励开展具有挑战性的研发活动以实现更高的研发目标，2013 年 6 月，日本内阁会议根据《科学技术创新综合战略》及《日本复兴战略》的相关要求，决定创设革新性研究开发推进项目（ImPACT），该项目设置五年发展基金，总预算为 550 亿日元（约合 4.5 亿美元），重点支持高风险和高影响力的研发活动以实现颠覆性创新。

日本革新性研究开发推进项目是在综合科学技术会议的领导和推动下实施的，其具体组织结构由四部分构成，即科学技术创新委员会（全体会议）、项目促进委员会（由部长、国务部长、议会副部长和行政人员组成）、项目专家组（由科学技术创新委员会行政人员及外部专家等组成）和项目管理者（项目经理），其具体职责如下。

科学技术创新委员会：负责执行日本内阁政府的相关科技战略决策及计划；统筹领导和部署相关领域的革新性研究开发推进项目；批准和审议有关革新性研究开发推进项目的重大决策活动。

项目促进委员会：负责决定影响革新性项目方案的基本准则；当一个与项目管理者有关的附属机构或不在日本的机构被选为研发机构时，该委员会对相关事项进行审批。

项目专家组：负责确认由项目管理者选定的革新性开发推进项目的研发机构；获取所有项目管理者的大约半年的项目进度报告，针对报告提出修改意见；当需要的时候专家组成员可向项目管理者提供有关项目的合理化建议和合作。

项目管理者或经理：项目管理者不是一个研究员，更像是一个制片人，全面负责具体领域研发项目的整体设计；设置所在领域的高研发目标；选择最优秀的研发机构和研究人员；组织推进高风险、高影响力的研发活动。为保证具体领域研发项目的顺利实施，日本赋予了项目管理者很大的组织和预算权力，并设计了一套完善的项目管理运行机制：由综合科学技术创新委员会根据日本的科技创新政策，提出革新性项目所要重点解决的重大问题，并组织召开项目推进会议和项目专家会议，公开招募、评价和选择项目管理者及项目，并负责审查项目的进度报告，提出有价值的建议；项目管理者接受科学技术创新委员会的领导和监督，根据项目要求，选择项目研发机构和优秀研发人员，全面推进项目研发活动并对项目成败担负全部责任；科学技术振兴机构对项目管理者提供有关项目的使用和支持系统，保证项目的正常运转。

在方针和程序下，日本对于相关领域选择革新性研究开发推进项目的实施通常遵循以下步骤：

（1）确定需要解决的问题。理事会定义科学、技术和创新（CSTI）等问题，对有关行业和社会变化的主题做出回应，项目管理者确定通过其研发计划能够解决的问题，并提出达成目标的解决方案。

（2）提出问题解决的概念。在把握当前社会和工业发展状态和趋势的基础上，项目管理者提出达到目标和概念技术方法的研发创新建议，同时在头脑中形成对未来商业化的解决方案。

（3）研发项目的配置。为实现项目管理者的研发理念，一个跨越研究人员所属行业领域及机构的顶级研究团队将会被组织起来，并创建起一个最佳的研发计划实施系统，其中包括项目支持机制。

（4）研发项目管理。项目管理者与项目参与者进行沟通，引导研发项目朝着预定目标前进，作为项目进程的一部分，项目管理者需要发挥强有力的领导作用来推动研究人员合作或竞争，管理好项目进程的同时不断调整相关内容确保最大化的研究成果。

（5）研发成果的发展。基于研发成果开展创新创造，每一个代价都将由项目管理者去承担，通过其他的一些行动去保护创新，如管理知识产权、规范技术创新等，目标是通过创办企业或公司内部和外部的研发项目推动研究成果的社会应用和商业化。

2014 年 6 月，综合科学技术创新会议结合日本科技和产业发展需求，通过公开招募形式，评估和选拔出了 12 个项目管理者和一批高风险、高影响的革新性研发项目，全面推进日本产业和社会领域的科技创新。后来，综合科学技术创新会议进一步扩大了革新性研究开发推进项目的资助对象。这些重大基础性创新项目的开展是日本实现经济转型的重要战略布局之一，这一点从近年来的诺贝尔奖获奖情况就已经有所体现。结合日本“一波三折”的转型历程，以下特征经验值得高度重视：

（1）20 世纪 70 年代初，日本经济开启转型，主要是由于自身发展开始进入“瓶颈期”。20 世纪 70 年代初，日本工业经济持续收缩、投资占 GDP 比重下滑，面临经济转型压力；同时，传统人口红利消失，进一步提升日本转型升级的迫切性。

（2）除了自身发展特征，日本转型的开启也与外部因素密切相关。20

世纪70年代，全球两次石油危机带来油价大幅波动，日本作为贸易结构单一、石油进口占比较高的生产型经济体，受影响较显著，倒逼产业结构由资本密集型向更低能耗的技术密集型转型、升级。

（3）20世纪70~80年代，产业政策引导下，日本产业结构顺利向技术驱动型升级。20世纪70~80年代，政策有序引导下，电气机械、通用机械等技术密集型产业占比提升较为显著，逐渐成为支持经济增长的主导产业，经济顺利实现资本驱动向技术驱动升级。

（4）转型阶段，日本对传统产业的改造升级经验非常值得借鉴。新兴产业发力的同时，日本高度重视产业布局协调发展，钢铁、有色等资本密集型重化工业占比回落，但产业布局仍然保持完整、传统过剩行业产能利用率实现明显回升；改造传统产业的同时，日本还大力引进可替代能源、降低生产成本，制造业整体竞争力持续提升。

（5）20世纪90年代后，日本自身产业规划失误+外部环境恶化，拖累转型未能进一步深化。一方面，日本产业规划脱离实际，计划优先发展的工业机器人等高尖端产业，与该阶段实际技术发展水平不符；另一方面，1985年“广场协定”后日元大幅升值，日本出口竞争优势明显回落，制造业加速外流带来国内产业“空心化”，制约新兴产业培育。

（6）20世纪90年代后，日本跌入“高收入陷阱”，经济增长中枢再次回落。伴随人口老龄化持续加重，20世纪90年代后，日本债务压力不断加剧、产业升级放缓，逐渐跌入“高收入陷阱”，经济增长中枢再次趋于回落，直至近年来仍处于缓慢修复的漫长进程中。

三、英国

“二战”后，英国产业结构共经历了四次调整历程：

第一次调整（1945年至20世纪70年代），英国政府实行大规模国有化改革。为促进制造业发展并提升其国际竞争力，英国开始实行大规模国有化改革。通过打造“冠军企业”，扶持如航空航天、汽车及计算机等高附加值产业，尽量缩小与美国等发达国家的技术差距。但在国有化改革中，因政府的过度干预及对市场和对政府失败风险的过度低估，此次改革除去较少制造业得以较好发展外，大部分国有化改革最终以失败告终。

第二次调整（20 世纪 80 年代初至 90 年代），在经济全球化的背景下，政府实行自由竞争政策。从开始的过度干预到现在的扶持力度骤减，企业通过激烈竞争得以生存，导致资源禀赋流向具有明显比较优势的服务业，进而导致制造业的进一步衰落。

第三次调整（20 世纪 90 年代至 2008 年）所处的阶段是英国产业结构乃至经济结构转型的重要过渡期，但当时快速的“去工业化”及“过度金融化”的调整步伐使得英国产业结构处于严重失衡状态。2014 年的《欧洲竞争力报告》显示，除去金融业、保险业等服务业具有明显比较优势外，英国在具有高附加值的制造业方面并无竞争优势。同时，伴随经济全球化的蔓延及国际分工形势的加剧，新兴经济体的迅速崛起进一步抢占英国制造业市场，英国的国际贸易地位进一步下滑。

第四次调整（2008 年至今）重振制造业及产业结构“再平衡”。金融危机的爆发让英国重新认识到制造业发展的重要性。2013 年，英国政府发布了《英国工业 2050 战略》，并制定了一系列重振制造业的规划，不仅在于加速制造业的回流，更在于提升科技和数字技术。通过科技和信息技术，将产品、生产网络与技术进行融合，通过不断创新拓宽英国消费市场及提高制造业竞争力。报告提出，制造业并不是传统意义上“制造之后进行销售”，而是“服务再制造（以生产为中心的价值链）”，提出了未来英国制造业的四个特点：

一是快速、敏锐地响应消费者需求。生产者将更快地采用新科技，产品定制化趋势加强。制造活动不再局限于工厂，数字技术将极大改变供应链。

二是把握新的市场机遇。金砖国家和“新钻十一国”将增大全球需求，但英国的主要出口对象仍然是欧盟和美国。高科技、高价值产品是英国出口的强项。

三是可持续发展的制造业。全球资源匮乏、气候变化、环保管理完善、消费者消费理念变化等种种因素将可持续的制造业获得青睐，循环经济将成为关注重点。

四是未来制造业将更多依赖技术工人，加大力度培养高素质的劳动力。这些年来，该战略也取得了重大的突破，英国低碳、高科技产业都取得了发展。英国目前有20所大学从事电信技术前沿研究，70所大学参与半导体研究。英国不仅是欧盟最大的信息通信产业基地，同时是世界信息通信产业的创新中心之一。

四、法国

“二战”结束至20世纪50年代末，是法国经济恢复和工业现代化初建阶段。法国政府确定的总体经济发展战略是迅速恢复和全面振兴战后经济，奠定工业现代化基础。为此，国家计划先后确定煤炭、电力、钢铁、农业机械、水泥、交通运输以及石油化工、合成纤维、塑料和化肥等为优先发展产业，同时放慢制造业的发展速度。为实现上述基础产业优先增长的结构目标，政府采取扩大基础产业部门投资和压缩制造业部门资源供给的扶植和限制政策。投资的扩大最终带来了这些基础部门的快速发展。

20世纪50年代末至70年代初，法国进入工业现代化高潮时期。政府确定的总体发展战略是实现国民经济“大幅度地、有竞争力地和平衡地增长”，推进“工业现代化”，以适应法国对外全面开放，“走向世界市场”的新形势。与此相适应，产业结构目标有了改变，将重心由基础产业逐渐转向制造业，尤其是“有竞争力的工业”。石油—化工、电子和电机、汽车和陆路运输设备、通信设备、宇航和造船业等成为这一时期的重点发展产业。为了促进产业结构重心的转移，政府注重对资源配置的干预，放慢基础部门的投资增长速度，重点加强新兴设备产品部门的投资。新兴部门成为这一时期法国国民经济的支柱产业和最有竞争力的产业。

1976~1988年，法国政府着重对能源和原材料消耗多、劳动力密集和劳动生产率低下的传统工业进行整顿，同时确定电子、宇航、核能、通信、精密机械和精细化工等为重点发展产业。但由于国内外经济形势的变化，未能实现。1988年后，社会党政府明确规定以技术进步为推动力，收缩和改造传统工业，集中力量发展微电子等高技术产业，逐步实现产业结构重心向知识和技术密集型产业过渡的“国家现代化”目标。法国直接对核能等高技术产业项目进行全额投资，从而促使该国医药制造业等高技术制造业快速增长，并进一步带动其他行业的发展。此外，各级财政还通过发放补贴等方式积极扶持企业发展高新技术产业项目。同时，法国根据自身区域特点，在工业转型的重点地区相应设立高新技术产业区及新工业区，如巴黎大区高技术产业主要集中在计算机信息和制药工业、里昂地区发展基因工程及医疗卫生等。法国政府还以法令规定，各种研究机构必须向企业推广科研成果，在大学内增设“成果转化服务中心”，促进研究成果转化。

2015年，法国政府推出“未来工业”战略，包含新型物流、新型能源、可持续发展城市、生态出行和未来交通、未来医疗、数据经济、智慧物体、数字安全和智慧饮食九个信息化项目，旨在通过信息化改造产业模式，实现再工业化的目标。为了实现这些目标，共推出五大发展举措：促进新兴技术发展；加快企业信息化转型升级；加强人才培训；做好宣传推广；开展国际合作。同年，法国前总统奥朗德颁布了《能源转型法》，提出到2025年将核电的占比降至50%。

2016年12月底，法国发布《法国国家低碳战略》，从国家层面提出了如何减少温室气体排放，协调各方向低碳经济的转型。在2017年9月举行的联合国大会上，马克龙宣布了法国在气候行动资金问题上的承诺，11月举行的联合国气候峰会上，法国重提其到2050年将实现碳中和的目标。但实际上，近年来，法国仍在以牺牲可再生能源为代价大举投资核电，对核能依赖较大。

五、德国

“二战”后，德国经历了三次产业转型升级：

第一次转型（1945~1970年），是从粗放型向集约型增长方式转型。马歇尔计划解决了德国经济的启动资金难题；再加上1950年朝鲜战争爆发，美国和其他盟国修改了对德国工业和技术的限制政策；德法关系缓和与欧洲一体化加快，为德国提供了良好的周边环境和广阔的市场。在种种因素的合力下，德国抓住第三次科技革命的机遇，开始高速发展，第二产业中技术含量和集约化程度高的电子、化工等产生在GDP中的排名分别得到攀升。

特别地，汽车制造业上升到了首位，较为粗放生产的钢铁和采煤等资源型产业排名则大幅下跌。

第二次转型（20 世纪 90 年代中期），从传统工业生产为主导向以计算机、信息技术等新经济产业为核心转型。为了追赶上美国等信息技术发达国家，德国政府先后出台了《制造技术 2000 年框架方案》《德国 21 世纪信息社会行动计划》等政策，通过发展信息通信技术和提高制造业科技含量促进制造业现代化。此外，1990~1994 年，德国政府对信息技术领域的投资年均增长为 800% 多，大大提升了德国的信息技术实力。

第三次转型（21 世纪初至今），为了应对能源、资源约束和世界环境恶化的挑战，德国经济发展开始向循环经济、绿色经济转型。德国将经济发展的重点放在可再生能源和新能源发展等领域，主要包括风能、生物质能、地热能和太阳能等。此外，2013 年 4 月，德国推出《德国工业 4.0 战略》，重点研究生产智能化，同时提出“促进创新网络计划”和“主题研发计划”，通过将市场企业和国家公共研究机构组合成“产学研”联合体，促进技术和产业转移。近两年，德国政府在“工业 4.0”的实施上又有了新的政策扶持。这体现在：

（1）重塑组织框架、增加投入。德国政府重新整合了专业资源，确立了以高科技平台、创新对话机制和德国研究与创新专家委员会为基础的三大专家咨询机构，研发投入占国内生产总值的比重也不断升高。

（2）促进实际生产应用。2015 年，德国联邦教育和研究部发起了“‘工业 4.0’：从科研到企业落地”计划，旨在帮助中小企业实现“工业 4.0”在实际生产中的应用。

（3）数字化。2014 年，德国政府提出了“数字议程 2014~2017”。三年过后，“数字议程 2014~2017”制定的目标基本实现。

（4）为了促进中小企业研发能力，德国联邦教育和研究部于 2016~2018 年开展了一些针对中小企业与研究机构合作的项目。

六、韩国

2003 年，韩国政府提出的“十大未来成长动力产业”发展计划，确立了智能机器人、未来型汽车、新一代半导体、数码电视广播等十大新成长动力产业，并由产业资源部（MOCIE）推动，目标是在2010年前后使韩国人均国民收入从当时的1万美元上升到2万美元。

2009年，李明博政府颁布《新增长动力规划及发展战略》。该规划明确提出重点发展绿色技术产业、高技术融合产业和高附加值服务业三大产业及新的可再生能源、节能减排、污水处理、LED应用、绿色交通系统、高技术绿色城市、广播通信融合产业、IT融合系统、机器人应用、新的纳米材料应用、生物医药与生物医学工程、高附加值食品、内容服务与软件等17个新增长动力，并预计其产值将从2008年的222万亿韩元（约合1.22万亿元人民币）增加到2018年的700万亿韩元（约合3.85万亿元人民币）。

2010年，原韩国国家科学技术委员会批准并公布了面向2040年的《大韩民国的梦想与挑战：科学技术未来愿景与战略》，提出韩国到2040年跻身全球五大科技强国的科技发展长期愿景与目标。

2013年，韩国新一届政府的政策重点是继续提升信息技术竞争力，全力打造“未来创造经济”。其政策重点是将信息通信技术的成果和其他产业结合，特别是与文化创意产业融合，创造未来经济发展形态。主要举措是提升国家科技实力和创新能力、推动软件和内容产业化、加强国际合作和推动信息通信技术产业发展。

2014年，韩国发布了国家制造业发展战略——《制造业革新3.0战略》，其重点与德国“工业4.0”类似，也是强调制造业与信息技术的融合，建设智能工厂，推动电子、汽车、机械等产业领域的智能化转型。

2015年，为了适应新的产业发展形势变化，立足韩国产业基础优势和未来战略重点，朴槿惠政府再次更新了产业新增长点的内容，并于4月发布了《未来产业发动机：综合实践计划》（征求意见稿），初步圈定四大类19个新的增长点。征求意见后由未来科学创造部和产业通商资源部一起正式发布。根据4月初发布的征求意见稿，韩国最新的成长动力计划包括新兴产业、主力产业、公共福利和能源产业、基础产业四大类共19个新的产业增长点，代表了韩国未来5～10年产业发展的新方向和政策支持的重点。

2017年，韩国产业通商资源部发布《韩国基础产业创新发展战略——第二次基础产业振兴基本计划（2018~2022年）》（简称《韩国基础产业振兴基本计划》）。制订基本计划是促进智能制造业的发展，应对第四次工业革命的战略措施。该计划对韩国当时基础产业现状及变化进行了分析，制定了基础产业未来创新方向和执行计划。

优势产业电子信息技术领域新动能案例

韩国在新兴产业发展过程中更关注持续改进带来的竞争优势，比较重视基于自身在电子信息技术和产业领域的已有优势来发展新技术、新产业，本质上说是信息经济战略的再升级。根据国际数据公司（IDC）2015年度信息社会指数（ISI）评估报告，韩国在全球53个样本国家中排名第8位，是亚洲唯一进入前十的国家，在计算机和互联网普及、利用信息技术创新的能力等方面都居领先水平。为此，2013年韩国新一届政府的政策重点是继续提升信息技术竞争力，全力打造“未来创造经济”。其政策重点是将信息通信技术的成果和其他产业结合，特别是与文化创意产业融合，创造未来经济发展形态。主要举措是，提升国家科技实力和创新能力，推动软件和内容产业化，加强国际合作和推动信息通信技术产业发展。

2013年，朴槿惠政府上台后为提升国家竞争力，创造幸福生活，给科技赋予重担，新组建了韩国科技的“控制塔”——未来创造科学部，并提出了不同于上届政府“绿色经济战略”的经济发展战略，全力打造“未来创造经济”。该战略包括五大支柱：一是构建“创造经济”生态系统；二是增强国家研发和创新实力；三是推动软件和内容产业化；四是加强国际合作和全球化；五是发展造福国民的科技和信息通信技术产业。虽然该战略提出的重点并非侧重某一领域产业新增长点发展，但其基本判断基于韩国优势产业发展的基础和未来全球新一轮科技革命和产业变革重要方向，提出了有助于韩国“创造经济”生态系统构建和产业发展环境完善的政策措施，对于韩国“未来创造经济”领域的文化创意、软件、信息通信以及产业融合领域产业新增长点的培育至关重要。根据这一战略构想，韩国将持续加大ICT基础设施建设，努力构建创业生态系统，同时加大对企业的支援力度，计划自2013年起分阶段废除移动电话入网费用制度，争取在2015年底将入网费用降为零。在基础科学领域，韩国着力将大田“国际科学商务地带”发展为国际基础科学研究枢纽，目标是吸引世界300名著名科学家到韩国，并培养3000名研发人员，以争取获得未来科学领域的诺贝尔奖。产业创新发展方面，韩国重点将包含动漫、软件、文化创意和设计等在内的内容产业和大数据、云计算等新一代信息通信产业作为未来产业新增长点的发展重点，着力打造融合经济和创造经济。

面对第四次工业革命带来的机遇，韩国政府希望通过“政府主导、企业响应、学界支持”的模式打造经济新增长点。韩国政府2019年计划投入超过170亿美元，支持企业技术研发、人才培养和高新技术推广，涉及汽车、生物、能源、半导体、5G等领域。韩国政府还放松了对新技术、新产业的管制。

2000年至今，韩国进入创新快速跟踪与技术领先并存时期。韩国经济在1997年亚洲金融危机后快速复苏，知识经济得到认可并快速发展。韩国政府提出技术领先战略，工作重心转移到国家创新系统建设上。主要措施：①调整政府的地位与作用。2000年前后政府直接干预被市场机制取代，在创新投入上已经居于其次，在经济发展中的作用由“全面主导”转向“政策引导”，开始成为公司治理、劳动关系、金融系统和政府部门改革的驱动力，但政府对科技创新的指导依然具有决定性作用。②改善大企业与小企业两极化关系。在2005~2015年相继实施了三个《中小企业技术创新五年计划》，再次加大力度扶植风险企业和中小企业创新发展，鼓励中小企业提高研发能力，援助中小企业创新创业，资助中小企业与高校、科研院所开展合作研发等。③加强公共研发，促进创新主体间的互动合作，强调“民间参与”。进一步加大对民间R&D活动的资金支持力度，出台了包括研发税收优惠、金融支持、放宽创办企业研究所等相关规定。其中，“577”计划集中体现出韩国科技政策开始引导科技体制向民间主导型转变的趋势。④建立了大量科学园区。

2010年10月，原韩国国家科学技术委员会批准并公布了面向2040年的《大韩民国的梦想与挑战：科学技术未来愿景与战略》，提出韩国到2040年跻身全球五大科技强国的科技发展长期愿景与目标。朴槿惠政府上台后，提出“创意产业”理念，对现行科技和经济模式进行了大胆改革。2013 年 2 月，韩国拟定《2013 年创新事业的发展计划》，投入 10 亿韩元开发基础科学创新事业；同年 12 月，韩国公布《第六次产业技术创新计划（2014~2018 年）》，提出今后五年投资 17.8 万亿韩元，建设“良性循环的产业技术生态系统”。2014 年 12 月，韩国通过商产业资源部提出《第三次能源技术开发计划》，对韩国未来几年的能源产业领域科技研发做出规划。2017 年 7 月，韩国国家科技审议会议通过了《支持中小企业技术革新的中长期规划（2014~2018 年）》，这是韩国第三次制订中小企业促进技术革新计划，希望借此使韩国中小企业的技术竞争力达到世界最高水平企业技术竞争力的 90%。

21 世纪后，发达国家的高科技发展使韩国反思对短期、大规模技术开发的追求，政府开始聚焦信息、纳米、航空航天、智能机器等科技领域，提高研发经费至 GDP 的 5%（张章，2016），加强基础科研与人才培养，并深化市场改革。一方面，政府精简职能，将创新部整合为教育科技部和知识经济部，并将部分职能交给民间机构。譬如政府将其主导的风险评定转民间风险机构执行；发行高科技国债，吸引民资；宏观经济低迷时，积极投入以弥补市场。2009 年，受全球金融危机影响，韩国 20% 的民企缩减研发，政府为此增加 11.4% 的研发投入，为研发、技术转让与风投发展减免税负，鼓励企业预留技术开发金，激发成果快速转化（李东华，2009）。另一方面，政府大力资助基础研究，2012 年，将研发预算 50% 投入基础研究，成立独立基础科学院，鼓励在国内外设立机构，鼓励国外学者广泛参加；政府扩张大学，联合研究型理工大学和公共研究机构建设国家研发中心，支持企业教学，开发青少年潜力，储备研发人才；加强产学间与国际间的科研人才流动，提高本国人才待遇。近年来，韩国政府认可高校与公共研究机构对公共研究成果的产权独立所有，激发了这些机构的研发热情，以及企业对公共研发的投资动力。此外，政府加强对中小企业的公共购买，保障购买份额，增强买方信息，减少采购管理负担。韩国创新竞争力逐渐提高，近年跃居世界之首。

韩国对基础研究的支持也带动了韩国企业研发投入的占比较高。2016

年度全球研发投入100强企业排行榜中，韩国企业有4家，分别是三星电子、LG电子、现代汽车和SK海力士，且三星电子位列世界第2。2017年度全球研发投入100强企业排行榜中，三星电子以143亿美元的企业研发投入降至世界第4位，LG电子排名第50位，现代汽车和SK海力士分别排在第77位和第83位。据可获得数据计算，1995年韩国企业来源研发投入占总研发投入的76.3%，之后几年逐渐下降至69.1%，到2006年回升至75.4%，1995~2004年韩国企业来源研发投入平均占比为72.9%，2005~2014年平均占比为73.9%，提高了1个百分点，占总研发投入的75.0%，截至2014年，始终保持在年均74%的水平。企业研发投入执行上，1995年达到了73.7%，2006年超过了77%，2013年超过了78%，1995~2015年占比均达到了75.4%。2015年，韩国企业执行研发投入中，政府资金占到了5.1%，高等教育、私人非营利机构及海外资金总共占到了0.8%。

韩国基础产业一般包括铸造、金属模具、塑料加工、焊接、表面处理、热处理等，灵活应用“制造工程技术”发展六大行业。提升基础产业能力，如产品设计、工艺水平、品质管理等，这是制造业的立身之本，也是竞争力的根基。基础技术是汽车、造船、IT及制造技术的工程技术，这些技术是制造业品质竞争力的核心，能够决定最终产品的性能和可靠性。不仅汽车、机械、造船等传统行业需要基础技术，机器人、生物研究、无人机、新能源汽车、有机发光二极管（OLED）、半导体等新兴产业也以基础技术为核心。基础产业能够激发大部分产业的生产，还能积极地创造就业机会。

第二节　主要发达国家经济新旧动能转换政策体系的归纳

一、美国

美国自18世纪独立建国至今，美国政府出台的各类产业政策以不同的方式和不同的程度存在，并由美国行政、立法和司法机构三者共同实施，对美国产业转型与经济发展起到了重要作用。美国在执行产业政策的过程中，大多是以法律形式来推动产业政策，而不是靠行政命令，它更多的是重视法治化，做到有法可依，并且受到国会大量严格的制约，有时美国政府要执行某个产业政策，国会有可能会否决。国会立法，立法后整个微观主体包括企业家、大学和科研机构等这些微观主体，都按照这个方向来努力实施，而美国政府提供若干支持，包括法律支持和财政支持，进行有效的引导和扶持。自20世纪80年代以来，美国各届政府都十分重视以技术创新为核心产业政策，保证了美国产业界对产业创新的热情。特别是在里根执政时通过一系列立法，而克林顿政府延续了里根时期的做法，进一步加强了以技术创新为核心的产业政策的实施，实现了美国“新经济”的转型。美国经济已经发生了根本的、结构性的变化，美国产业发生了转型升级，高技术产业和日益发展的第三产业成为美国经济发展的新常态，美国迎来了“信息经济”时代。美国经济政策立法的历史沿革可以参考表2-1。

表2-1 美国经济政策立法的历史沿革

年份	政策立法	主要内容
1980	《小企业经济政策法》	强化技术创新，以及鼓励军用研究成果转移到民用企业
1980	《大学和小企业专利程序法》	
1980	《技术创新法》	
1981	《经济复苏税务法》	通过减税为企业技术改造提供可靠的资金来源
1982	《小企业技术创新法》	支持小企业创新，不得拖欠小企业贷款，鼓励小企业扩大出口
1982	《准时付款法》	
1983	《小企业出口扩大法》	
1984	《合作研究法》	鼓励企业间合作研发与联合竞争
1986	《联邦技术转移法》	建立各方合作研究发展机制
1987	《1987年贸易、就业、生产率法案》	强调提高劳动生产力素质、科研能力和加强知识产权保护
1988	《综合贸易和竞争法》	提出先进技术计划和制造业发展合作伙伴计划
1993	《技术促进经济增长》	发表国家技术政策声明

续表

年份	政策立法	主要内容
1994	《面向可持续发展的未来技术》	提出国家环境技术的立场
1994	《为了国家利益发展科学》	发表国家科学政策声明
1995	《通向可持续发展未来的桥梁：国家环境技术战略》	提出国家的环境技术战略
1995	《国家安全科学技术战略》	提出安全科技的优先领域
1995	《支持研究与开发以促进经济增长》	反对削减研究与开发的投资
1996	《为了国家利益发展技术》	明确国家的技术政策
1997	《塑造 21 世纪的科学与技术》	制定面向 21 世纪的科技战略
1997	《计算、信息和通信：21 世纪的技术》	确定信息技术的政策
1999	《信息技术研究：投资我们的未来》	提出扩大政府对信息技术研发投资
1999	《国家运输科技战略》	提出美国运输目标的研发战略
2009	《重振美国制造业框架》	国际金融危机后，美国推出新的经济发展战略，试图通过“再工业化”重塑产业竞争优势
2010	《制造业促进法案》	
2011	《先进制造业伙伴计划》	
2012	《先进制造业国家战略计划》	

新经济概念的首次提出于 1996 年 12 月 30 日 Michael J. Mandel 在《商业周刊》发表的《新经济的胜利》（*The Triumph of the New Economy*）一文，文章将 20 世纪 90 年代出现的、由经济全球化和信息技术革命推动的、以高新技术产业为龙头的高度繁荣的经济现象定义为“新经济”。克林顿政府在经济政策方面选择了介于自由放任主义和国家干预主义的“第三条路”作为理论基础，并以此为依据，实行了“平衡性”财政政策，削减了巨额财政赤字、推动了科学技术进步、加大了人力资本投资，为美国的经济增长提供了持续动力。

（1）在克林顿经济学中，削减财政赤字、减少政府债务是其核心内容，到 1992 年高达 2904 亿美元的财政赤字和 4 万亿美元的政府债务已经严重地压缩了政策空间，因此减少赤字进行“财政重建”是运用财政政策进行宏观调控经济运行，保证经济长期增长的前提。为此，克林顿冲破了 10 多年来供应学派的理论禁区，大量增税，同时削减政府支出来削减赤字。为平衡预算，克林顿总统1997年8月签署了旨在5年内平衡预算的《1997年平衡预算法》。

（2）利用财政政策促进经济增长的职能，通过财政政策的倾斜大幅度地增加科技投入，以“信息高速公路计划”为突破口，积极扶持高科技产业的发展。如1993年克林顿政府就把以信息产业为基础的“国家信息基础设施”（Nation Information Infrastructure，NII）计划，也叫作“信息高速公路”，作为优先发展项目，其目标是在20年内，投资2000亿~4000亿美元，建立起一个联结全美几乎所有家庭和社会机构的光纤通信网络，服务范围包括教育、卫生、娱乐、商业、金融和科研等，并将采取双向交流形式，使信息消费者同时成为信息的积极提供者。在该计划中，起主导作用的是民间投资，政府的作用是主要建立与私人部门间的合作关系，促进关键技术的创新和应用，并采用各种政府手段激励民间投资，用来建设和发展“国家信息基础设施”。在财政政策方面主要是通过适当的税收政策和政府采购促进私人向“国家信息基础设施”投资以及通过财政专项拨款，帮助民间企业开发和应用“国家信息基础设施”所需要的新技术等。如为推动“国家信息基础设施”的核心因特网的建设，1996年10月初，美国提出了下一代互联网计划，克林顿总统拨款1亿美元启动下一代的因特网五年计划。还通过增加对“先进技术计划”（Advanced Technology Program）的财政拨款，加强对民用研究与开发的扶持力度。

（3）通过税收优惠有效地调节投资活动，鼓励企业科技创新，促进产业结构的升级。包括减轻资本利得税，对家庭储蓄的优惠和对企业投资给予减税优惠等。美国政府对于研究与开发的财政优惠政策主要体现在以下四个方面：①对于研究开发活动支出的税收减免；②对于从事研究与开发活动的跨国企业的税收安排；③对于资本设备投资的税收优惠；④适用于所有产业部门和所有类型企业的普遍税收优惠。而其中最主要的和最常用的就是第一种，即对研究与开发活动给予一定程度的税收减免。从1985年税收减免到期后，美国政府就一直致力于延长研究与开发的税收减免的有效期。1992年，克林顿政府在其《1993年综合预算协调法》中将税收减免延期至1995年7月；1995年7月到期后，克林顿总统提出将其修订为永久性措施，但国会未予批准，此后《1996年小企业就业保护法案》又规定将税收减免从1996年7月1日起恢复实施，直至1997年5月31日告一段落；《1997年税收减免法案》再次将其延期至1998年6月30日。美国联邦政府对研究与开发的税收激励作用是较为显著的，可以看出，从1993年开始，企业在研究与开发中的投资额直线上升，从1993年的965.5亿美元上升到了2000年的1810亿美元，在美国研究与开发支出总额中所占的比重也逐年上升，到2000年已占到了总额的2/3以上。

（4）克林顿政府十分重视人力资本投资，尽管削减赤字的努力牵制了对教育的支出，但克林顿政府还是实行了一系列新计划，促使联邦政府在教育方面扮演了理性和高效的角色。其中包括：使美国政府拥有了向各州提供资金以鼓励教育改革的权力的《2000年目标：美国教育法》；为帮助更多的青年人上大学的学生贷款改革计划；面向就业的教育资助计划和失业者的再培训计划；等等。

（5）推动制度与政策创新。产权明晰、法制健全、政策稳定、合同守约以及政府廉洁等制度因素与经济增长存在正向关系。伴随新经济的是美国持续性的政府政策与制度改革创新。对于互联网、电子商务等新技术和新业态，政府专门制定相关法律政策以支持发展。1995年，美国成立电子商务工作小组。1997年，实施《全球电子商务发展框架》战略，以发展数字经济。积极的财政预算平衡政策扭转了20世纪90年代初期的巨额赤字，并在1998年实现了692亿美元的财政盈余，大量财政结余使美国政府能够有效应对经济周期波动。以实际利率为主要调控目标的中性货币政策为控制通胀、增加就业和降低利率提供了宽松的宏观环境，为创新型中小企业提供了充足而低息的资金供给。对于关乎经济长期增长的领域，如科研、技术、教育和基础设施建设等，美国政府也十分重视对其公共投资和政策支持，加强R&D投资支持基础研究与应用研究，利用税收鼓励企业和个人投资于科技和人力资本，与私营企业达成“合作研究与开发协议”，实施“教育技术行动”，推广应用以计算机网络为代表的现代教育技术等。1990~2001年，美国R&D支出占GDP比重基本保持在2.5%以上，2001年达到2.71%。美国政府由此为技术创新和经济增长创造了一个良好的制度环境，为技术进步和生产率提高提供了保障。

二、日本

全球经济增速放缓，国际需求不振，加之日本国内持续高涨的财政债务水平导致财政政策空间缩窄、债务风险升级，如何实现日本经济新动能转型就变得十分关键。以 2012 年安倍再次担任首相为标志点，安倍政府相继出台了三大转型政策以期实现日本经济的再转型。安倍经济学“旧三支箭”对日本经济的提振作用将持续减弱，而安倍内阁新推出的“新三支箭”具有较大的不确定性，日本经济发展面临多重困难。具体而言，日本经济未来发展主要呈现以下几个特点：

（一）“安倍经济学”的“新三支箭”或难奏效

2012 年 12 月，安倍晋三再度当选为日本首相，上任伊始即提出了“三箭齐发”的“安倍经济学”，即通过采取超常规的激进货币政策、灵活的财政政策、刺激民间投资为中心的经济产业成长战略，引领日本经济走出持续 20 年的通货紧缩局面，达到 2% 的通货膨胀率目标。但是，尽管日本央行大规模放水，基础货币投放量从 132 万亿日元猛增至 344 万亿日元，几乎达到日本 GDP 的 70%，大大超过美联储和欧央行 20% 的水准，但安倍效应仅持续了一年多的时间，日元即掉头向上，股市掉头向下，日本经济仍未摆脱通缩局面。

2015 年 9 月，安倍首相提出了“新三支箭”：一是加强经济，把 2020 年左右的 GDP 目标从 500 万亿日元上调至 600 万亿日元；二是提高出生率，增加对有儿童家庭的支持力度；三是扩大社会福利保障。“新三支箭”的提出，标志着“旧三支箭”没达到预期目标，在一定程度上宣告了“旧三支箭”的失败。就“新三支箭”的内容而言，依然很难实现预期目标。从“第一支箭”看，2015 年，日本名义 GDP 是 471 万亿日元，如果 2020 年 GDP 达到 600 万亿日元，每年的名义经济增长率达到 3%，但近 20 年来，日本经济增长率只有 2010 年达到了 3%，实现“第一支箭”目标的概率极低；从“第二支箭”看，在 2025 年前后实现希望出生率（有生育意愿者都能充分生育时的出生率），即合计特殊出生率（女性一生中所生孩子的平均数）达到1.8，但过去20年日本的合计特殊出生率基本为1.4左右，如何把未来10年左右的希望出生率提高到1.8，安倍政府并没有提出任何具体措施；从“第三支箭”看，21世纪20年代初“实现护理人员零离职”的目标同样难以实现，日本老龄化问题非常严重，2015年，65岁以上老人超过26%，75岁以上老龄人口超过12.9%，其中需要护理的老人高达600万人，占65岁以上老人的18%，而日本的老人院等福利设施相对不足，特别是具备医疗护理功能的老人福利设施严重不足。

（二）财政政策空间有限

2015年，日本财政赤字率达到5.9%，公共债务达到其GDP的246%，引起世界各国对日本主权债务危机的担忧。为了改善财政状况，安倍政府不得不对国际社会承诺削减财政赤字，使2015年的财政赤字缩减到2010年规模的一半，2020年完全实现盈余。若不能如期达到减少财政赤字目标，将对日本的国际信誉和日元汇率形成冲击。然而，目前除增收消费税外，尚未看到安倍政府出台其他更有效的具体措施。与此同时，随着国内社会老龄化的不断深化，日本财政支出压力将进一步加大，提高消费税虽然有望在一定程度上缓解日本庞大的公共债务，但同时也将挫伤居民消费和企业生产投资的积极性，导致内需不足问题进一步恶化，甚至可能导致日本经济陷入负增长。因此，日本在财政重建问题上依然举步维艰，由于债务压力过大，日本政府通过宽松财政政策来刺激经济发展的空间有限。

（三）货币政策面临两难

2016年1月29日，日本央行为了刺激经济复苏，推出了负利率政策，并从2016年2月16日起执行。然而，从效果看，负利率政策在刺激日本经济复苏方面未实现预期目标。随后，尽管市场对日本央行进一步强化宽松货币政策的预期强烈，但日本央行在4月议息会议决定维持利率不变，主要基于两方面考虑：一方面，负利率政策导致银行利润下降，招致银行系统的反对，而且宽松政策实施后，日元汇率不降反升，效果存疑；另一方面，当前日本央行实施进一步宽松的空间有限，在1月推出负利率政策的背景下，短期进一步降息的空间有限，而日本央行持有的日本国债和ETF

占市场比重均已达较高水平，进一步扩大购买规模的空间有限。

总体而言，日本央行已经陷入两难处境：若降息，市场恐慌将加剧，更多避险资金将流入日本，导致日元升值；若停止宽松，则会导致市场宽松预期落空，日元依然会走强。因此，财政政策、货币政策并不能从根本上解决经济低迷问题，日本经济复苏更需要靠结构性改革发力。

（四）经济仍面临诸多风险

日本经济问题是长期积累的结构性问题，“安倍经济学”对解决日本经济结构性问题的作用微乎其微。虽然“安倍经济学”在短期目标之外还设定了许多诸如长期经济增长率、财政重建及人均国民收入等中长期目标，但这些目标几乎都无法实现或难以实现。2016 年，随着工资状况有所改善、设备投资不断扩大以及国际油价继续下跌，日本经济短期内将有所复苏。但在世界经济增速放缓的背景下，外部需求疲软、国内个人消费不足和结构性问题仍是日本经济面临的主要风险。总体来看，2016 年日本经济将面临较大的挑战。据国际货币基金组织 4 月预测，2016 年日本经济增长 0.5%，较 1 月的预测值下调 0.5 个百分点，其中，2016 年初以来出现的日元急速升值以及发展中国家的需求下降等是经济增长预期被下调的主要原因；预计 2017 年的日本经济增长预期为 –0.1%，较 1 月的预测值下调 0.4 个百分点。随着 2017 年 4 月消费税调升计划推迟至 2019 年 10 月，日本迎来一个短暂的喘息期。

总结日本经济转型的经验，我们可以从中总结如下典型经验：

1. 宏观调控政策失误

泡沫经济的生成和破灭是日本经济由盛而衰的转折点。一种流行观点认为，广场协议和日元升值是泡沫经济出现的重要原因，但实际上，根本原因在于日本政府高估了日元升值的影响并采取了过于宽松的货币政策。日本采取货币刺激政策，在一定程度上有其合理性。一是日元大幅升值，导致出口贸易大幅下降，经济增速明显回落，有必要采取扩张性政策来刺激内需；二是日元升值压低了进口物价水平，日本当时的整体物价比较平稳，而央行未将资产价格纳入政策考量，从而为货币刺激政策提供了空间。再加上大藏省过于强势，将扩大内需的责任完全交给了央行。但是，日本推行宽松货币政策过松过久，而在收紧货币政策时又力度过大、速度过快，最终导致了泡沫的迅速生成与急剧破裂。

2. 过早开放资本项目与失当的日元国际化路径

1984 年 5 月，日本大藏省发表了《金融自由化、日元国际化的现状与展望》公告，揭开了日本经济金融全面自由化、国际化的序幕。同年，日本取消外汇实需原则和日元兑换限制，意味着日本与世界金融成为一体的开始。日本之所以在国内金融市场建设滞后、金融体系尚不健全的情况下推动改革，主要是受到来自美国的压力。事后来看，这些改革措施反而成为泡沫经济的推手。

首先，证券市场管制放开使大企业纷纷“去银行化”，银行贷款业务扩张受阻、失去了稳定的企业贷款收入来源。

其次，利率自由化改革抬升了银行负债成本，迫使银行体系改变经营方式，向不动产、非货币金融机构等领域大量发放贷款。

最后，日本在资本项目开放和日元国际化过程中，形成了“贸易结算 + 离岸市场”的模式，资金由离岸市场回流本国资本市场和房地产市场，这种“再贷款”模式同样助推了泡沫经济。

3. 泡沫破裂的救助措施过于拖延

日本政府对“泡沫经济”破灭及呆坏账所产生的严重影响认识不足。1991 年的《经济白皮书》认为：泡沫经济的崩溃对个人消费的负面影响是轻微的，对设备投资的影响也不严重，这种影响在 1993 年以后会消失，1993 年下半年开始经济就会出现复苏的迹象。因此，在泡沫经济破灭后，对严重危及金融体系安全的巨额不良债权问题，日本政府迟迟没有拿出实质性对策。

1992 年，不良资产大致为 20 万亿日元，这时政府和银行完全有能力处理不良资产，但都不愿意立即着手解决问题，而是采取了拖延的办法，期待经济进入恢复上涨周期后，能够使不良资产问题自然解决。其结果是形成了扩张性财政货币政策与“僵尸企业”“僵尸银行”的恶性循环：扩张性的宏观政策导致财政补贴和信贷资源更多地流向“僵尸企业”，不良债权问题和就业问题短期内得到缓解，但同时制造了更多的“僵尸企业”甚至

“僵尸银行”，从而进一步压低了通货膨胀率和经济增长率，需要继续使用扩张性宏观政策刺激。

直到2003年，日本才将前期的财政货币政策刺激改为结构性改革，并成立了日本产业再生机构，加速处理金融不良债权和僵尸企业，这一循环才逐渐被打破，耗时超过10年，这与2008年全球金融危机后美国政府与美联储的快速反应形成了鲜明对比。大藏省对不良债权额判断失误，且在救助次序和手段上屡出败笔（如照顾农协金融利益而优先救助住宅专门金融公司并实行财政买单等），官员和银行家为了晋升不良等，都严重影响了危机的救助，人为拉长了危机时间。

（五）从制度层面看，日本式经济体制出现“制度疲劳”

泡沫经济的破灭引发了日本经济的长期萧条，但归根结底，它还是一种直接的、触发性或引致性因素，使日本经济陷于长期低迷而不能自拔的根源在于制度方面，“制度疲劳”和体制僵化是日本陷入“失落年代”的深层原因。

1. 政府主导型的经济发展体制出现“制度疲劳”

“二战”后，日本逐渐形成了政府主导型的经济发展体制，同欧美的自由市场经济体制以及西欧的社会经济体制相比，这种体制在模仿先进国家路径、促进后发国家发展方面甚至更具优势。但随着日本跻身先进国家行列，缺乏模仿的对象后，政府的作用与角色面临着巨大挑战。“官产复合体”体制下，政府对经济的主导和干预，弱化了企业的竞争和应变能力。

一是政府的过多介入减弱了企业面临的国内竞争和国际竞争，降低了企业技术革新的动力，进而降低了生产率。例如，日本电信行业在2001年以前由政府控股的电信电话股份公司垄断经营，由于竞争机制的缺乏，日本长期沿用电话拨号方式连接互联网，上网费用一直高于其他发达国家的水平，宽带网普及率一直偏低。

二是日本长期以来实行出口导向型增长模式，并严格限制进口，从而导致国内市场的开放程度与其他发达国家相比处于较低水平，国内企业也因此面临较低的国际企业竞争压力，缺乏创新动力。

三是政府过多的行业管制降低了资源的配置效率，进而拉低了平均全要素生产率。许多较弱的部门和夕阳产业因政府的各种管制措施而得到保护，迟迟未退出市场，如受政府调节并资助的地方建筑业及服务业；而效率较高的企业如汽车、电子零部件、通信器械等通过向海外转移扩展获得发展空间，在国内的生产和销售则逐渐减少。这种二元经济体制明显拉低了全要素生产率。

2. 传统的金融体制出现“制度疲劳”

日本的金融体系具有三个方面的特征：

一是以银行为中心，间接金融占优势。银行与大企业通过主银行制度建立起互相持股、关系融资的紧密合作关系。

二是银行业受到政府“护送舰队”方式的保护，准入制度严格，而且银行与证券、保险业分离，各家银行业务相同，基本采取横向看齐的战略。

三是资本市场由于法人企业交叉持股而不够活跃，对企业治理难以发挥作用。

这种金融体制在工业经济时代支持特定产业、完成赶超方面有巨大优势，但随着信息经济时代的到来，日本的金融体制也表现出了较大的不适应。尽管20世纪90年代中期以来日本实施了多项金融改革，如1996年底推出“金融大爆炸”改革，放宽其他行业进入银行业的管制，改革金融监管系统等，并在“小泉时代”加速清理银行不良债权，日本的金融系统进入21世纪后消除了泡沫经济的副作用，在全球金融危机中受到的冲击也较小，但日本金融系统仍然面临诸多问题：以银行为中心的体系还没有出现根本性的变化，直接金融的比例依然很小，缺乏风险投资机制；传统产业占用大量资金，而新兴产业、高科技企业和创业中的中小企业却得不到有效的资金支持，发展受到阻碍。资金、资源和风险不能得到更有效率的配置和转移，这是日本经济20世纪90年代以来全要素生产率（TFP）增幅放缓、导致经济增长率下降的重要原因之一。

3. 关系型的企业制度出现“制度疲劳”

日本“二战”后发展过程中逐渐形成了曾被誉为“日本式经营”的企业系统。这一企业系统的公司治理制度，建立在法人企业交叉持股及主银行制度基础之上，股东的话语权较为薄弱，经营者有较大的内控权。雇佣及人事制度实施的是长期雇佣、年功工资以及内部提拔。供销和交易制度往往以“系列”为基础，注重长期合作和交易。此外，企业内工会制度也为员工与经营者提供了合作机制。这一整套制度充分体现了企业与企业间，以及企业与员工间具有长期合作的特征。这一传统企业体制的弊端，在经济增速趋于稳定、经济全球化深入发展的条件下开始逐渐显现：

一是法人相互持股的公司治理结构以及“系列”企业制度，导致了交易的内部化、排他性和闭锁性，扼杀了优胜劣汰的竞争机制，从而降低了企业自主创新的意识。

二是终身雇佣制限制了外部技术人才的引进，导致日本企业普遍存在着信息技术人才特别是高层次信息技术人才不足的问题。

三是终身雇佣制度和年功序列制度使企业无法按照市场需求调整雇佣人数，结果必然影响企业经济效益，不利于应对经济形势的复杂变化。

（六）从供给层面看，老龄少子化加剧，人口结构的变化带来了全要素生产率下降和产出缺口的缩小

按照索罗模型，可以将经济增长因素分解为资本、劳动和全要素生产率（TFP）。从日本 JIP 数据库的统计可以看出，日本 20 世纪 90 年代以来的长期萧条，与劳动投入减少以及 TFP 增速放缓关系密切。劳动投入减少的主要原因是日本的老龄少子化，以及 20 世纪 80 年代后期开始的缩短工时，而后者则同“僵尸企业”盛行、高效率企业海外转移等因素相关。

三、英国

总结英国的产业转型政策，可以发现英国经济转型和新旧动能转换过程的典型政策可以归纳如下：

（一）持续推进财政整固和审慎金融发展计划

实行稳定、可持续、负责任的财政政策，到 2018~2019 年实现财政盈余。政府从国有企业中退出，陆续出售苏格兰皇家银行、皇家邮政、劳埃德银行、北岩银行和布拉福德—宾利银行的国有股份。控制移民，控制福利支出。同时，改革银行体系，加强金融监管。保守党政府认为改革银行体系对避免金融危机、确保经济复苏至关重要，为此采取了包括向银行业征税、要求银行向中小企业放贷、阻隔零售银行和投资银行业务风险传递、将金融监管权重新归还英格兰银行等措施。

（二）改革税收体系，简化税收行政，推行网上缴税

对创意产业等重点发展产业实现税收减免。减轻低收入民众税赋，逐步提高个人税收起征点，到2017~2018财年起征点提高到1.1万镑。对逃税避税行为实施更严格的制裁。同时，降低企业所得税率、简化税制。英国加大对企业所得税的削减力度，2015年4月，英国的企业所得税税率从原来的28%减至20%，比美国目前的税率低了15个百分点，相比法国和德国也分别低13个和8个百分点，成为G7国家中企业所得税税率最低的国家。但同时石油天然气和银行业的税赋则有所提高。联合政府还加强了对避税行为的监管。

（三）继续实施积极的货币政策

通胀目标继续设定为2%的水平。继续推行量化宽松政策，资产购买计划将延续到2015~2016年。通过借贷融资计划（FLS），降低银行融资成本，提高家庭和中小企业的信贷条件。通过英国商业银行，实施帮助增长示范计划和种子企业投资计划。

（四）改善基础设施，并加强国际合作、促进贸易发展和投资增长

加快发展通信、固定和移动宽带等数字基础设施，出台数字通信基础设施战略，投资6亿英镑，改善移动宽带连接。加强出口。重点加强和中国的贸易投资合作，增加对英国贸易投资署（UKTI）中国项目的预算支持，重点推动先进制造、交通、金融服务、生命科学等领域与中国的合作。

（五）实现地区平衡发展

推动公共资源平衡分配。针对各地区不同优势，量身定做发展规划。投资130亿英镑，改善英格兰北部交通。加强“北部振兴计划”的实施力度，投资新项目。加快推进高铁2号线项目建设。

【北部振兴计划】北部振兴计划最早由英国财相奥斯本于2014年在曼彻斯特提出。背景是英国北部地区自20世纪后半叶以来，经济社会发展整体落后于大伦敦地区，奥斯本拟通过北部振兴计划，将英格兰北部打造成与伦敦并驾齐驱的第二个经济中心。北部振兴计划大体上涉及以曼彻斯特、利物浦、利兹、纽卡斯尔等城市为核心的英格兰北部11个地区。主要措施包括权力下放、行政体制改革、大力发展基础设施建设、发展科研、优化产业升级等。英国政府目前对北部振兴计划的财政扶持主要包括：对曼彻斯特新型材料研究所投资2.35亿英镑；对沃灵顿计算机研发中心投资1.13亿英镑；对曼彻斯特工厂、剧院和展览中心投资7800万英镑；对纽卡斯尔老龄医学研究中心投资2000万英镑。北方地区企业投资项目主要包括港口、机场、铁路、海洋工程、有机能源等多个领域。其中企业在汉伯地区投资总额11.10亿英镑，利物浦地区12.70亿英镑，大曼彻斯特区18亿英镑，东北部地区2.32亿英镑，谢菲尔德地区8亿英镑。

【中部引擎计划】中部引擎概念由英国财相奥斯本2015年6月提出，计划书于2015年12月4日在伯明翰大学发布。中部引擎计划覆盖范围包括英格兰中部的莱斯特、华威、沃斯特、北安普顿、林肯、诺丁翰等11个地方行政区域。中部引擎计划致力于打造中部地区品牌，重点提升技能、创新、交通、产业、商业融资五大关键领域，提高劳动生产率，吸引投资者和贸易伙伴，推动经济增长、出口和就业。目标是本届政府任期内新增就业30万个。中部引擎计划的重点是改善交通连接，打造英国和欧洲的主要门户；改善商业环境，提高企业的融资便利性；推出创新驱动战略，加大科学研究转换成新技术、材料和产品的力度；多种途径提高制造业从业人员技能。

具体行动计划包括：英国政府给予500万英镑资金支持，用于中部地区开发新的市场和推动出口。利用中部地区处于英国中心地带的地理优势，提升交通连接，缩短旅行时间。增加伯明翰机场旅客流量，把握高铁二号线建设机会，适时提出高铁二号线第二阶段倡议，并于2017年发布长期发展战略。利用现有的罗尔斯罗伊斯公司4个大学技术中心、华威制造业集团、国家铁路研究中心、MIRA汽车试验场、国家汽车创新中心等研发机构，重点发展制造、工程和交通技术，支持提高生产力和竞争力。建立能源研究加速器，建立地区科学园区网络和高等教育论坛。建立总额1.8亿英镑的地区基金，支持商业发展。建立城市发展基金、基础设施基金等融资工具。

（六）实施产业扶持计划

对生物、化工、物流和医药、先进制造等产业进行重点扶持，发展分享经济。发展高技能劳动力市场。加强发展并扶持学徒制。加大对科学和创新活动的扶持力度。每年投资 46 亿英镑，改善科研创新设施，重点实施战略性科学创新投资，巩固英国全球科学技术领导者的地位。

四、法国

过去的 15 年来，法国在转型政策的改革方面有五大目标：一是提升私营部门的研发能力；二是提高公共研发的经济影响力度；三是不断促进各利益相关方发展；四是推动创新的企业家精神；五是支持创新企业持续发展。

法国的产业政策在 15 年里发生了巨大转变，主要体现在：以往以直接方式对产业进行支持的政策，转变为以非直接的政策进行激励。这样的转变，带来了对政策评估的思考：是根据能否提高研发能力来进行评估，还是根据能否提高竞争力来进行评估，抑或是根据法国各个区域的吸引力度进行评估。此外，还需我们思考，现有的创新产业政策对经济影响力的评价，应选取哪些指标。

法国对当今全球行业变化的预见能力有所欠缺。为此，据法国未来产业发展联盟不久前进行的一次前瞻性调查，包括对网络空间安全性等方面的技术评判，以及对各个科技所处的市场位置进行分析。调查报告得出结论，法国目前共在 47 个先进技术领域尚处于主导或引领地位，可以为法国在未来的工业领域带来新的战略优势。

（一）新的产业政策需要一个以注重产业科技和创新发展来构建的生态环境

在萨科齐总统任期内，法国开始发展出新的产业战略，主要目的有二：一是修改法国当时的战略重点即战略分工。二是提升法国的核心竞争力，尤其在科技与创新方面。因此，基于前面提到的法国的弱点，法国首先需要对行业（工业）的远景和目标重新进行定义，重新构建法国的工业生态体系。具体做法是，先将与之相关的某个政府部门进行调整，搭建配套的组织机构，再通过战略性的情报系统支持法国整体产业政策的转型。同时，组织公共部门、民营部门展开积极的讨论，包括政府和管理部门在法国产业转型中扮演的角色、该角色在市场升级和多样化操作方面发挥的作用，以及需要什么样的战略型国家来引导以科技和创新为基础的新型产业发展，这是最为关键的问题。这里的战略型国家也包括战略型国家政府、战略型地方政府。

2013年，在萨科齐总统任期内，开展的新领域产业政策革命，主旨是发展新的工业化法国。相关背景是，在欧盟成员国的层面上，对科技研发创新的政策导向提出倡议。同样，对于欧盟的“地平线2020”计划的三个重点方面：一是通过吸引全球顶尖科技创新人才提高科学卓越性，二是通过产业与市场接轨来增强公共和民营企业整体的核心竞争力，三是通过重点领域（医疗健康、生物经济、食品安全、农业、气候变化等）的研发与创新应对社会挑战，法国一一进行审视，对应转型发展。上述的第三点，是法国非常敏感的领域，也是对法国非常重要的领域，这些重点领域可以推动法国科技创新的技术转移。除了上述三个重点，还包括培育良好的科学文化、与研究和创新相关的行业发展重点、建立一致性和稳定性等。以及最后一点，相当于一个软目标：推动法国的研究，进军欧洲与全球市场。

（二）加强科学技术创新与行业生产的联系，促进各行业领域生态系统建设

根据OECD发布的一组数据来看，欧盟如果作为一个整体，能够在以全球专利申请为具体表现的创新成果方面排名进入前十位。但对于欧盟27个成员国来说，存在一个共同的弱点，即科学研究与产业生产之间的联系非常弱，科学家、研究人员同市场决策者和政府决策者之间的连接有待提高。这也提醒中国，如果将“中国制造2025”这样一个计划和远景的实施，加入到新一轮行业发展范式中，则同法国一样必须要注重科学技术创新同行业生产之间的联系。当前，针对法国企业与行业中的领导人才在工业项目中扮演的重要角色与发挥的关键作用，法国政府制订了预算34亿欧元的项目管理计划，鼓励本土化工业发展，促进相关行业搭建和完善利于发展的生态系统。

（三）通过国家联络中心管理科技市场，对接欧洲企业网络并走向全世界

由欧盟委员会发起的欧洲企业网络（EEN），由 270 个左右的区域性 / 地方性组织机构组成，为中小企业的创新与科技发展提供相关的融资和资金补助。处于该网络中，法国建立了国家联络中心（NCP）。法国有 13 个区设有联络委员会，通过线上 B2B 会议的召开与线下活动的组织，对科技市场进行管理。作为该网络中的重要连接点之一，法国工商会是国家级的协调机构，相关工作主要是支持并促进面向欧洲的研究与创新项目的发展，同时提供跟踪式的管理与咨询服务。此外，法国工商会还要与行业中新加入或新出现的机构进行沟通和协调，部分机构将参与到"未来投资项目"中来。该项目已有 2~3 年的成熟发展，中国也加入到了该项目中，包括北京、上海、郑州、成都等，以及最新加入的长沙。有 300 余家长沙的企业和工业园区组团到巴黎进行了访问和展出。

（四）在国家层面设立产业治理机构，并成立未来行业联盟

第一，设立产业代表委员会。涉及所有规模的公司，以及这些公司的研发中心。企业派驻代表加入委员会，进而参与到治理事宜之中。

第二，设立战略行业委员会。涉及 13 个战略行业，其中包括汽车和汽车配件行业等。这些行业也会有相关的行业代表，共同组织委员会，参与到组织机构治理当中。

第三，成立未来行业联盟。该行业联盟由产业代表委员会和战略行业委员会的成员，分别代表行业和公司参与组成。该行业联盟管理着相当于"中国制造 2025"这样的计划。

法国的产业政策特点给我们带来了两点关键启示：

一是如何让不同主体之间达到协同增效的目的。例如，如何将法国的大集团公司、初创公司、中小公司，同专家学者有机组合在一起，进行多样化的协同增效。这样的合作同样是国际化的，法德合作由来已久，现今中法之间也出现了更多的合作空间，未来对中德法三国之间合作的倡导应当提上日程。

二是如何利用高质量的公共研究支持创新，并且促进市场升级，到达市场升级的战略目的。

具体来看，就是将公共研究部门和私营研究部门的研究有机结合在一起。目前，法国在创新研究领域面临的巨大壁垒是，很难将公共研究部门的成果与私营研究部门的成果一起转变为切实可行的产品或服务。这样的产品和服务将具有高度的附加值优势，能够顺利地获取银行融资。若无法获得该类优势，我们很难在其他方面进行弥补。

五、德国

一贯注重实体经济发展是德国经济政策的一大特色。然而，劳动力成本上升、传统产业衰退、产业结构升级缓慢、经济结构调整阵痛、虚拟经济膨胀并挤压实体经济等该阶段许多国家经历的问题同样在德国经济转型发展过程中处于重要挑战的地位。总结德国在始终促进实体经济发展、成功度过该阶段方面的经验，对于中国具有借鉴意义。德国政府在抑制虚拟经济泡沫的同时，采取了一系列措施鼓励实体经济发展，主要包括以下几个方面：

（一）提供促进竞争和市场发展的制度条件

德国在保护产权（包括知识产权）、竞争、合同履行方面具有完善的法律和良好的法治环境。在“二战”后的市场经济建设中，德国通过恢复市场价格、改造所有权结构降低了国有企业的比重，使国有企业的活动领域主要集中在交通、电信、能源和公用事业等部门，在竞争性行业创造了较好的竞争环境。

（二）鼓励创新和新兴产业发展，对逐渐衰退的产业采取适应性政策，从而保证产业结构调整中地区经济和劳动力就业能平稳过渡

德国通过对公立大学的投入来促进外部性强的基础研究，通过鼓励大学与企业结合、积极支持产学结合的科技园和技术孵化中心促进技术转化和扩散。德国对研发的支持除直接项目支持，即选择特定产业部门或技术研发进行直接补贴，还包括间接研发支持，即国家不选择具体领域，而让企业自行决定研发目标，对其研发活动给予税负减免、对企业聘用的研发

人员进行资助或支持其技术创新转让和咨询等。

在对新兴产业的扶持方面，以风机行业为例，德国政府从产业发展初期开始就进行了不同形式的激励。例如，从 1977 年到 20 世纪 90 年代，德国政府为了对小型和中型风机进行研发投入，资助了纵轴技术和横轴技术的风机研究，对具有不同数量叶片的风机也给予鼓励支持，在大型风机技术方面也对一些研发项目给予了财政资助。这些对实验阶段研究的支持促进了风机技术创新和多样化发展。从 20 世纪 80 年代初开始，政府鼓励该类技术商业化并鼓励企业进入当地市场，公共工程领域的绿色需求促进了本国市场的培育开发。德国复兴开发银行也为风机产业化提供了较商业贷款利率更低、期限更长的优惠贷款。此外，1991 年通过的首部《可再生能源法》规定了风电接入电网出售后的补贴方法以及补贴将持续 20 年，对促进该行业的投资和市场扩大提供了动力。在行业快速发展和稳定发展期，一方面，先后三次对《可再生能源法》进行修订，修改补贴方式；另一方面，采取市场激励措施，如提出风电发电能力总目标，从 1997 年开始在全国范围内测量风力，对可利用风场进行规划、优化配置，制定相关政策保护本国市场、向本国企业倾斜。同时鼓励自主创新，在行业内形成学习网络，鼓励产学研合作。在税收激励方面，从 2000 年开始对传统化石能源征收生态税，而对风能等免征生态税，以激励新能源发展。

对衰落的传统产业，政府则采取了适应性政策。以煤炭行业为例，20 世纪 60 年代，石油能源时代开启，煤炭业出现产量过剩危机，政府采取了限制煤炭和石油进口、建火电厂的维持性措施。1968 年出台《煤炭适应法》，通过煤炭公司重组实现合理的企业规模，使煤炭产能有计划地逐步适应能源经济发展，并对主要产煤区鲁尔区煤炭给予一定生产补贴（因高于进口煤和其他能源价格），减少该行业和相关区域内快速增加的失业。与此相似，20 世纪 70 年代中期，德国钢铁业陷入危机时，政府对该行业给予了一定补贴，帮助企业重组、现代化以及对钢生产的研发投入和企业解雇员工的安置。同时，在受冲击较大的主产区，地方政府通过加大基础设施和教育科研投入，制订转型计划，逐渐实现了产业结构转型和经济发展。

（三）通过贸易和投资开放政策鼓励外向型经济发展，为本国企业创造更大的国际市场

在欧洲一体化过程中，德国不仅在经济上获得了更开放和更广大的欧洲市场，保障了其重要资源和生产资料供应，在经济上重新崛起，还在政治上重获强势。从20世纪60年代到80年代德国开放的效果看，自1952年以来，德国就已经从逆差国变为顺差国，且主要赤字对象国逐渐由美国转向同盟国，贸易开放对其后的德国马克走强也起到了很大助推作用。

（四）对中小企业的保护和发展措施

“二战”后德国重建过程中曾对一些大型企业进行分拆，后来在市场经济、良好的法治和竞争环境、政府扶持和企业自发发展等因素共同推动下，逐渐形成了如今构成经济支柱的富有活力的中小企业。德国政府还通过对中小企业的融资支持而帮助中小企业成长发展。信贷支持方面，德国政府通过立法设立了德国复兴信贷银行（KfW）和德国清算银行（DtA）两家促进中小企业融资的专门机构。在具体执行过程中，两家银行一般会找一些地方的受托银行（也称往来银行，包括储蓄银行、州立银行、合作银行等）来协助进行信用评估、信贷发放、追踪监督、收回。政府资助中小信贷的资金来源主要包括：联邦和州财政预算拨款，在KfW贷款中约占11%；另有一小部分来自“二战”后欧洲复兴计划的专用资产基金（由KfW和DtA管理）；更多资金由政策性银行从市场上筹集（发债等）。以KfW为例，其向中小企业提供从初始投资、企业扩张、并购、对外投资、创新等多阶段全方位的贷款项目，且一般信贷期限高于商业信贷，利息有补贴，KfW承担大部分或全部信贷风险。中小企业可以向其开户行申请国家资助银行贷款（但开户行必须是国家资助银行的往来银行），往来银行决定是否为企业客户提交贷款申请。接到往来银行的贷款申请以后，KfW相关部门的贷款批准委员会决定是否放款。贷款申请被批准后，往来银行同相关企业按照KfW项目的条件签订贷款协议。由于资助贷款通常有最高限额，企业通常会在往来银行申请不足部分的贷款，因此往来银行愿意从事这类转贷业务。通过这种业务形式，政府对中小企业的财务支持通过政策银行的杠杆运用扩大了支持力度、范围，又通过受托银行的协助执行提高了效率。

在担保方面，政府主要通过为担保银行提供再担保的形式支持中小企业信用担保，从而提高融资能力、降低融资成本。德国的担保银行是由企业协会、商会、储蓄银行、合作银行、手工业联合会、保险公司等多类股东出资的私有非营利机构，其通常必需的资本规模只是巴塞尔协议标准下商业银行持有同样资产规模时的20%，且通常州官员不能担任其监事会成员，作为非营利机构不需缴纳企业所得税。这可以说是对担保银行的政策优惠。联邦和州政府会通过为担保银行所做的担保提供一定份额（最高80%覆盖率）的再担保、向担保银行发放低息长期贷款方式提供支持。德国担保银行联合会也建立了共同的信用评级系统，共享评级数据资源。通常德国担保银行提供担保的费率不高，为1.5%。这部分得益于其管理较好，也部分得益于政策支持。此外，德国的企业会员组织在融资支持政策执行中发挥了积极作用。商会和行业协会通常为中小企业提供研究咨询和培训服务，并汇总意见、进行政策沟通、游说、协调等。

总之，德国实体经济始终保持了主体地位，未被明显挤压，这与上述实体经济政策体系密切相关。德国工业部门占GDP的比重从20世纪90年代初以来一直高于美国、日本、英国三国，在20%~25%波动。尽管服务业化趋势仍然可见，但德国服务业的发展主要依靠的是科技、管理，表现在公共管理、国防、教育、卫生、社会服务业、信息通信业的发展与比例提高，反映了真正的产业升级，而不是虚拟部门膨胀。

六、韩国

观察韩国的经济新动能和经济转型，可以总结出韩国经济产业政策的主要特征如下：

（一）构建以高附加值化、工艺创新、良性循环的产业技术生态环境的规划远景

韩国基础产业通过构建高附加值化、工艺创新、良性循环的产业技术生态环境，使韩国迈入了先进产业强国行列。未来创新发展方向为：

（1）根据新产业需求进行核心基础技术开发；

（2）以改善生产效率为目的提高企业的社会经济效益；

（3）培育产业技术创新人才及扩大技术文化氛围。

（二）基础产业未来执行计划

1. 高附加价值化

2018年，充分考虑主力产业、新兴产业的技术需求变化以及行业需求变化，改善国家核心基础技术。核心基础技术主要分为“产业需求”和“通用技术”，分别进行技术开发和R&D投入。为了加快发展技术产业，培育企业核心技术竞争力，预计到2019年，完成全国10个地区的基础技术支持中心的设备普及，完成地区企业R&D扶持平台建设扩大基础产业基地（2016年21个，预计到2022年增加至30个）。支持业界主导的创新活动，打造战略研究培育基地。具体的工作计划如下：

（1）基地高端化：设计专业化基地的创新项目，建立基础企业网络。

（2）能源效率化：向专业化基地提供支持。

（3）销售市场开拓：帮助行业向外的广告和展示。开辟市场方面，在国际基础产业博览会中增设韩国馆，着力开辟东南亚和南欧等新兴市场。另外，政府增加对新产品生产投资，扶持基础技术企业的成长。

2. 工艺创新

工作环境方面，改善现有的工作环境和3D工作环境，加强自动化建设提升生产效率，加大政府支助力度。考虑到政府的财政上限，优化自动化设备租赁合同的保证制度。基础企业应尽可能消除冗余工艺，减少生产费用，企业生产要向绿色方向转变。例如，铝制产业中，需求产业去除各自的融解炉，由供给方统一向它们提供相关铝加工品。智能化方面，以基础技术企业为对象，截至2017年7月为499个，预计到2022年构建智能工厂2000个。加强持续性的后续管理，提升工厂的智能化水平。构建高效的智能工厂，以六大基础技术领域的42项工艺为对象，以数据收集为目标，进行标准模型开发和普及。

基础智能工厂的发展方向为：

（1）在机器上加贴（Radio Frequency Identification，RFID）标签，实现整体生产的可视化，发现生产中的低效率环节，及时解决故障，加强对生产的管理能力。

（2）通过大量的生产数据，对员工进行规范化管理，为产品设计自动化提供工艺支持。开发 3D 打印技术的基础融合，提高基础技术支持中心的 3D 打印机使用率，减少生产周期和生产费用。提高能源利用效率方面，以大能耗工程（热处理、铸造、表面处理）为主要对象，进行能耗评估，并以评估结果为参考改善设备。为了最大化降低铸造工程导致的粉尘、恶臭等大气环境污染，支持相关技术开发以帮助工厂改善环境（2018~2022 年）。

（三）营造良性循环的产业技术生态环境

以基础层企业为重点投资对象，举办人才招聘说明会，促进青年人才脱颖而出。2018 年，通过增设“产业技术研究院”，注重培养专业型技术型人才，扩大技能人才供给，优化顶层设计，以机制创新激发技术创新。近年来，基础产业日臻成熟，通过就业部门的相关项目加强职业能力教育，扩大招聘渠道。另外，推进“基础产业就业一揽子计划”，包括职业能力教育、就业指导、后续管理等。

第三章

束缚中国关键核心技术创新的机制体制障碍与突破路径

第一节 深刻理解关键核心技术创新突破对中国当前经济增长的重要价值

一、中国能否在关键核心技术创新领域实现普遍突破，既是中国企业全要素生产率可持续增长的核心来源，也是维持中国企业特别是制造业企业国际竞争力的决定性因素

一个基本规律是，一国在宏观层面的经济能否实现可持续增长，在微观层面必然表现为微观企业特别是制造业部门微观企业的全要素生产率能否实现可持续增长。在中国经济的不同发展阶段，微观企业特别是制造业企业的全要素生产率有着差异性的源泉。在中国经济起飞阶段，由于二元经济体制下庞大的农村人口所蕴含的独特的低成本劳动力禀赋优势、相对齐全的工业体系以及对外开放下的出口导向发展战略的叠加效应，中国企业特别是制造业企业得以充分利用低成本劳动力要素，通过“出口中学习”效应、“进口中学习”效应以及FDI溢出效应等渠道，通过管理组织模式效率、生产工艺效率、商业创新模式效率以及低端简单人力资本效率提升等主要途径，促进企业全要素生产率在不依赖自主创新能力培育和构建的情形下，实现了最大程度地提升潜力空间以及相对低成本国际竞争比较优势的维持。然而，在这种由发达国家的跨国公司和国际大买家所主导的全球

价值链分工与贸易体系中，中国的传统制造业部门以及处于低端环节的高技术制造业部门，在很大程度上被限制或束缚于“低端出口锁定→自主创新能力缺失→全要素生产率提升空间相对有限”的特定低端发展模式。随着低成本劳动力要素成本的过早过快弱化、各种形式的制度性交易成本的迅速提高以及机制体制利益藩篱刚性特征等一系列现象的发生，中国企业特别是制造业企业按照既有发展模式的全要素生产率的提升空间，也呈现出全面快速弱化甚至消失的基本态势。

在这种情形下，一方面，可以通过持续减少政府过度控制和干预微观经济以及依靠推行“放管服”等简政放权为主的行政体制改革，进一步激活激发市场机制活力，降低微观经济所面临的制度性交易成本，进而释放微观企业全要素生产率提升空间；另一方面，更为重要的是，中国经济实质上已经进入了依靠彻底激励激活微观企业的自主创新能力体系构建，以全面促进微观企业全要素生产率可持续提升和维持全球竞争力的特定阶段。当前阶段，阻碍和束缚中国自主创新能力体系培育和构建的重要因素，是众多产业体系或创新体系中的关键核心技术创新领域能否实现全面突破。因此，从这个意义来看，中国能否在关键核心技术创新领域实现普遍突破，决定着中国能否在开放背景下构建自主可控的自主创新能力体系，同时，这必然越发成为中国企业全要素生产率可持续增长的核心来源，成为维持中国企业特别是制造业企业国际竞争力的决定性因素。

二、中国能否在关键核心技术创新领域实现普遍突破，既是供给侧结构性改革的重点任务，也是释放今后中国经济潜在增长动力的唯一出路

当前，中国经济中最为突出的扭曲性问题是，供给侧部门高质量产品和创新型产品的生产、设计和研发能力，在诸多方面严重滞后于需求侧部门消费者对高质量产品和创新型产品升级换代的需求，导致中国高端消费能力对国外高质量品牌产品的溢出效应，造成消费需求对中国经济增长拉动效应和支撑效应的不足，进而造成中国经济增长内生动力的弱化。随着中国普通民众收入的快速持续增长以及中产阶层的持续壮大，供给侧的生

产部门和需求侧的消费需求升级换代之间的矛盾日益凸显和强化，甚至已经成为影响和制约中国经济潜在增长率的重要因素。在这种情形下，必须针对以制造业为主的供给侧部门全面实施供给侧结构性改革，培育和提升制造业为主的实体经济部门自主创新能力体系，在制约和束缚制造业部门的关键核心技术创新领域实现全面突破，加快构筑创新链、产品链和要素链的充分对接和深度融合的现代化产业体系。

需要更为注意的是，在制约和束缚制造业部门的关键核心技术创新领域取得全面突破，从表面来看，这不仅仅是解决以中国制造业为主的实体经济部门可持续发展所面临的问题；从深层次角度来看，这还关系到中国经济在今后一段时期的潜在增长率问题。当前，一个容易发生的认知误区是，中国现阶段的经济下行是由潜在增长率的规律性下滑所决定的。因此，中国经济发展到如此阶段，由经济潜在增长率所内生决定的 GDP 增速必然会面临和发生持续下行趋势。然而，需要认识到的一个客观事实是，从中国当前的人均 GDP 水平看，既是处于尚未跨越且即将跨越“中等收入陷阱”的特定发展阶段，也是仍然处于与主要发达国家人均 GDP 有着巨大差距的特定追赶阶段。这些基本事实深刻表明，中国经济的潜在增长率在未来一段时期内仍有维持在较高水平的概率和机会。而中国未来经济潜在增长率释放空间的核心因素，取决于制造业部门的关键核心技术创新领域能否普遍实现突破以及带来的产业链、产品链的溢出和扩张效应。具体来看，这取决于由此所带来的全要素生产率持续提升机会，对先进生产设备和关键核心工艺、零配件需求而蕴含的巨额固定资产投资机会，人力资本投资机会，以及全产业链和创新链的巨额创新研发投入机会。

三、中国能否在关键核心技术创新领域实现普遍突破，正成为中国全面推进以制造业为主的实体经济部门转型升级的核心任务，成为全面推进制造强国和质量强国建设的决定性因素，成为全面推进创新型国家和现代化经济体系构建的决定性因素

当前，导致中国经济增长动力的逐步弱化与持续下行的最为根本性的因素，是制造业部门固定资产投资动力的持续下滑以及由此带来的工业增

加值增速的持续下滑和低位徘徊现象。因此，能否有效促进中国以制造业为主的实体经济部门自主创新能力体系的构建和强化，特别是在制造业部门中的诸多关键核心技术创新领域实现全面突破，从根本上激活制造业体系的转型升级动力乃至制造业体系中民营企业和中小微企业的创新创业动力，成为当前阶段能否维持中国经济可持续增长的核心任务。客观事实是，关键核心技术创新短板已经成为制约中国自主创新能力体系培育和构建的最为突出因素，如果在制造业产业体系或产品体系中的关键核心技术创新方面无法取得全面的系统性的突破，中国的创新型国家建设根本就是无源之水，无本之木，就是无稽之谈。中国能否在关键核心技术创新领域实现“由点到面”的全面突破，决定了“制造立国、制造强国、创新强国、质量强国”等战略目标能否实现。事实上，中国制造业体系中的关键核心技术创新不足困局，不仅仅表现在先进制造业和战略性新兴产业部门，具体体现在基础研究、应用基础研究、关键共性技术、颠覆性技术等方面的自主创新能力严重不足，同时体现在高端生产装备、核心工艺、新产品研发、关键材料、关键零配件等方面自主创新能力的严重不足；也表现在传统制造业体系，具体体现在高端生产装备、核心工艺、新产品研发、关键材料、关键零配件等方面的自主创新能力严重不足。

美日德等主要发达国家经济发展的经验教训表明，唯有始终坚持“制造立国”“制造强国”“质量强国”和“创新强国”相融合的既定发展模式，而非陷入到金融过度扩张、房地产投资过快增长、房地产价格虚高等虚拟经济泡沫陷阱，才是发展中国家能否跨越“中等收入国家陷阱”以及实现经济可持续增长的唯一出路。党的十九大报告提出的建设现代化经济体的战略任务，是对中国经济以制造业为主的实体经济部门所面临的一系列发展问题和困局，特别是制约和束缚制造业体系和众多产业体系的关键核心技术创新领域等方面的突出短板问题的深刻认识和准确把握，也即依靠建设实体经济、科技创新、现代金融、人力资源下同发展的现代化产业体系，依靠创新型国家的全面建设和推进，重塑中国经济增长的内生动力。

四、中国能否在关键核心技术创新领域普遍实现突破，既是破解以美国为首的发达国家对中国长期实施的技术封锁问题，也是在开放背景下落实创新追赶战略和创新驱动发展战略，谋取全球技术创新“中国优势”的决定性因素

中国作为处于全球价值链体系和创新后发追赶阶段双重背景的发展中大国，自主创新能力体系的培育和构建，必然脱离不了处于创新前沿的发达国家主导的全球创新链和价值链的影响和制约，必然要在对外开放和自主可控的特定背景下进行多重博弈和反复权衡，乃至调整变化。事实上，当前阶段，中国能否在关键核心技术创新领域普遍实现突破，既面临处于全球经济竞争、创新竞争以及制度竞争多重背景的复杂外部环境的极大制约，也面临着以美国为首的发达国家对中国设定的多重技术封锁和技术壁垒的极大压力。具体体现在：一方面，在以军事安全、意识形态差异和价值观制度不同为理由和借口之下，美国为首的西方发达国家针对中国实施了一系列的技术封锁和技术禁运政策。比如，1996 年 33 个主要西方国家签署的《瓦森纳协议》。另一方面，美国等主要发达国家将维护自身技术创新垄断优势视作根本性国家利益，针对最为具有创新追赶能力和自主创新实力的最大发展中国家——中国，全面采取一系列技术保护和技术壁垒政策措施来加以限制及封锁，试图将中国限制在“出口低端锁定”和“创新高端封锁”的发展模式之中，迫使中国制造业部门普遍陷入“引进国外高端生产设备和关键零配件→企业利润率相对低下→自主创新能力缺失→持续依赖国外高端生产设备和关键零配件”的恶性循环式的发展路径中。再比如，以美国为首的西方发达国家针对中国，除了在 WTO 体系内采取和强化一系列非关税壁垒和各种技术贸易壁垒之外，还采取了类似特定的海关扣押、美国 337 调查、美国 301 调查、美国 232 国家安全调查、美欧投资管制措施以及针对高科技产品的出口管制等一系列举措。

在这种越发复杂、越发残酷的开放环境之下，中国几乎已经不可能通过技术引进渠道、技术创新溢出效应途径以及各种学习效应，来获得制造业体系以及现代化产业体系中的关键核心技术创新的全面突破，只能依靠

自身持续的创新研发投入和构建自主创新能力体系的唯一策略，以谋取全球技术创新体系中的“中国机会”和“中国优势”。中国强调在关键核心技术创新领域选择自主突破的发展策略，是在以美国为首的西方发达国家一味强调自身利益导向战略下的必然反应和最优策略。美国为首的西方发达国家对中国技术封锁和技术压榨的程度越强，中国选择关键核心技术创新领域自主突破的激励动机就越强。同时，这也就意味着，中国必须在自身具有竞争优势或禀赋优势的制造业体系和产业体系中，依靠自主的创新研发和技术创新能力，在关键核心技术创新领域实现重点突破和全面突破，才能在全球价值链和创新链体系中获得与以美国为首的发达国家进行经济竞争战略博弈的筹码，才能通过在全球价值链和创新链中形成的相互依赖、相互制衡的利益分工体系，保护自身不被掌握技术创新垄断权的发达国家讹诈和压榨。简而言之，中国在特定领域、重点领域的关键核心技术创新突破能力越强，中国才能在残酷竞争的全球价值链和创新链分工和贸易体系中捍卫自身利益，才能推动全球价值链和创新链分工和贸易体系的继续扩张以及自由贸易体系的稳定性。

五、中国能否在关键核心技术创新领域普遍实现突破，既是深刻影响乃至决定以中国银行体系为主的金融体制改革和发展方向的基础性因素，也是决定中国资本市场能否健康稳定持续发展的基础性因素

当前，中国经济发展中最为突出的扭曲性问题之一是，现有的金融体系以及相应的金融功能、金融结构和金融体制的扭曲，与促进制造业企业自主创新能力提升、实施创新驱动发展战略以及构建创新型国家等战略目标之间存在显著的多重不匹配现象，突出表现为金融体系和资本市场的资金难以有效进入、对接和满足以制造业为主的实体经济部门的全要素生产率的提升、产品质量提升和自主创新能力提升等方面的巨额投资需求。一个显而易见的逻辑是，如果中国当前以国有垄断性银行机构为主导的金融体系以及资本市场无法满足以制造业为主的实体经济部门的转型升级需求和自主创新能力体系构建需求，则意味着中国的金融体系也无法获得可持

续发展的微观基础。同时，这也意味着中国当前以国有垄断性银行机构为主的金融体系和多层次资本市场体系的改革和发展方向，必须围绕着制造业关键核心技术创新领域实现全面突破以及制造业为主的实体经济部门自主创新能力体系的构建这两个核心任务进行调整和改革，意味着中国的金融体系和资本市场，必须要服务和满足民营经济的转型升级和中小微企业的自主创新能力体系培育和构建的特定和内在需求。

此外，定位于为战略性新兴产业和高新技术企业发展提供重要支撑的中国IPO和股票市场能否得到可持续发展，关键在于上市企业是否掌握了自主的关键核心技术创新能力。只有多数上市企业掌握了自主的关键核心技术创新能力，具有了真正的全球竞争能力以及可靠的持续盈利能力，方可为中国股票市场的可持续发展提供坚实的实体经济基础，方可为利用股票市场和资本市场来为多数人民提供财富创造积累机会以及缓解不同群体的收入不平等困局提供中国特色的解决方案。同时为解决金融体系资金难以进入制造业为主的实体经济部门提供了一个绝好的通道和承载平台，为彻底解决金融泡沫、房地产泡沫等虚拟经济泡沫困局提供了解决方案。

第二节　当前中国关键核心技术创新不足或缺失的具体表现与分布特征

针对中国当前发展阶段中在众多产业和产品领域暴露出来的关键核心技术创新不足或缺失问题，首要问题仍然是关键核心技术创新的定义。如何理解和界定中国情景下的关键核心技术创新问题？在我们看来，最为形象和精准的定义是，必须具有“纯烧钱模式＋不可被轻易山寨模式”两大基本特征，二者缺一不可，互为支撑。其中，“纯烧钱模式”的含义是，中国众多产业链、产品链中的关键核心技术创新不足或缺失问题，普遍面临前期、中期、后期创新研发投入额巨大、投入周期长和投入收益不确定性高的核心特征，多数情形下需要企业从创新链前端的基础研究和应用基础研究的长期巨额研发投入入手，才有从根本上加以系统性解决的可能性；

“不可被轻易山寨模式”的含义是，即便存在可以随意任意“烧钱”的机会，要在制约产业链、产品链的关键核心技术创新方面取得重点突破，除了需要在基础研究、应用基础研究乃至应用技术开发等方面进行全面投入，也要在大规模生产的关键高端生产设备、工程化阶段关键工艺、关键材料、关键零配件等方面进行全方位投入，同时，需要培育和供养成本高昂的多层次专业化人才团队，以及对各个环节各个方面的持续技术创新积累能力、关键生产工艺积累能力以及各种隐性知识长期积累能力的内在要求。在这种情形下，企业在关键核心技术创新方面的突破和成果，必然具有难以简单模仿或片段式模仿的机会和空间。

基于以上分析，我们可以发现，中国当前在众多产业和产品领域所暴露出来的关键核心技术创新不足或缺失问题，分布较为广泛，既分布在基础研究或原始创新或应用基础研究环节，又大量分布在应用开发、中试、工程化等环节；既分布在传统制造业的特定环节，又广泛分布在高端生产设备和战略性新兴产业的各个环节。因此，要深入理解中国情景下关键核心技术创新不足或缺失现象，就有必要从不同产业类型和创新链不同环节这两个角度、两种逻辑加以分析。

一、不同产业体系视角下中国关键核心技术创新不足和缺失的分布特征与具体表现

1. 传统制造业与地方产业集群

依据我们的长期调研和观察思考，中国绝大多数传统制造业部门关键核心技术创新不足和缺失的分布类型，可以归纳为以下比较典型的几种：

一是“相对先进生产设备自主能力严重缺失”类型。对于多数传统制造业而言，要保证产品质量的稳定性以及劳动生产率的持续提高能力，就必须在关键生产环节逐步使用相对先进的生产设备甚至高端生产设备。然而，客观现实是，中国在多数传统制造业部门乃至民营经济部门的相对先进的生产设备的自主生产能力体系严重不足，导致多数传统制造业的相对先进生产设备甚至高端生产设备几乎完全依赖进口，进而进入了“相对先进生产设备依赖进口 + 企业利润低下 + 企业转型升级能力缺失”的恶性循

环发展路径之中，阻碍了传统制造业的转型升级能力。

二是“关键零配件、关键原材料研发和生产能力缺失”类型。类似地，就中国的多数传统制造业而言，产业链或产品链中所需要的关键零配件、关键原材料，在自身无法创新研发和生产制造的情形下，仍然需要依赖进口，进一步迫使这些传统制造业进入了“关键零配件、关键原材料依赖进口 + 企业利润低下 + 企业转型升级能力缺失”形式的恶性循环发展路径之中，从另一个侧面阻碍了传统制造业的转型升级能力。

三是“高端产品自主设计能力不足 + 系统性生产工艺体系能力缺失 + 精益制造管理能力缺位”类型。中国的多数传统制造业正在面临消费者对产品需求日益趋向多样化、个性化特征的冲击变化，面临消费者对产品质量要求日益趋向严格和高端的特定转型情形，倒逼多数传统制造业打造和提升自主产品高端设计能力、稳定高质量产品的生产制造体系以及精益制造管理能力。然而，客观事实是，中国的多数制造业在高端产品自主设计能力、系统性生产工艺体系能力以及精益管理能力等方面普遍存在单项式或多项式的自主能力不足，导致“高端产品自主设计能力不足 + 系统性生产工艺体系能力缺失 + 精益制造管理能力缺位 + 企业转型升级能力缺失”形式的困局发生。

四是“关键共性技术缺失”类型。中国多数传统制造业是以地方产业集群形态而存在的，而地方产业集群普遍存在的一个突出现象是，由于集群的马歇尔外溢效应以及随意侵占知识产权和模仿剽窃行为的盛行，造成微观企业个体丧失了自主研发这些关键共性技术的动力以及激励机制，导致特定产业集群中产业链或产品链中特定的关键共性技术缺失。比如，某些关键环保共性技术的普遍缺失，进而形成了“关键共性技术缺失 + 产业集群升级能力缺位”形式的恶性循环模式。

2. 高端生产装备制造业

我们将之归纳为以下比较典型的分布类型：

一是“制造业产业链、产品链体系中高端产品自主设计能力缺失 + 关键零配件、关键原材料研发和生产能力缺失 + 系统性生产工艺体系能力缺失 + 精益管理能力缺位”为主的集成式的自主制造能力不足类型。客观事实是，高端生产设备制造业的自主能力体系，是体现一国制造业国际竞争力的基础性因素，而且，高端生产装备设备，特别是与高端制造业和战略性新兴产业密切相关的成套设备和关键高端生产装备设备，既是一国制造业的“皇冠”，也是一国自主性的基础性制造业能力体系的集大成者。这个集成式的自主制造能力体系的不足或缺失，体现在从高端产品自主设计能力缺失，到关键零配件、关键原材料研发和生产能力缺失，从系统性生产工艺体系能力不足或缺失，到精益管理能力不足或缺失，只要任何一个环节的自主能力不足或缺失，都会制约和阻碍整体自主制造体系能力的培育和提升。

二是“基础研究能力缺失 + 应用基础研究能力缺失 + 应用开发能力缺失 + 中试能力缺失 + 工程化能力缺失”为主的集成式的自主创新能力不足类型。从既有的科学发展规律来看，决定一国是否具备制造高端生产装备的自主能力体系的核心因素，不仅在于其是否具有集成式的系统化的高端自主制造能力，更在于该国是否具有从基础研究到应用基础研究，再到应用开发和中试，最后到工程化环节的集成式、链条式传递的自主创新体系能力体系。只要在任何一个环节出现了自主创新能力不足的现象，就足以制约甚至阻碍一国对高端生产装备制造业的培育和壮大。而且，无论是从传统制造业所需要的相对先进生产设备而言，还是针对高端制造业或战略性新兴产业所需要的高端生产设备来说，该现象均已成为当前阻碍中国民用和高端生产装备设备的创新链及产业链培育、构建中最为突出、最为普遍的核心因素。

3. 战略性新兴产业

我们将之归纳为以下比较典型的分布类型：

一是“基础研究、原始创新、应用基础研究能力严重不足”类型。既有的发展经验表明，从根本上看，一国的战略性新兴产业能否培育、发展和壮大，在更大程度上取决于该国在特定领域能否取得基础研究、原始创新以及应用基础研究等方面的突破。事实上，几乎所有战略性新兴产业的孕育和突破，均是在相应领域内的基础研究和原始创新取得突破的情形下，才获得衍生和发展机会的。因此，中国在众多领域的基础研究和原始创新自主能力的不足和缺失，实质上这是导致中国当前在绝大多数领域战略性新兴产业的培育和发展能力和机会，远远滞后和落后于主要发达国家的根本性因素。

二是“产品自主设计高端能力严重缺失+关键零配件、关键原材料能力缺失”的协同式自主创新研发能力不足类型。从战略性新兴产业的产业链或产品链的角度来看，决定一国是否具备培育和发展战略性新兴产业的自主能力的核心因素，不仅是类似于基础研究等单个环节因素的作用，实质上是与是否具备系统性、协同式的自主自生创新能力相关。具体来看，与是否具备基础研究、原始创新以及应用基础研究等方面的自主自生能力要求并行并重的，既是与战略性新兴产业的产业链、产品链体系中产品自主设计高端能力密切相关的，也是与关键零配件、关键原材料自主研发和制造能力紧密相关的。一旦这两个环节的自主自生能力存在相对不足甚至缺失的现象，必然会导致战略性新兴产业的培育和发展布局整体战略，相应地受到极大的制约和阻碍。事实上，中国战略性新兴产业培育和发展中的关键短板，也突出表现在产品自主设计高端能力和关键零配件、关键原材料研发和生产能力缺失这两个方面，这是造成战略性新兴产业整体层面落后于且受制于发达国家的重要原因之一。

三是“系统性生产工艺体系能力缺失+精益管理能力缺位+一致性规模化生产能力不足”类型。很容易被忽略的一个重要现象是，一国即便在某个领域的战略性新兴产业，掌握了从基础研究到产品自主设计高端能力、关键零配件、关键原材料自主研发和制造能力等方面的自主自生能力，但是，要从掌握系统性生产工艺体系能力和精益管理能力，最终形成产品质量和产品不良率为主的一致性规模化生产能力，仍然面临种种技术创新和诸多生产工艺等多方面的高难度、复杂性问题以及各种极大挑战。这也已经成为中国不少领域的战略性新兴产业的规模化生产制造能力，甚至无法追赶日本、韩国以及中国台湾的主要原因。需要高度重视的一个基本事实是，由于多数战略性新兴产业中的产业链、产品链分工体系相对复杂，科学研究和技术创新侧重点也相对不同，因此，多数国家不可能完全掌控从创新研发到生产制造环节的所有活动。而且，多数战略性新兴产业在创新链、产业链、产品链中的各个环节，均存在关键核心技术创新的需求和机会，由此形成了战略性新兴产业发展机会和分工利益相互制约式、制衡式的特定模式。在这种特定情形下，任何一个国家只要在某个战略性新兴产业的任何一个环节，具备了关键核心技术创新方面的自主自生能力，实质上就具备了占据和发展战略性新兴产业的博弈实力和国际竞争力。

二、创新链视角下中国关键核心技术创新不足和缺失的分布特征与具体表现

如何科学且全面地理解中国现发展阶段中关键核心技术创新不足和缺失的具体表现和分布特征，特别是全面理解以制造业为主的实体经济部门中，关键核心技术创新不足和缺失的具体表现和分布特征，是当前能否实现中国关键核心技术创新突破的基础性问题。

在我们看来，理解中国现发展阶段中关键核心技术创新不足和缺失的关键，有必要按照创新链的一般逻辑，从深入认知和理解创新链中的相互嵌套、相互关联、延续性的六个关键环节来看。

第一个阶段是基础研究或原始创新环节。核心特征表现为政府资金支持或资助的专业化科研机构、高等院校，甚至少数特定企业依靠自己筹集的资金以及各种要素资源，进行新原理、新思想、新技术、新产业的内在原理与科学规律的前瞻性探索研究活动。

第二个阶段是应用基础研究环节。这是党的十九大报告中针对中国创新的重大现实问题专门提出的特定新概念。核心特征表现为政府资金支持或资助的专业化科研机构、高等院校，甚至少数特定企业依靠自己筹集的资金以及各种要素资源，针对特定的传统制造业或战略性新兴产业的产业集群或产业链、产品链体系中的关键共性技术、前沿引领技术、现代工程技术、颠覆性技术创新等环节，进行新原理、新技术形态的内在原理与科学规律的前沿探索研究活动。

第三个阶段是应用开发环节。核心特征是通过反反复复的科学实验和多轮次修正，主要是在实验室生产出符合和满足产品设计的功能、性能和质量参数要求的样品或样机。

第四个阶段是中间试验环节，简称中试环节。核心任务是按照大规模工业化生产的要求，系统性地集中解决生产工艺、生产流程、关键零配件、关键原材料、关键生产设备以及产品质量的系统化标准化制定等问题。

第五个阶段是实现商品化环节。主要指企业通过对技术、资本、人力资源等各种关键生产要素的整合和集合，针对潜在的市场需求和高端消费者群体进行市场销售以及产品反馈机制。同时，进一步开展小规模市场销售、产品市场反馈以及大规模市场推广等核心活动。

第六个阶段是大规模产业化环节。主要指企业开展生产流水线式的制造业体系和大规模化的市场销售活动，进而通过市场获取创新投入补偿和回报的最后阶段。

根据我们以上提出的创新链六个环节演变阶段的逻辑框架，依据我们对中国制造业各行业的实地调研和细致观察，可以将中国关键核心技术创新的缺失问题以及发展困局归纳为以下的典型特征的分布类型：

1. 基础研究环节严重不足和缺位问题及其具体表现

当前，无论是从传统制造业体系还是从先进制造业体系来看，无论是从高端生产设备制造业体系还是从战略性新兴产业体系来看，诸多产业体系中关键核心技术创新不足和缺位的根本性制约因素，在于基础研究和原始创新能力体系不足这个关键短板。客观事实是，随着世界范围内新一轮科技革命和产业大变革孕育兴起和即将全面突破的初露端倪，信息技术、生物技术、智能技术、新材料技术以及新能源技术等领域的基础研究和原始创新方面，逐步呈现出多方面、全方位的累积和突破态势。在由于受到这种客观条件制约的特定情形下，全球主要大国对基础研究和原始创新的战略竞争态势愈加剧烈。更为重要的变化特征是，随着先进制造业、高端生产装备制造业和战略性新兴产业等的孕育、兴起和壮大，这些产业体系对一国的基础研究和原始创新能力体系的依赖性更强，基础研究和战略性新兴产业之间的相互决定性、相互需求性和相互嵌套性的关系特性，不仅没有得到弱化，相反呈现出逐步强化的基本态势。

实质上，一国的基础研究和原始创新能力体系，既是决定该国传统制造业能否具备持续性的转型升级能力的基础性因素，又是决定高端制造业、高端生产装备制造业和战略性新兴产业等孕育壮大的核心因素。而且，在先进制造业、高端生产装备设备制造业以及战略性新兴产业中，基础研究和原始创新所催生和形成的专利以及专利丛林，越来越成为产业链、产品链为主的全球贸易体系中创新垄断优势和技术性贸易壁垒的核心源泉，成为获取全球价值链分工体系中最大贸易利益份额和维持持久全球竞争优势的根本源泉。因此，造成中国多数产业领域特别是制造业为主的实体经济部门的关键核心技术创新能力整体上不足和缺位现象的普遍发生，究其根本，在于诸多领域的基础研究和原始创新能力体系严重不足这个关键短板问题。

2. 应用基础研究环节严重不足和缺位的问题及表现

从中国的现实状况看，造成中国多数产业领域特别是以制造业为主的实体经济部门的关键核心技术创新能力整体上不足和缺位现象的原因，不仅仅在于诸多领域的基础研究和原始创新能力体系严重不足，更在于诸多领域的应用基础研究能力体系严重不足，特别是面临从科学研究到科技创新、技术创新环节延伸、渗透和转化的突出问题。客观事实是，相比美、德、日等主要西方发达国家而言，中国多数产业乃至多数制造业体系并未处于技术创新和科学创新的前沿和领先领域，而是处于技术学习和创新追赶以及逐步构建自主可控的自主创新能力体系的特定发展阶段。这种情形之下，中国情景下科学研究和科技创新、技术创新这二者的定位和功能边界，就必然有着较为明显的区别性和差异性。其中，最为突出的区别性和差异性在于：一方面，针对科学研究活动而言，短期内可以暂时脱离或割裂对产业和企业发展活动的当期现实需求，完全处于思想自由式的前沿探索状态。而对于科技创新、技术创新活动而言，则需要针对和联系具有产业应用前景以及商业潜在价值和属性的当期内在需求，必须考虑满足和解决针对当前制约产业和企业发展活动的关键短板因素；另一方面，针对科学研究活动而言，可以完全由专业化的高等院校和科研机构加以承担，而对于科技创新、技术创新活动而言，即便是在完全由政府财政资金和公共财政资金来加以支持资助的情形下，也必须有相应的产业行业协会以及相关重要企业的深度参与和配合，防止科技创新和产业企业现实需求的隔离和脱离。

具体来看，对于多数传统制造业的产业链、产品链乃至产业集群的转型升级活动而言，迫切需要的是解决从基础研究和原始创新与具体产业发展需求相结合的关键共性技术方面问题，而对于先进制造业、高端生产装备制造业以及战略性新兴产业体系的自主创新能力体系构建问题而言，迫切需要解决从基础研究和原始创新与具体产业发展需求相结合的前沿引领技术、现代工程技术、颠覆性技术创新等方面问题。

3. 应用开发环节严重不足和缺位的具体表现和分布特征

要将基础创新、应用基础创新环节的创新成果，转化为最终具有商业和大规模化产业开发价值的市场商品，必然要经历在实验室生产出符合和满足产品设计的功能、性能和质量等方面参数要求的样品或样机这个重要的特定阶段。而从中国当前的现实状况看，造成中国以制造业为主的实体经济部门的关键核心技术创新能力不足和缺位现象的原因，也与多数专业化科研机构创新应用开发能力体系和激励机制严重不足密切相关。

一方面，中国的多数专业化科研机构，既不具备在实验室生产出符合和满足产品设计的功能、性能和质量等方面参数要求的样品或样机的综合实力和能力，也不存在吸纳吸收相关企业参与应用开发环节的动力，造成了基础研究向以满足产业和企业现实需求为导向的转换环节的缺失，基础研究和应用开发环节之间的脱节。

另一方面，在以“发论文、评职称、抢帽子”等一系列扭曲性激励制度的作用效应下，中国多数国家财政资金资助专业化科研机构，既是根本没有激励动机去实施以满足产业或企业现实需求为导向的应用开发创新环节工作，事实上，也不具备在实验室生产出符合和满足产品设计的功能、性能和质量参数要求样品或样机的相应技术开发、巨额资金筹集、组织协同管理能力，导致不少基础研究和应用基础研究成果只能停留在论文、专利、获奖甚至人才评审材料里，无法进行以满足产业和企业现实需求为导向的有效实验室传递及产业化转化过程。

4. 中间试验环节严重不足和缺位的具体表现

一方面，将应用开发环节的实验室样品或样机成果进行工业化工程化放大，自身就是一项关键核心技术，迫切需要相关企业全面介入。然而，由于中国多数创新活动的应用开发环节，只是由专业化的高等院校和科研院所等政府资助的专业化科研机构来承担，而由于此阶段环节的市场前景并不确定，企业通常持观望态度，参与和加入市场的激励很少，造成应用开发环节和中间实验环节的断裂。这在中国的不少战略性新兴产业领域中，在高端生产设备、关键零配件、关键材料的创新研发和生产制造环节中，表现得尤为突出。

另一方面，要将基础研究成果环节转化为应用开发环节，再由应用开发环节转化为中间实验环节，在类似与中国这样的发展中国家在这些环节的科学研究和科技创新的追赶活动中，后来者和追赶者普遍面临必须绕过先行者和占先者的各种相关专利保护壁垒，必须找到全新的技术创新转化思路和路径，否则很可能会因为无法绕过发达国家构建的专利壁垒以及各种形式的高技术门槛，造成应用开发环节到中间试验环节转化进程普遍存在断裂效应的风险和困局。而对于多数发展中国家而言，要在应用开发环节到中间试验环节转化进程中探索出全新的技术创新路径，由于自身的技术积累以及各层次人才积累远远滞后于现实需求，因此中间试验环节自主自生能力的全面不足或缺失，是制约高端生产设备、关键零配件、关键材料的创新研发和生产制造活动的重要因素。

5. 商品化环节严重不足和缺位的具体表现

当前在中国的产业领域特别是制造业领域中，创新链中的商品化环节严重不足和缺位现象，事实上是造成众多产业领域特别是制造业领域关键核心技术创新不足或缺失的重要因素。商品化环节作为创新链和产业链、产品链从科学研究到科技创新转化的重要环节，是决定多数基础研究和原始创新能否具有商业化产业化前景的关键因素，是决定创新最终能否渗透和推动产业发展乃至经济增长的核心因素。依据我们的思考和分析，当前造成中国创新链中的商品化环节自主自生能力严重不足和缺失的根本性原因在于：正如我们前文所分析的那样，无论是在传统制造业领域，还是在战略性新兴产业领域，均普遍存在“高端生产装备自主研发和制造能力不足 + 高端产品自主设计能力不足 + 关键零配件、关键材料自主研发、设计和制造能力不足”这三重因素的叠加效应。而且，针对高端生产装备设备制造业而言，尤为存在“高端产品自主设计能力不足 + 关键零配件、关键材料自主创新、研发、设计和制造能力不足”这两重因素的叠加效应。

实质上，以上这些协同式、集成式、系统性环节的自主自生能力的不足或缺失，既是造成从应用开发环节到商品化环节转化能力阻碍甚至断裂的关键因素，也成为制约和阻碍中国众多产业特别是制造业创新链中商品化环节难以实现的核心因素。

6. 大规模产业化环节严重不足和缺位的具体表现

从基础研究创新成果的最终大规模产业化环节来看，不仅取决于某个领域或单一环节的自主自生创新研发能力，也取决于集成式、协同式、系统性的创新链和产业链、产品链对接和融合能力，更取决于强大的生产制造能力、稳定且纯熟的生产工艺技术能力、高水平的生产装备和生产流水线等方面的综合能力，特别在于“稳定性、持续性、精密性的生产工艺能力积累 + 精益制造管理能力”这两个叠加效应所造成的生产制造能力。导致中国创新链中大规模产业化环节的自主自生能力不足或缺失的原因，突出问题在于“大批量、一致性、稳定性生产制造能力严重不足”。针对微观企业而言，要从基础研究到最终形成“大批量、一致性、稳定性生产能力”，就要解决能否具备生产大批量的质量一致性产品的制造能力问题，就要解决依靠稳定的精密的生产工艺来降低不良率进而实现成本控制问题。这与实验室制备样品样机的难度和复杂性不可同日而语，既需要大量基础研究支撑和长期试验验证及技术创新开发经验积累，也需要“稳定性、持续性、精密性的生产工艺能力 + 精益制造管理能力”的长期积累。如果没有这些方面能力的长期积累，针对很多高端生产装备设备制造业和战略性新兴产业而言，就会出现“即使有钱也不知从哪儿下手”困局的发生。

进一步来看，针对很多高端生产装备设备制造业和战略性新兴产业而言，既是技术创新密集型产业，也是人力资本密集型产业，同时，往往是需要前期巨额资产投入的具备高规模经济进入壁垒的资本密集型产业，因此，导致中国众多产业中大规模产业化环节自主自生能力严重不足和缺位的原因，自然受到各种专业化技术人才团队的缺位以及以直接融资为主的金融体系的发展滞后这两个因素的特别束缚和限制。

三、当前中国关键核心技术创新领域缺失或不足的核心特征

基于以上的分析，当前中国关键核心技术创新领域缺失或不足现象，既突出表现在包括传统制造业和战略新兴产业部门的特定产业领域的高端生产设备、关键零配件、关键材料以及关键工艺等方面的自主研发、设计和制造能力严重不足，也突出体现在自主数据系统、关键操作软件系统等方面的自主研发设计能力长期缺失。通过我们对当前中国在35个“卡脖子”重要领域的归纳分析，同时依靠我们长期的实地调查和系统性研究发现，当前中国在重点产业领域的关键核心技术创新领域自主能力缺失或不足的核心特征，具体表现在：

（1）可将之高度概括为：“超长周期性+巨额持续性的前瞻性研发投入+庞大的协同性高层次研究团队”的基本特征。

从中国当前在这些重点产业领域的关键核心技术创新领域缺失或不足的典型特征看，“超长周期性”的含义，既是这些领域研发活动的复杂性所导致的艰巨性和长期性，也是这些领域技术创新升级换代的快速性所导致的长期性，若要在这些领域实现全面突破或打造系统性的根本解决目标，需要政府或企业通过相当长时间的自主研发周期和超长周期的综合技术创新积累能力，才能取得成效，耐心和坚持可能已经成为中国重点产业领域的关键核心技术创新领域突破的代名词；“巨额持续的前瞻性研发投入”的含义是，企业要在这些领域取得全面突破，不可避免地必须进行持续性的巨额前期研发投入，这个持续性的特征是企业至少在10年周期甚至20年以上更长周期的巨额研发投入，而且在这期间，既不能随意降低或停止巨额研发投入，也不能保证企业的前期巨额研发投入取得确定性成果成效；“庞大的协同性高层次研究团队”的含义，针对任何一个重点产业领域的关键核心技术创新突破问题，均需要企业组织庞大的全球最高水平、顶级的多领域专家研发团队。而且，很多都是跨专业、跨学科的复杂性系统性问题，尤为需要多领域、多种技能的科学家、专业研发人员、工程师和高技能工人的联合攻关团队，这就迫切需要企业具有长期花费巨额人资成本的能力。

这些因素决定了针对中国当前的重点产业领域的关键核心技术创新攻关和突破，单个私人企业部门根本没有承担巨额前期研发投入和维持研发团队正常运行的财力，也普遍缺失由此引发的长期风险承受能力，而国有企业部门由于人才激励机制缺失或不到位以及短期发展利益的考核要求，也不具备这样的承担能力。概括一句话，目前中国现有各种所有制形式的微观企业部门，均不具备如此成本巨大和具有高度不确定性的自主能力。

（2）可将之高度概括为："基础研究 + 应用基础研究 + 工程化研究 + 产业化研究"的协同性综合能力的基本特征。

需要清醒地看到的重要事实是，这些"卡脖子"的重要领域，其核心竞争力的源泉或者说是攻克的难点，集中体现在这些领域所需要的自主科技创新能力，日益向创新链的两个方向延伸和结合。一个方向是与国家层面的整体基础研究能力特别是原始创新和颠覆性技术创新自主能力的紧密结合，而且日益表现在企业层面自身具备的长期基础研究能力和实力；另一个方向是创新链和产业链的全面紧密结合。

一方面，特定产业领域的关键核心技术创新能力中的关键高端生产设备、关键零配件、关键材料以及关键工艺，日益渗透到创新链中的基础研究、应用开发研究、中间试验研究、工程化研究和产业化商业化研究这五个环节，与这五个环节自主能力的结合日益紧密。

另一方面，一国的企业部门只要在这其中的任何一个产业环节和创新环节领域，累积了长期的技术创新全球领先能力，均可以在全球产业链或产品链体系中获得独一无二的竞争优势和利益垄断分配权，但是，越是基础研究能力和应用基础能力的全球领先实力越强，在全球产业链或产品链体系中的控制权以及最大利益的垄断分配权越强。

（3）可将之高度概括为："国家 + 企业"或者"国家引导 + 企业主导"的产学研全面合作体系能力的基本特征。

客观事实是，没有任何一个国家在重点产业领域的关键核心技术创新领域取得全球的持续优势，是仅仅依靠企业部门的自主研发活动或纯粹的市场竞争机制来获得的。尤其是美国、日本、英国、德国等西方发达国家当前在重点产业领域的关键核心技术创新领域的全球领先能力，更是与这些国家通过各种显性或隐性形式的大量政府财政资金的支持和补贴形成的。美国的做法是利用军事装备对私营企业的巨额采购或利用政府对企业基础研究的巨额资金支持形式，日本、德国、英国、法国等除了采取对企业基础研究的巨额资金支持形式外，日本和德国还采取了更为隐蔽的银行机构与企业捆绑式混合经营模式，而英国和法国则一直在采取政府巨额资金直接扶持和补贴的策略。因此，可以归纳出西方发达国家在重点产业领域的关键核心技术创新领域取得全球持续优势的共同规律，就是采取“国家+企业”或者“国家引导+企业主导”产学研全面合作体系的发展模式。

一方面，国家采取不计成本的政府财政资金支持方式，来扶持、培育和强化专业化科研机构和企业的基础研究自主能力。更需要注意的是，美国这样的西方超级大国政府在基础研究的财政资金支持方面，除了联邦政府财政资金支持之外，州政府财政也进行大量的财政资金支持。

另一方面，西方发达国家尤其重视各级政府财政资金支持的科研成果在私营企业部门的实际应用转化。最为典型的是，被英国《经济学家》杂志赋予的“美国国会在过去半个世纪中通过的最具鼓舞力的法案”的较高评价的《拜杜法案》，开创了激励美国大学、科研机构和金融风险基金全面进行产业合作的新格局。其核心思想是赋予企业部门特别是中小微企业部门享有自由获取甚至免费获取专利和技术创新秘密的独特发展权利，全面激活了美国的中小微企业部门的科技创新能力和动力。

（4）可将之高度概括为：“跨国企业+中小微企业+全球产业链合作”的基本特征。

通过对重点产业领域关键核心技术创新方面的生产组织架构形式的细致观察，可以发现一个典型特征，其已经不再是单个国家的单个企业能够攻克和系统性解决的问题，而是分布在不同西方发达国家的在某个特定狭小领域内技术创新能力最为前沿、最具备持续性领先能力企业的跨国生产网络合作而成，集合了发达国家技术创新能力最为顶级企业的整体产业链或产品链协同协作能力。

最为典型的“卡脖子”产品就是荷兰ASML公司生产的极紫外光刻机，

其由多个发达国家的关键零配件产品集合而成，而非荷兰一国的生产产品。在这种情形下，面临美国发起的针对中国量身定制的逐步强化的《瓦森纳》技术封锁协议的全面同盟体系，迫使和倒逼中国只能依靠自己一个国家的技术创新力量和先进制造体系来生产组装制造。因此，中国在攻克和解决这些关键核心技术创新产品的关键困局是，只要某种材料、关键零配件、某种生产设备甚至某些特定的生产制造工艺在短期内无法实现或自主能力缺失的话，这些“卡脖子”的关键核心技术创新领域产品就难以攻克和生产出来。

第三节　当前束缚中国关键核心技术创新突破的核心机制体制障碍因素分析

从表面来看，中国关键核心技术创新能力动力的不足或缺失，与中国整体以及以制造业为主的实体经济部门自主创新能力体系缺失密切相关；从深层次来看，这更是与中国当前经济发展阶段中所暴露出来的诸多方面的机制体制障碍因素紧密相关。具体来看，这些突出的机制体制障碍因素可归纳为：

一、深度切入发达国家主导的全球价值链分工和贸易体系的一个重要的必然副产品是，既造成中国对全球供应链的深度依赖性和可能内涵的脆弱性风险，也导致中国本土企业在突破重点产业领域的关键核心技术创新方面面临发达国家的联盟式遏制和狙击

进入20世纪70年代以来，全球产业链（产品链）的利益博弈格局虽然出现了相互制衡式的分散化、多样化现象，特别是部分发展中国家深入切入到全球产业链（产品链）体系中的低端生产组装制造环节，形成了发达国家和发展中国家利益不均衡分布式的新型全球价值链分工和贸易体系。但是这其中，一个越发重要的现象是，全球价值链的分工和贸易体系，并未改变全球科技创新的“中心—外围”基本格局，全球产业链（产品链）中的科技创新自主能力日益向发达国家的跨国公司倾斜和集聚。在这种格

局之下，无论是中国的多数传统制造业、高端制造业还是战略性新兴产业，已经在相当程度上堕入和锁定在发达国家主导的全球价值量分工和贸易体系的低端环节，既造成众多产业链、产品链中的关键核心技术创新环节均集体掌握在发达国家手中，造成中国的全球供应链的非市场化断供和断裂风险，极大地危害中国产业安全和国家利益，也从根本上制约和挤压了中国企业在特定产业领域实现关键核心技术创新领域突破的可能空间以及自主能力培育提升机会，使得中国多数产业链产品链陷入到“关键设备、关键零配件、关键材料国外依赖化 + 企业利润能力固定化 + 自主创新能力低端化”的恶性循环发展路径之中。

更为重要的是，中国各级各地方政府一直在实施的“以市场换技术”的引进外资战略，试图以此促进中国本土企业自主创新能力的提升和全球核心竞争力的培育，结果在相当程度上导致的是外资企业占据了中国众多高端产业部门的核心环节，进一步限制了中国本土企业自主创新能力培育和提升的空间。特别是迫使中国的很多大型国有企业陷入到依靠与外资企业合资谋利的陷阱中，彻底丧失了进行自主创新动力以及在关键核心技术创新领域实现全面突破的内在激励动力。因此，在制约中国在传统制造业或战略新兴产业部门中的特定产业领域的高端生产设备、关键零配件、关键材料以及关键工艺等方面的关键核心技术创新能力突破，最为主要的原因是面临发达国家依靠自身的“技术联盟”和“产业链合作体系”的集体封锁和遏制问题。

二、当前，全球高端产业链或战略新兴产业发展的一个极为重要的新特征是，产业链或产品链的全球核心竞争力日益与国家和跨国企业层面的基础研究能力紧密相关，特别是与国家和企业相融合的原始创新、颠覆性技术创新等为主要特征的基础研究能力密切相关，更与企业层面的应用开发环节、中间试验环节和工程化环节等方面的应用基础研究能力密切相关

概括而言，一国本土跨国企业的全球核心竞争力，日益呈现出向基础研究能力延伸以及向创新链的各环节全面分布覆盖的基本特征，因此，任

何一国在国家和企业层面的基础研究持续投入强度和力度，从根本上决定了一国或本土跨国企业的产业链或产品链的国际竞争优势，决定了在全球产业链或产品链体系激烈竞争中的核心博弈地位，决定了在全球价值链贸易和分工体系中的利益获取权利，决定了一国在全球供应链体系中的安全系数。有鉴于此，导致中国当前在重点产业领域的关键核心技术创新难以实现全面突破的最为根本性的制约因素，就是在国家层面和企业层面的基础研究能力投入不足的这个重大因素。

一方面，2018 年中国基础研究投入首次突破千亿元大关，达到 1090.4 亿元，其占中国 R&D 经费支出的比重为 5.5%。而在此之前，中国的基础研究投入占 R&D 经费支出的比重始终在 5% 左右徘徊，远远低于美国等西方发达国家基础研究投入占 R&D 经费支出的比重 15%。而美国从 20 世纪 50 年代开始，持续性地强化各级政府在基础研究方面的投入，这就是造成美国在当前全球科技创新领域全面领先的关键因素。

另一方面，从 20 世纪 70 年代开始，在美国基础研究中，企业部门逐步成为基础研究投入的主导者，特别是美国本土企业的跨国公司和部分中小微企业的基础研究投入持续强化。这是美国跨国企业和中小微企业在诸多战略新兴产业领域全球科技创新领先的核心因素。相比来看，在中国基础研究的投入主体结构中，高等院校、政府属研究机构和企业的基础研究投入经费占基础研究经费支出额的比重分别为 54.10%、38.80% 和 3.07%，企业部门在基础研究方面的投入相当少，几乎可以忽略不计，这是当前发展阶段导致中国难以依靠企业部门在重点产业领域的关键核心技术创新实现突破的最重要因素。

三、迄今为止，中国尚未完全形成激励和促进各种所有制形式的微观企业，通过实施自主创新投入以及实现重点产业领域的关键核心技术创新突破来获取市场竞争优势和合理利润的外部制度环境因素

需要注意的基本事实是，从美国为首的发达国家跨国企业和中小微企业，在 20 世纪 50~90 年代期间乃至更长的时期之内，能够通过强化自身的

基础研究和应用基础能力，逐步掌握全球重点产业领域的关键核心技术创新的领先权和垄断权，维持发达国家的跨国企业乃至中小微企业在全球价值链利益分配体系中的主导地位，并且在相当程度上形成了针对中国等发展中国家的技术封锁和遏制战略体系，关键的因素在于这些发达国家在国内塑造了能够充分激励微观企业依靠自主创新能力提高来获取市场竞争优势和创新垄断利润的各种系统性的外部制度性优势。相比而言，迄今为止，中国尚未完全形成有效激励和促进各种所有制形式的微观企业，通过实施自主创新投入以及实现重点产业领域的关键核心技术创新突破来获取市场竞争优势和合理利润的外部制度环境。

四、中国的高等院校、政府附属的专业化科研机构和国有企业为主要载体平台的基础研究和应用基础研究的科技创新机制体制方面的制度束缚和利益藩篱，并未真正得到根本性地改革和打破，成为阻碍中国基础研究能力不足以及产学研传递体系中“肠梗阻”顽疾难以被解决的核心因素

中国拥有的数量相对众多的高等院校、政府附属的专业化科研机构，应该是基础研究、原始创新、颠覆性技术创新的主要策源地。然而，中国在基础研究特别是在原始创新、颠覆性技术创新方面的自主能力，远远落后于以美国等为首的西方发达国家。这其中，最为突出的问题是：

首先，中国尚未形成真正符合科学研究基本规律的、具有全球引领性的先进科技创新机制体制。构建具有全球领先优势的先进科技创新机制体制，核心在于如何真正赋予任何一位专业学者的自由探索权，赋予隐含在其背后的对研究项目政府财政资金的自由使用权，这是当前从根本上激发高等院校以及政府所属的专业科研机构基础研究和原始创新能力提升的基础性制度条件。高端人才最为需要的是一个能够“自由探索”的制度环境和激励机制氛围，这是美国等主要西方发达国家吸引全球人才的一个核心优势。另外，倘若给予海外高端人才具有国际性竞争水平的薪水，又会造成国内中高端人才的心理失衡以及激化诸多矛盾。毋庸置疑的是，除了学术资源和制度环境之外，收入也是影响中高端人才是否回国决策的一个重

要因素。在美国，中高端人才的年均实际收入在 10 万 ~30 万美元，而国内高校和科研机构的年均实际收入在 10 万 ~30 万元，如此巨大的收入差距，必然会影响中高端海归人才的决策和选择。而且，当前众多高校和科研机构陷入到一个两难困局中，没有高薪吸引不来中高端人才回流，而赋予海外中高端人才高薪，又会挫伤国内中高端人才的积极性，激化矛盾。因此，需要设计一种特殊的薪水激励制度来加以系统性解决。

五、制造业长期的相对低利润率，成为当前制约和阻碍微观企业创新研发投入和技术创新能力积累的最为突出因素

无论是从传统制造业部门，还是从高端生产装备制造业或战略性新兴产业的角度来看，这些产业领域关键核心技术创新的突破，均需要微观企业在前期、中期和后期阶段的巨额且持久的创新研发投入。而在企业自身利润积累是创新研发投入资金最为主要来源的情形下，中国制造业普遍的相对低利润创造和积累能力，就成为制约和阻碍制造业部门关键核心技术创新能否突破的核心因素。中国规模以上工业利润总额占主营业务收入的比重，始终在 6.5%~7.0% 的低位水平波动和徘徊，而且呈现出波动式下滑的态势，由 2007 年的 6.79% 逐步下滑到 2017 年的 6.46%。而美国制造业的平均利润率同期却在 12% 以上，不少高新技术产业的利润率在 20% 以上。

事实上，一个无法忽略的内在逻辑是，一国的制造业企业盈利能力和关键核心技术创新突破能力之间的关系，实质上是一个硬币的两面问题，既相互支撑，又相互制约，二者的平衡点决定了企业生存和发展能力的空间。一方面，能否掌握关键核心技术创新能力，直接决定着企业的市场核心竞争优势及其长期盈利能力；另一方面，企业的关键核心技术创新能力，需要长期的巨额创新研发资金投入和达到一定规模门槛的、稳定的专业化研发人才团队来加以支撑，企业自身盈利作为创新研发投入资金最为主要的直接来源，也从根本上决定了企业在培育和实现关键核心技术创新突破方面的能力实力以及机会空间。在长期的相对低利润率的制约和束缚下，迄今为止，中国大多数的制造业企业被锁定在经济高速发展阶

段，利用政府优惠政策、行政垄断权力、低价格要素投入以及庞大快速增长的内需所决定的市场规模经济优势以获取企业利润的低端盈利能力发展模式，而尚未培育出依靠构建自主创新能力体系，或善于依赖关键核心技术创新突破方面，以获取市场竞争优势和企业可持续盈利能力的新型发展模式。

六、从基础研究到应用技术研究各环节的各层次人才严重不足，是造成当前中国以制造业为主的实体经济部门的关键核心技术创新不足或缺位的重要因素

一方面，中国当前经济发展进程中，一个非常突出的现象是，金融业和房地产行业以及相关的衍生产业，经历了特定的“过度”扩张阶段。客观上，金融业和房地产行业已经成为中国众多地区的重要支柱产业之一，甚至是最大的支柱产业。在金融监管制度设计相对滞后以及地方政府出于自身利益诉求而过度干预微观经济的特定激励效应下，以金融、房地产等行业为主的虚拟经济部门，初步出现了与制造业可持续发展内在需求不相匹配的快速扩张乃至出现泡沫经济的重大现象，扭曲了中国这些行业和制造业部门之间的人才供需结构，造成了这些快速扩张的经济部门的人均工资收入逐步超过了多数制造业行业人均工资收入的重大现象，且导致了金融业、房地产行业人均工资水平与多数制造业行业差距逐步固化和扩大的典型现象。而且，相对于多数制造业工作岗位，金融业、房地产行业的工作岗位环境相对更为优越，更为具有现代文明性，这刺激了高校学生不愿意去选择和从事与制造业发展需求密切相关的技术开发、创新研发等各种专业的扭曲现象发生，导致“年轻二代农民工”宁可进入服务业，也不愿意进入制造业企业从事普工和技工工作的变异现象发生。

另一方面，中国不少地区的高考改革模式、高等院校的人才扩招及相应的专业设置和技工培训机构体制，在很大程度上并未与中国的“质量强国”“制造强国”和“创新型国家”等国家战略目标相适宜、相匹配，甚至程度不等地发生了相脱离、相背离的特定现象。这就必然会造成的后果是，不仅各种科学家和顶级创新人才团队严重不足，各种特定产业产品领域的

各种专业工程师、产品设计人员以及高级技工的供给也严重不足，甚至表现在各种层次的专业中级和初级技工供给严重不足。事实上，中国各种层次的专业化人才的供给结构、供给数量和供给质量，已经严重滞后于当前培育和构建以制造业为主的实体经济部门自主创新能力体系的内在需求，也严重脱离于以全面突破关键核心技术创新为主的建设创新型国家发展战略要求。

第四节　当前中国关键核心技术创新突破的四大基础性问题以及改革困局

一、如何认知与把握政府和市场的各自关系

当前，针对中国要在关乎国计民生的重要产品、产业领域实现关键核心技术创新全面突破的重大目标而言，仍然面临如何正确认识与把握政府和市场的各自边界及功能定位这个根本性问题，二者必须各司其职，不可各自越位或缺位。事实上，很容易发生的认知误区是，针对部分产业、产品领域关键核心技术创新突破能力和动力不足或者缺位的现象，在很大程度上与具有外部性和公共产品性质的基础研究及应用基础研究方面的自主创新能力严重不足密切相关，这必然会催生出必须以政府为主导力量的破解思路和策略安排，诱使中国各级政府在激励微观企业自主创新能力体系的培育和构建方面，仍然一味走依靠政府政策主导和政府补贴为主的老路，而完全忽略了营商环境和市场制度环境的完善，对激励微观企业自主创新能力和关键核心技术创新突破能力的基础性激励作用。

进一步看，造成中国产业、产品领域关键核心技术创新突破能力和动力不足或者缺位的动因，既与在高端生产装备设备方面系统性、集成式的研发和制造能力不足以及关键零配件和关键原材料方面的自主研发和技术积累能力不足密切相关，也与大规模的高质量、性能稳定的一致性产品的精益柔性制造能力体系严重不足密切相关，这愈加决定了依靠市场公平竞争激励机制以及知识产权保护制度的强化，是激活中国当前发展阶段微观

企业自主创新能力和关键核心技术创新突破能力的重要途径以及关键改革突破口。而且，美国等西方发达国家的发展经验表明，推行自主创新能力体系构建和关键核心技术创新突破的成功及合理途径是：一方面，微观企业是创新研发投入主体，全面依赖微观企业在应用基础研究和关键应用技术甚至是基础研究方面的创新研发投入；另一方面，政府的功能是重点强化知识产权保护制度、人才培养和激励体系设计、市场公平竞争环境维护，是在具有完全外部性的基础研究领域实施政府强力且有效投入等方面的基础性工作。有鉴于此，从中国关键核心技术创新突破所面临的多重困局来看，政府这只“看得见的手”的主要功能，既要落在知识产权保护制度、人才培养和激励体系设计、市场公平竞争环境维护等制度环境建设方面，也要落在针对基础研究、应用基础研究、颠覆性技术和关键共性技术等方面主动加大政府支持和投入方面。而市场这只“看不见的手”的主要功能，则要落在有效激励激活微观企业在应用技术开发、工程化和产业化的研发投入动力能力等方面。

二、如何认知与把握国有企业和民营企业的各自重要作用

当前，中国容易发生的另一个认知误区是，国有经济部门是中国社会主义市场经济体制的核心构成部分，也是维护国民经济运行的战略支撑，因此，国有企业部门的定位，也必然是构建中国多数产业、产品领域的自主创新能力体系和实现关键核心技术创新突破的主要承担者。客观事实是，如果试图仅仅依靠国有企业全面构建自主创新能力体系和实现关键核心技术创新突破，这既不符合产业链、产品链的分工体系越加细化以及创新链的分工体系越加延伸的全球经济发展潮流，也不符合中国大力发展国有企业和民营企业双定位的既定战略目标，更不符合中国所坚持的对外开放国策以及融入全球经济格局的发展战略。从日本在不少关键产业产品领域所取得的全球范围内的创新竞争优势的成功发展经历看，一方面，面对美国巨大的资本市场优势，利用自身独特的财团和企业混合体制，对企业长期和巨额的创新研发投入形成了极为重要的资金融资支持和重要支撑作用；另一方面，在于独特的“下包制”体系中的大企业和中小微企业之间形成的

分工协同体系以及创新共同体系，在于由此形成的“分工协作、技术互动、创新共担、利益互享”的独特柔性精益制造体系。

日本的大中小企业间的“下包制”及其所延伸的创新共同体系，既促使日本取得了在众多产业产品领域的自主创新能力体系构建以及关键核心技术创新的全面突破，也使得日本制造业体系相对成功地规避了美国的贸易保护主义以及技术封锁政策。然而，中国的客观现实是，一方面，并未形成国有企业和民营企业之间的产业链、产品链分工协作体系和创新共同体系，甚至在某些特定产业领域还程度不等地形成了“国进民退”的现象；另一方面，在当前深入推进“去产能”和加强环保督察工作的叠加效应作用下，国有企业向关乎国计民生的关键产业产品领域上游环节的转移和延伸，事实上可能造成的负面效应是，会激励国有企业充分凭借和利用自身的行政垄断地位、自然垄断地位以及获取银行贷款资金优势地位，获取额外的垄断利润，从而造成处于这些特定产业链、产品链下游环节的多数民营企业或中小微企业的正常利润受到来自上游垄断国有企业部门的转移和挤压，进一步削弱了下游环节的民营企业和中小微企业的盈利能力、投资预期以及创新研发投入能力。自2017年以来，制造业部门中国有企业利润率增速的大幅度快速增长以及民营企业利润率增速的相对下滑，以及生存和发展机会的被挤压现象，深刻说明了中国国有企业和民营企业部门之间尚未形成产业链、产品链的深度分工协作体系和创新共同体的巨大弊端。

三、如何认知和把握对外开放和自主可控的内在关系

针对中国正在着力推行的打造自主可控的创新型国家战略，需要尤为冷静思考的一个核心问题是，中国要在深入对外开放背景下实现关键核心技术创新的全面突破，必然会面临如何科学认识和准确把握对外开放和自主可控二者之间内在关系以及复杂性的重大机遇和挑战。从对外开放的角度看，一方面，以美国为首的西方发达国家借口意识形态和价值观的不同，组团抱团针对中国实施了多重技术封锁，强力禁止部分关键核心高端生产装备、零配件以及先进材料对中国出口。事实上，中国的“市场换技术”

策略遇到了极大的阻碍作用，产生了相当突出的负面效应，市场让出去了，关键核心技术创新的引进、学习和再创新却遇到发达国家预先布局的“天花板”以及自身技术创新吸收能力严重不足的桎梏，倒逼中国只有依靠自身自主创新研发能力和实力来全面实现关键核心技术创新突破。另一方面，关键核心技术创新能力已经演变为全球各国经济竞争和博弈的战略资源，演变为各国经济发展是否具有可持续性、是否成功的核心标志。特别是在全球价值链主导的分工和贸易体系之下，处于模仿阶段和后发地位的发展中国家，在产业链、产品链中关键环节的关键核心技术创新突破，必然面临来自处于创新先发优势甚至垄断地位的发达国家跨国公司的激烈市场竞争，所面临的主要挑战和风险仍然在于发达国家跨国公司对发展中国家市场以及全球市场的创新垄断优势以及规则制定优势。当发展中国家本土企业在特定产业或产品领域的某一项关键核心技术创新取得突破，需要通过市场消费者体验，技术试错、改进和成熟以及最终通过市场大规模销售收回前期巨额创新研发投入的阶段时，发达国家企业就会采取压低产品价格、提供技术创新更为领先产品等竞争策略，导致发展中国家本土企业的创新研发投入无法得到补偿，彻底削弱发展中国家本土企业的自主创新动力和能力。

从自主可控的角度看，中国如果不能在创新链、产业链的上游环节掌握关键核心技术创新能力，就无法在下游的诸多产业产品环节取得可持久的国际竞争力和高附加值创造能力。中国设立的在关键核心技术创新领域取得全面突破的发展战略，需要用更大的智慧和更为长远的眼光来谋篇布局。一方面，如果中国尝试谋求在所有的产业产品领域的关键核心技术创新方面实现突破，必然会引发所有发达国家的恶意竞争和敌对情绪，因此，中国没有必要在所有关键产业产品领域所有环节的关键核心技术创新谋求全面突破，而要在创新链和产业链体系中谋划“你中有我、我中有你”“相互制约、相互威胁”的对等博弈策略，这就做到了“自主可控”的最高境界。另一方面，中国推动的关键核心技术创新领域全面突破的策略和举措，要立足于符合 WTO 规则，及时把握 WTO 规则体系未来可能的变化方向，要充分借鉴发达国家的成熟经验以及智慧，避免政府过度干预，积极预防由于中国自主创新能力崛起，未来可能引发的技术创新全球摩擦。

四、如何认知与把握直接融资和间接融资金融体系的各自功能

中国要在以制造业为主的实体经济部门实现关键核心技术创新方面的全面突破，逐步培育和激励出自主可控的自主创新能力体系，一个必要的前提条件是必须打造与以制造业为主的实体经济部门的创新研发活动特征相匹配的现代金融体系。事实上，当前中国以国有银行为主的间接融资体系，已经与制造业部门创新活动中普遍存在的前期投入大、投入周期长、投入风险较大、创新收益不确定性高等基本特征，发生了诸多层面不相适应、不相匹配的突出现象，甚至在很多方面发生了银行机构体系和各种天使投资基金利用自身独特的垄断地位和信息不对称优势，在“短平快”挣钱动机的激励效应下，压制和掠夺制造业企业正常利润的重大现象。因此，中国到了对现有的以银行体系主导的间接融资渠道形式的金融体系，实施“大破大立式”的重要改革关口和重要发展机遇期。

然而，要改变中国当前仍以银行体系主导的间接融资金融体系，探索出一条与新经济、新动能、新产业、新业态、新模式互为支撑的新型金融发展模式，探索出一条与中国以制造业为主的实体经济部门的创新活动诸多内在特征相匹配的新型直接融资体系，探索出一条真正落实创新驱动发展战略和构建创新型国家的现代金融体系，探索出一条与加快实施“制造强国”“质量强国”战略完全相适宜的新型金融体制改革路径，首当其冲，必然会遇到的重大障碍是，要在短期内对规模如此庞大的银行机构以及类银行机构进行全面改革，必然会面临巨大的金融体系中的既定利益集团的阻碍，也可能在短期内诱发特定的局部性金融风险甚至系统性金融风险，这显然不符合中国的现实国情。因此，最优的金融体制改革方案，应该是取消针对银行经营范围的法律禁令，将间接融资功能为主的银行体系，逐步转化为具有直接融资功能的混业银行体系。

第五节　相应的对策与建议

一、积极稳妥地加大基础研究和应用基础研究方面的国家财政投入，彻底改革和扭转国家专业化科研机构的激励机制和组织治理体制，运用好政府这只“看得见的手”在基础研究、应用基础研究、颠覆性技术、关键共性技术等方面的主导投资地位以及相应的激励机制

在我们看来，当前，最为重要的改革举措着力点应该是：

一方面，中国需要明确制定在未来有限时期内将基础研究经费占 R&D 经费投入比重提高到 15% 甚至更高的发展计划目标，通过科技机制体制改革，加大对从事基础研究、应用基础研究、颠覆性技术、关键共性技术等前沿领域的高等院校和专业化科研机构的财政资金支持力度，特别要放开和鼓励企业作为主体承担单位以及企业和专业化科研机构联合申请国家各种重大科技计划项目、国家重点实验室、国家自然基金委各种项目等途径，通过这些项目的实施来激活和坐实各种国家重点实验室、国家工程研究中心、工业技术研究基地等。同时，适当调整和加大针对这些特定领域的政府采购范围及力度，从补贴需求角度而非生产角度，来贯彻政府对关键核心技术创新的支持政策。

另一方面，要构建真正与专业化科学研究和科技前沿自由探索体制相匹配的科技管理治理制度，打造真正与专业化科学研究和科技前沿自由探索体制相匹配的财务报销制度，设计出真正与专业化科学研究和科技前沿自由探索体制相适宜的人才薪酬激励机制，要将国家政府机构已经出台的各种科技管理制度精神的落实和细化，作为当前科技创新体制改革的重点任务。

二、针对中国各级政府以政府补贴为主的产业政策和创新政策进行全面调整和改革，积极运用各种创新减税和抵扣政策，同时，构建以鼓励市场竞争为导向的创新政策体系，构建以强化知识产权保护制度为导向的创新制度环境，构建以降低制度性交易成本为导向的营商环境，强力发挥市场这只“看不见的手”在激励微观企业的应用技术开发、重大创新成果工程化和产业化、高端生产装备设备、关键材料、关键工艺等方面的主体地位

当前，最为紧迫的改革举措着力点应该是：

一是全面清理清退中国各级地方政府采取的以政府补贴为主的产业政策和创新政策，特别是要全面取消针对专利的各级地方政府财政资金的补贴和奖励政策，适度调整中国各级政府当前实施的高新技术企业认定制度以及企业所得税减免政策。

二是加快启动针对传统制造业以促进产品质量提升和全要素生产率提高为主的先进生产设备更新和购置的抵扣和减税措施，启动加大针对高端制造业、高端生产装备制造业和战略性新兴产业在基础研究、应用基础研究、中试研究、工程化研究、颠覆性技术研究以及关键共性技术等方面的研发加计扣除政策改革，建议允许企业单独以及企业和科研机构联合申请国家自然基金项目资金，真正促进制造业企业基础研究和应用基础研究投入和能力的提高。

三是要将维护市场公平竞争机制的建设任务，上升为总体层面的产业政策和创新政策基础性制度环境的前提目标。在制度环境成本比简单要素成本更为制约中国以制造业为主的实体经济部门的自主创新能力体系培育和关键核心技术创新突破的情形下，要将中国各地政府的产业政策和创新政策的改革重点，落在对强化和提高知识产权保护执法力度和提高违法成本方面，落到通过各级政府持续深入推进的“简政放权”行动以及逐步收缩财政供养人口规模和减少政府层级机构，来约束和控制政府对市场经济的不合理干预行为以及降低制度性交易成本，落在构建有利于创新创业的国际一流营商环境等重点方面。

三、加快构建与制造业为主的实体经济部门自主创新能力体系培育和关键核心技术创新突破的内在需求相匹配、相适宜的现代金融体系

一方面，要真正对接科技创新小微企业、传统制造业、高端生产装备企业以及战略性新兴产业企业，对相对低成本的5~10年周期甚至更长时期的生产设备更换贷款融资需求，对接制造业部门突破关键核心技术、构建自主创新能力体系等所隐含的巨额创新研发投入需求，最优的改革举措是逐步取消针对银行机构的直接融资功能的法律限制，尽快赋予和强化银行体系的直接融资功能，前瞻性地探索和构建全能制银行体系下的新型金融监管制度。要按照第五次国家金融工作会议指明的“发展中小银行和民营金融机构”的基本精神，积极探索和发展具有直接融资功能的地方化、专业化的股份制中小商业银行体系。在充分借鉴德国的“主银行制”和日本的“实业财团＋银行制”的基础上，可以前瞻性地探索特定的产业集团和股份制中小商业银行体系的联合控股和构建长期“互利共赢”式的新型融合发展模式。

另一方面，通过特定的税收激励政策措施，彻底扭转各种形式的公募私募基金以及天使风险基金偏向于获取短期利益的操作行为和逻辑，鼓励公募私募基金以及天使风险基金投向和满足特定产业产品领域的关键核心技术创新活动的外部融资需求。同时，提升和扩大上市企业一级市场、二级市场以及新三板、新四板，对从事关键产业、产品领域的关键核心技术创新突破工作的企业的优先上市权和再融资权。

四、加快培育和激励与制造业为主的实体经济部门自主创新能力体系培育和关键核心技术创新突破的内在需求相匹配、相适宜的多层次人才体系

一是继续强化高等院校在基础学科、基础应用学科以及特定专业学科的人才培养规模，构建与中国当前以制造业为主的实体经济部门中，重点产业领域的自主创新能力体系构建和关键核心技术创新突破相适宜的现

代科学研究学科体系。同时，继续加大对职业技术学院的政府财政支持力度，鼓励职业技术学院的新型专业设置，适当重新布局和升级职业技术学院。

二是建议继续降低各类金融机构员工的收入水平，适当拉平制造业和金融机构部门之间不合理的、持续扩大的收入差距现象。通过改变对金融经济等“热门”专业高收入的不良预期，彻底扭转高等院校学生过度热衷和偏好金融经济等“热门”学科的重大现象，强化高等院校和科研机构学生选择和从事科学研究基础学科、工程师以及技工等相关学科学习的激励动机。

三是加快设计和出台新型的技工分级制度，适度强化特定类型的技工认定分级证书制度，建议将工程师、技工等级与退休金进行挂钩，将参加各种劳动者技能大赛所获得的各类工匠荣誉称号和退休金挂钩。同时，从提高终身收入的角度构建有效的收入激励制度。建议可适当弹性延长高级科研人才、工程师和高级技工的退休时间。

五、针对中国在对外开放的新形势和新要求，尤要强调打造大中小企业在创新链和产业链对接方面全面融合的创新共同体系，打造“国进民进”创新协同协作的新格局

一方面，将鼓励大中小企业按照创新链和产业链、产品链分工特征组团而成的创新共同体系，上升为今后一段时期内中国各级政府产业政策和创新政策的改革侧重点。特别要提高和强化针对创新型小企业创新研发活动的减税免税政策，激活小企业的自主创新能力，同时，针对按照创新链和产业链、产品链分工特征组团而成的大中小企业的创新共同体系，建议采用相应的增值税抵扣政策，降低中小企业联合创新的税负水平。

另一方面，不要纠缠和束缚于国有企业和民营企业谁应该在中国国民经济运行中起到主导作用的简单战略定位和狭隘思维范式问题，而应该着眼于在全球贸易保护主义重新兴起以及全球主要国家创新竞争愈加激烈的情形下，通过鼓励国有企业和民营企业在中国重点产业领域中的关

键核心技术创新突破方面，形成新型的协同合作体系，打造“国进民进”创新协同协作的新格局。既要鼓励国有企业的技术创新向民营企业和中小企业的免费溢出，也要鼓励中小企业和民营企业主动深度参与到国有企业主导的创新链和产业链对接体系，构建出具有全球创新竞争优势的创新共同体系。

六、制定新型的高端人才激励机制，对阻碍高端人才进行基础研究的机制体制阻碍因素实施突破性地改革，激活各层次人才的自主创新活力。要将今后一段时期内高校教育体制的改革重点，聚焦于创造和构建高校和科研机构“自由探索”制度环境和激励措施方面，特别是要在鼓励和创建前沿科学和基础研究领域的“自由探索”制度环境方面取得全面进展，优先鼓励海外中高端人才从事前沿基础研究和关键核心技术创新研究领域，将之作为甄别和考核海外中高端人才工作绩效的核心指标

我们建议：一是不提倡以“官本位”模式作为吸引海外中高端人才回流的主要手段，要鼓励海归人才全心全意从事前沿探索研究工作，并为之创造良好的研究团队和研究硬件条件；二是当前创造“自由探索”制度环境的关键是研究经费的高度自由使用权，要将课题研究工作的考核重心，从前端预算移向后端成果的考核。

针对中高端海归人才，鼓励各机构各单位探索实行具有国际竞争力的特殊薪酬体系。我们建议：一是为了尽可能保持与国内中高端学者的公平性，针对中高端海归人才的薪酬体系的核心，应该落在绩效工资方面，可以考虑加大对科研成果的持续性奖励力度方面；二是允许中高端海归人才，可以从自身主持的科研课题中获得一定的报酬，从而形成“能者多劳、多劳多得”的科研和报酬对称的良性循环科研报酬激励机制。

当前，迫切要求将激励海外中高端人才回流的政策举措，落在户籍和住房制度顶层设计改革两个方面。一方面，要针对海外中高端人才的家庭成员（包括多个孩子和直系亲属），全面放开北京、上海等城市的户籍制度，允许自由选择教育资源较好的城区入户；另一方面，针对北京、上海等城市的过高房价，政府可以为回流的特定顶级科学家和关键领域紧缺高级人才家庭提供 50%~70% 的一次性购房补贴，降低购房压力和居住成本，使其安居乐业。

第四章

构建支撑制造业高质量发展的中国现代金融体系发展路径与突破方向

第一节　金融结构演变逻辑的理论框架与发展路径

一、不同类型金融体系的演变路径和内在特征分析

自从林毅夫等（2009）提出“经济发展中的最优金融结构”理论假说之后，中国金融体系中的结构性问题就受到学者们的广泛关注。按照我们对全球各国金融发展事实和金融深化经验的分析和理解，一国的金融结构演变路径大致可分为五种类型，即大银行主导的金融体系、中小商业银行主导的金融体系、全能制商业银行主导的金融体系、PE（即指各种私募股权投资基金）和VC（即指各种天使风险投资）等资本市场主导的金融体系、股市和各种形式科创板等资本市场主导的金融体系（见表4-1）。

表 4-1　不同类型金融结构适宜的融资需求比较分析

金融结构类型	金融功能特征	处理融资贷款信息类型	融资风险类型	融资成本类型	融资周期类型
大银行主导的金融体系	间接融资功能	硬信息（企业财务信息＋抵押担保物）	低风险	低成本	短周期的间接融资
中小商业银行主导的金融体系	间接融资功能	软信息（企业市场交易信息）	中风险	中成本	短周期的间接融资

续表

金融结构类型	金融功能特征	处理融资贷款信息类型	融资风险类型	融资成本类型	融资周期类型
全能制商业银行主导的金融体系	间接融资功能 + 直接融资功能	硬信息 + 软信息	中风险	中成本	较长周期的间接融资 + 直接融资
PE 和 VC 等资本市场主导的金融体系	直接融资功能 + 间接融资功能	企业能否成功的高不确性信息	高风险	高成本	较长周期的直接融资
股市和各种形式科创板等资本市场主导的金融体系	直接融资功能	企业能否成长成熟的较高不确定信息	高风险	高成本	更长周期的直接融资

这五种不同类型金融体系的内在特征具体表现在：

（一）大银行主导的金融体系

一方面，在那些金融市场化改革处于逐步完善或相对滞后的发展中国家，大银行或者由于自身的规模优势造成的市场进入壁垒，或者由于自身拥有的特定行政垄断地位优势，导致大银行机构体系依靠自身的垄断地位或者依赖特定存贷差盈利模式的路径依赖发展模式。

另一方面，大银行的组织架构和治理机制，一般遵循的是上下级的垂直型层级治理机制，适合于满足那些能够提供有效的硬信息（Hard Information）。比如，完整的财务信息和审计信息，或者能够提供严格抵押担保物的相对低风险的融资项目需求。正是由于大银行主导的金融体系具有两个方面的基本特性，导致其一般适宜于市场风险较小、盈利能力比较稳定的成熟性产业结构（比如，出口导向的制造业或房地产行业）的短周期融资需求，或国家资本主导的“铁公基”等基础设施项目的融资需求。

（二）中小商业银行主导的金融体系

一方面，中小商业银行的出现和兴起，一般意味着该国的银行机构体系已经历了比较深入的市场化改革，在市场竞争的压力下，原有的大银行主导的垄断性金融格局逐步被削弱或打破，这会激励大银行和中小商业银行实施以市场化导向的内部治理机制和经营盈利模式的改革，刺激大银行和中小商业银行依据金融市场中微观经济行为主体的多样化融资需求特征，进行相应的金融工具和金融盈利模式的创新，并倒逼金融监管制度体系的完善和提升。

另一方面，与大银行机构体系相对而言，中小商业银行体系的独特市场竞争优势就在于，其可以利用专业化的信息甄别能力、灵活的组织架构治理机制和特定的风险筛选识别优势，通过银行放贷经理主动调研和充分掌握贷款人的各种市场交易活动信息及信誉机制信息，利用在银行和贷款人之间构造的特定软信息（Soft Information），并进行与市场经济行为主体融资需求动态变化特征相适宜、相匹配的金融工具创新，比如供应链金融，以降低银行和贷款人之间的信息不对称，进而缓解和弥补由于银行和贷款人之间的硬信息和抵押担保物缺乏所导致的针对中小微企业的信贷歧视或贷款成本过高难题。正是由于中小商业银行主导的金融体系具有这两个方面的基本特性，导致其一般适宜于市场风险较大、盈利能力相对不稳定、个性化和多样化消费需求引导的发展型产业结构的短周期融资需求。

（三）全能制商业银行主导的金融体系

一方面，全能制商业银行，指既具有间接融资功能，又具有直接融资功能的银行体系，其综合优势就在于，银行体系能够依据企业或产业在不同发展周期所蕴含的不同特征的融资需求，提供不同类型的融资产品服务，通过覆盖和满足企业或产业在产品链和产业链较长生命周期中的成长阶段、扩张阶段和成熟阶段的异质性外部融资需求，化解和熨平由于企业在不同产品链和产业链生命周期蕴含的局部时期的高速发展风险而导致的集中性或集聚性高贷款风险难题，彻底扭转银行机构过度关注短期贷款风险和一味追求短期利益最大化的经营策略，促进银行和企业或产业之间长期利益共同体的形成，增强银行机构盈利能力的可持续性以及服务实体经济的内在能力。

另一方面，全能制的商业银行体系，可以通过间接融资和直接融资渠道的独特切换及投资融资多样化功能，以分散和化解自身由于外部经济环境的高不确定性或产业特定发展环节的风险释放期所蕴含的贷款风险以及对银行短期盈利能力的负面冲击。最为关键的是，全能制商业银行主导的金融体系，具备独特的能够为资本密集型和创新密集型产业等的战略性新兴产业的可持续发展，提供较长周期资金的融资服务功能，这能从根本上解决创新产业的高风险特征必需的长周期融资需求和银行股体系的风险保守经营逻辑之间的内在冲突和诸多矛盾。

（四）VC 和 PE 等资本市场主导的金融体系

一方面，VC、PE 等资本市场主导的金融体系，特别适合于产业或产品的创新链环节，从应用基础研究到中间试验环节，从中间试验环节到工程化环节的各种高不确定性、高风险的外部投资融资需求（见表 4-2）。按照一般逻辑看，VC、PE 等形式的投资属于直接融资模式，能够为那些高风险的创新研发企业、创业初期企业和战略性新兴产业提供具有较长周期特征的非公开市场股权投资类型的直接融资服务。

表 4-2 基于创新链不同环节视角的融资需求和金融结构分析

创新环节和创新类型	外部性和风险特征	融资需求特征	投入资金特征	适宜的金融体系
基础研究	纯公共产品、高风险	长周期的巨额投资	政府财政资金或企业自有资金	
应用基础研究	纯公共产品、高风险	长周期的巨额投资	企业自有资金或政府财政资金	
应用开发研究	半公共产品、高风险	中长周期的巨额投资	企业自有资金	各种偏重前端投资的天使投资基金（VC），即所谓风险投资、创业投资，是相对靠前的非公开市场股权投资
中间实验研究	半公共产品、高风险	中长周期的巨额投资	企业自有资金	各种偏重前端投资的天使投资、风险投资、创业投资等相对靠前的非公开市场股权投资
工程化阶段	私人产品、高风险	中长周期的巨额投资	企业自有资金 + 外部融资	各种形式的私募股权投资基金（PE）、特别是相对靠后的股权投资 + 金融市场体系
产业化商业化	私人产品、高风险	短周期的巨额投资	外部融资 + 企业自有资金	全能制商业银行 + 金融市场体系

另一方面，VC 和 PE 之间存在比较明显的差异性特征，天使风险投资是偏重产业链和创新链前端的非公开市场股权投资，而各种形式的私募股权投资基金是偏重产业链和创新链相对后端的非公开市场股权投资。而且，在一些比较特殊的情形下，VC 可以变异为直接融资和间接融资相互切换的混合模式，而 PE 则具有比较稳定的直接融资模式。

（五）股市和各种形式科创板等资本市场主导的金融体系

以股市、科创板等金融市场主导的金融体系，特别适合于产业或产品的创新链环节中，进入产业化商业化环节的各种较高不确定性、较高风险的外部投资融资需求，能够为那些进入大规模商业化阶段的高创新企业、创业中后期企业以及处于成熟期的战略性新兴产业，提供具有较长周期特征的公开市场股权投资类型的直接融资服务，帮助这些企业或产业扩大市场占有率，快速实现稳定的市场盈利能力，并协助这些企业或产业完成从基础研究到工程化环节的所有前期创新研发投入的收回和补偿任务以及目标。

二、基于产业主导特征和经济发展阶段视角的金融结构演变理论框架与变化路径分析

从基于产业或产品生命周期的发展阶段看（见图 4–1），在产业或产品的初创期，由于普遍存在的创新创业企业高发展不确定性及高风险因素，导致企业难以通过金融机构获得外部融资，主要依赖企业自有资金或股权资金的支持；在产业或产品的成长期，由于产业或产品被多数消费者接受和购买的可能性，仍然存在较为突出的高不确定性和较高的发展风险因素，导致企业主要依赖风险偏好型的资本市场以及金融市场主导的金融体系；在产业或产品的成熟期，由于产业或产品的工程化和商业化的前途已经比较明确，企业快速扩张的市场占有率和自身盈利能力的风险和信息相对比较确定，企业主要的融资需求集中在固定资产扩张投资和产品质量提升为主的创新投入活动，此时比较适宜风险保守型的银行主导的金融体系；而在产业或产品的衰退期，在其他新产品的竞争和替代效应的作用下，企业的市场占有率逐渐萎缩，企业自身的固定资产投资和创新研发投入需求下降，企业自身的盈利能力逐步下降，进而造成企业的外部融资需求也发生下降。

企业可能只是因为维持正常生产经营活动发生的现金流需求而产生的外部融资需求，导致只需银行主导的金融体系就可以满足此阶段产业或产品的外部融资需求。

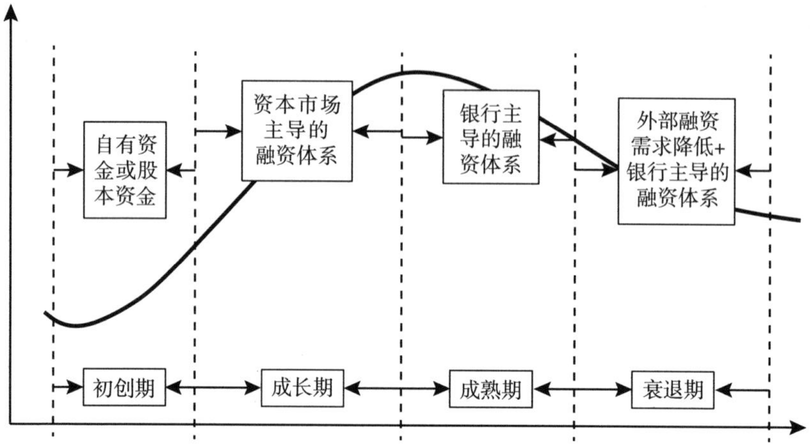

图 4–1 基于产业生命周期的金融体系演化路径分析

从基于经济发展阶段的金融结构演进路径来看（见图 4–2、表 4–3），在经济发展初期或起飞阶段，在主要依赖相对低成本的劳动要素和出口导向驱动的发展阶段，经济发展依靠的是劳动密集型主导的产业结构。在此经济发展阶段，企业类型主要呈现的是“国有企业 + 地方产业集群（中小微企业）”的分布特征，与之相匹配和适宜的是具有间接融资功能的银行主导型金融体系；在经济发展的规模持续扩张阶段，由于劳动要素成本的持续增长以及资本要素价格的相对降低，经济进入了资本要素驱动的发展阶段，主要依靠的是资本密集型产业主导和劳动密集型产业转型升级的产业结构特征。在此经济发展阶段，企业类型主要呈现出“股份制大企业 + 地方产业集群（中小微企业）”的分布特征，与之相匹配和适宜的是具有间接融资功能的银行主导和具有直接融资功能的资本市场配合的混合型金融体系；在经济发展由数量型规模扩张阶段转变进入质量持续提升阶段后，在技术进步和全要素生产率成为影响经济发展质量核心内生动力机制和决定性因素的情形下，经济进入了技术密集型和创新密集型产业主导的产业结构特征。在此经济发展阶段，企业类型主要呈现出的是“龙头企业 + 世界级先进制造业集群＋新兴产业集群”的分布特征，与之相匹配和适宜的是具有间接融资和直接融资渠道功能的全能制银行主导以及具有直接融资功能的资本市场和金融市场配合的混合型金融体系；在经济发展全面进入创新引领以及处于创新前沿的特定阶段后，在经济体内生动力必须依赖对前沿技术创新探索和创造力为主的自主创新能力体系培育和提升的情形下，经济进入了战略性新兴产业和原始创新、基础研究、颠覆性技术创新、关键核心技术创新全面突破主导的产业结构特征。在此经济发展阶段，企业类型主要呈现出的是“跨国企业＋独角兽企业＋新兴产业集群”的分布特征，与之相匹配和适宜的是具有直接融资功能的资本市场和金融市场主导与具有间接融资和直接融资渠道双重功能的全能制银行配合的混合型金融体系。

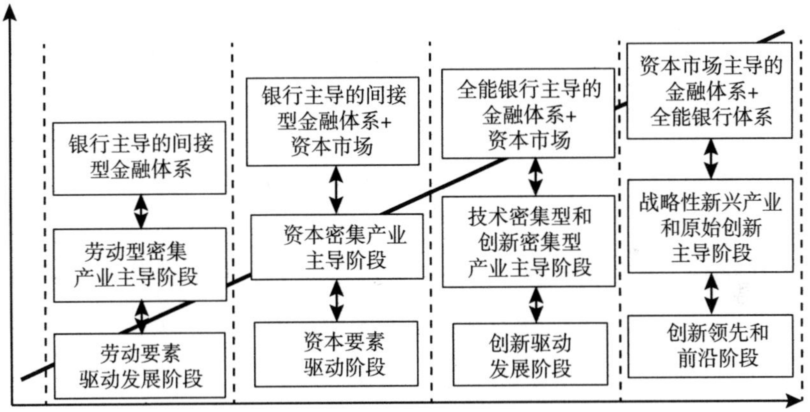

图 4–2　基于经济发展阶段的金融结构演进路径分析

表 4–3　不同经济发展阶段适宜金融体系特征匹配分析

经济发展阶段	产业特征	企业规模分布特征	适宜的金融体系特征
经济起飞阶段	劳动密集型产业	国有企业＋地方产业集群（中小微企业）	银行主导的间接型金融体系
经济规模扩张阶段	资本密集型产业＋劳动密集型产业	股份制大企业＋地方产业集群（中小微企业）	银行主导的间接型金融体系＋资本市场
经济质量提升阶段（创新驱动型阶段）	技术密集型产业＋创新密集型产业	龙头企业＋世界级先进制造业集群＋新兴产业集群	全能银行主导的混合型金融体系＋金融市场

续表

经济发展阶段	产业特征	企业规模分布特征	适宜的金融体系特征
经济前沿发展阶段（创新领先阶段）	创新密集型产业 + 创新引领型产业	跨国企业 + 独角兽企业 + 新兴产业集群	金融市场主导的直接型金融体系 + 全能银行体系

综合以上分析，在我们看来，一国最优动态金融结构体系的决定性因素与产业结构特征和经济发展阶段这两大特征密切相关。其中，最为基础性的决定因素是经济体中代表性企业和主导产业的发展周期、创新行为特征及外部融资需求特征。因此，针对发展中国家而言，一国的金融结构演进逻辑和发展路径是：银行主导的间接型金融体系→银行主导的间接型金融体系 + 资本市场→全能银行主导的混合型金融体系 + 金融市场→金融市场主导的直接型金融体系 + 全能银行体系。需要特别关注的是，在多数发展中国家的经济起飞阶段，银行主导的间接型金融体系可以区分为垄断性大银行主导的金融体系和股份制商业银行 + 地方性中小股份制商业银行体系主导的金融体系两种类型。按照一般的金融功能匹配逻辑，倘若一国的经济体中的多数企业是大型企业，则匹配的是垄断性大银行主导的金融体系，倘若一国的经济体中的多数企业是中小微企业以及处于模仿性创新阶段的创新创业企业，则匹配的是股份制商业银行 + 地方性中小股份制商业银行体系主导的金融体系。

第二节　当前阶段中国金融体系的结构性矛盾与锁定效应

一、当前阶段中国金融体系的发展定位和结构性特征

当前阶段，依据中国经济正处于由数量规模扩张阶段转型进入高质量发展和创新驱动发展阶段，国内产业结构正处于由出口导向的劳动密集型产业向基于国内消费市场导向的资本密集型产业和创新密集型产业转变的特定阶段，企业分布特征也由大规模的国有企业和劳动密集型的中小微企业组成的地方产业集群形态，向大规模的股份制企业、产业链龙头企业、

独角兽企业和新兴产业集群形态转变。在此特定的经济发展转型阶段，以制造业为主的实体经济部门中微观企业的竞争优势，正由劳动力低成本带来的国际比较优势向全要素生产率的可持续提升和自主创新能力体系的培育带来的高附加值国际竞争优势转变，微观企业的外部融资需求特征，必然由出口需求增长所引致的规模扩张带来的低风险投资需求和生产经营流动资金需求，转向以提升产品质量、创造新产品活动、突破关键核心技术创新以及培育自主创新能力体系，所引致的高风险自主创新研发投入需求和先进生产设备引进需求。在这种特定的发展阶段情形下，决定了中国既有的由垄断性国有大银行主导的金融体系，向股份制商业银行体系＋地方性中小股份制商业银行体系主导的金融体系转变，向具有间接融资和直接融资双重功能身份的全能制银行体系主导的金融体系转变，向多层次的资本市场和金融市场合理发展的现代金融体系转变。

然而，按照我们对当前阶段中国金融体系发展和改革历程的长期调研、观察和思考，其表现出的典型结构性特征具体体现在以下方面：

当前发展阶段，中国的金融体系始终呈现出以垄断性大银行主导的、间接融资功能为主的金融体系。

中国以银行机构为主的金融体系虽然经历了以市场化导向和构建现代银行公司治理机制的多轮次改革，然而，始终存在的一个困局或症结是，这些多轮次的改革并没有从根本上破解以国有银行为主的大银行垄断体制和间接融资功能，也没有从本质上扭转银行机构中垂直管理型的官僚治理组织机制，也没有从基础层面改变银行依靠存贷差来获取利润利益的经营模式，更没有从机制层面提升银行机构的风险识别、筛选和监管能力制度，导致中国银行机构的体制性交易成本和非市场化交易成本仍然高企，造成银行机构难以适应和匹配产业结构的动态变化特征和微观企业转型升级所蕴含的外部融资需求变化信息。

二、当前阶段中国金融体系的结构性矛盾与锁定效应分析

在我们看来，现阶段中国只具有间接融资功能的银行主导型金融体系，其结构性矛盾和内在冲突突出表现在两个方面的背离现象或错配效应：

（一）银行体系与中小微企业可持续发展内涵的诸多内在需求之间的背离和错配现象

当前，中国的金融体系始终存在的一个突出困局是，无论是中央政府采取降低银行基准利率或准备金率的货币政策利率工具，还是针对大型商业银行或县域的地方城市商业银行和农村商业银行实施鼓励为中小微企业增加贷款的鼓励政策，均难以使得银行体系的贷款资金有效渗透和注入到急需外部融资资金的中小微企业部门，特别是民营经济中的中小微制造企业。而且，银行体系提供的有限贷款资金，根本无法匹配和满足中小微企业可持续发展的诸多内在融资需求特征，对中小微企业造成了市场性和非市场性的信贷歧视，突出表现在体制性的融资难融资贵难题。这具体表现在：

首先，强制要求中小微企业提供完全无风险的严格抵押担保品，既背离了中小微企业经营活动和发展壮大的基本特征，也造成了超过中小微企业自身发展能力和承担能力的非市场性高贷款利息成本。我们的调查发现，大部分中小微企业从银行机构获得贷款的真实贷款利率超过了 15% 甚至在 20% 以上，而民间融资年利息均在 30% 以上，远超中小微企业 6% 的平均净利润率（张杰，2018）。

其次，针对中小微企业成长和发展所迫切需要的长周期融资需求，只能提供一年期的短期贷款，这就使得银行体系的贷款资金从根本上无法满足中小微企业的投资规模扩张和创新研发投入需求。

（二）当前中国的金融规模扩张、金融工具创新，与推进制造业为主的实体经济转型升级、培育制造业自主创新能力体系和建设创新型国家等诸多内在融资需求之间的背离和错配现象

中国以制造业为主的实体经济部门正处在转型升级的关键发展期，而制造业转型升级活动所蕴含的外部融资需求具体表现在：

首先，当前阶段，中国多数制造业企业普遍存在通过引进更为先进的生产设备和生产工艺来提升产品质量，满足消费者对高质量产品的高端市场需求，这就蕴含着先进生产设备和智能制造生产线替代劳动力类型为主的巨额固定资产更新投资需求。

其次，无论是从促进传统制造业或是提升高新技术产业自主创新能力的角度来看，还是从发展战略性新兴产业或是壮大高端生产装备产业的角度来看，必须依靠中国本土企业自身掌握基础研究和应用基础研究为主的原始创新能力，强化应用开发研究、中间试验研究、工程化研究以及产业化商业化环节等方面的自主创新能力，实现中国本土企业在产业链、产品链中的关键核心技术创新、颠覆性技术创新和关键共性技术创新等方面的全面突破，进而通过提升产品的全球竞争优势和附加值创造能力，满足国内和全球消费者的个性化、多样化、高质量产品的市场需求，这就蕴含着以培育和壮大自主创新能力体系为主的巨额创新研发投入融资需求。然而，当前阶段中国金融体系的多轮改革和金融产业的快速扩张，并未使得金融资金有效进入以制造业为主的实体经济部门中，匹配和满足制造业企业的巨额固定资产更新投资需求和创新研发投入融资需求；相反，却发生了金融资金"脱实入虚"、金融产业链依附于影子银行体系膨胀以及金融资金在金融体系内部循环等各种金融不当创新和金融泡沫乱象，严重背离了现代金融体系的本质是服务以制造业为主的实体经济发展的基本要求。

进一步看，现阶段中国以只具有间接融资功能的银行主导型金融体系，具体表现在三个方面的锁定效应：

1. 突出表现为由垄断性的大银行体制向市场化导向的股份制商业银行体制和地方性中小股份制商业银行体制的转化停滞和改革困局（张杰，2018）

随着中国经济由规模扩张型的高速增长阶段，全面转入创新驱动的中高速高质量增长阶段，迫切需要由垄断性的大银行体制主导的金融体系，向股份制商业银行体系 + 地方性中小股份制商业银行体系主导的金融体系转变。然而，依据我们的实地调研和观察，中国金融体系的这种转变转化过程中，发生了突出的转化停滞和改革困局现象。

一方面，尽管中国各级政府一直在推动以遵循市场公平竞争原则和构建现代银行公司治理机制逻辑为主要目标的银行体制改革，既主动让原有的中、农、工、建、交五大国有银行转变为上市股份制银行，以此来促进银行体制的市场化改革和现代公司治理机制的形成，也设立了允许全国范围经营的 13 家股份制商业银行以及其他 2000 多家地方性商业银行，主要是推动原有的城市信用社和农村信用社改制转变为城市商业银行和农村商业银行，并允许设立了不少新的地方性商业银行。然而，这些市场化导向的改革举措，虽然在一定程度上推动了中国银行体制的竞争型市场结构的逐步形成，但是并未从根本上打破原有的五大国有大银行主导贷款市场的垄断性市场结构，五大银行的贷款市场份额至今仍然高达 60% 以上。

另一方面，新设立和改造的股份制商业银行体制和地方性中小股份制商业银行机构的组织架构和治理机制，并没有充分体现现代银行公司治理机制的改革价值和运营逻辑，相反，从某种程度上看，中小银行的组织架构、风险治理机制、经营和盈利模式，均呈现出与垄断性大银行经营行为模式趋同的现象，造成不同市场定位的大小银行体系的功能定位和金融结构转化停滞现象。

2. 突出表现为间接融资体系向直接融资体系的转化停滞和改革困局

随着中国制造业企业从依赖劳动密集型产品的出口导向发展模式，向依靠本土市场消费结构的转型升级和全球价值链的中高端转移的发展模式转变，从依赖低成本劳动力的国际竞争优势，向依靠提升产品质量、创造新产品的国际竞争优势转变，从依赖模仿性创新向培育自主创新能力体系的国际竞争优势转变，在此特定的发展阶段，这意味着多数的微观企业特别是制造业企业的外部融资需求特征，由以满足流动资金和规模扩张型的购买生产设备为主的短周期的外部融资需求，向以产品质量提升、新产品创新研发以及自主可控的前端创新研发投入为主的长周期的外部融资需求转变，由短周期向长周期的外部融资需求转变，由债券融资向股权融资模式转变。

3. 突出表现为直接融资功能主导的资本市场和金融市场发展的相对停滞和改革困局

随着中国全面进入建设现代化经济体系和构建创新型国家的特定阶段，促进制造业为主的实体经济部门中产业链、产品链的关键核心技术创新全面突破，培育中自主创新能力体系的全面形成，成为中国推动经济高质量发展的核心途径，成为谋求突破以美国为首的技术创新封锁和关键核心产品出口管制的重要手段。针对制约中国产业产品塑造国际竞争新优势的关键核心技术、颠覆性技术和关键共性技术等一系列关键短板，倒逼中国的本土企业必须主动进行和开展巨额的各种形式、各个环节的创新研发投入活动，特别是要在基础研究和应用基础研究方面强化自身投入。

然而，由于中国原有的以劳动密集型为主的传统制造业部门，由于全球价值链体系中的低端锁定和俘获效应以及进入门槛相对较低造成的局部产业产能过剩的叠加效应，导致中国制造业企业普遍面临相对低利润率的发展困局，造成多数企业利用自身利润积累进行高风险的自主创新研发投入的内在能力和自身动力普遍缺失，特别需要依据产业发展特征形成的金融生态，构建与之匹配的现代化金融体系，尤为需要能够全覆盖从创新链的基础研究和应用基础研究环节到应用开发、工程化和产业化商业化环节的、具有风险处理能力差异性的、能够提供长期股权资金的多层次资本市场和金融市场加以支撑。然而，依据我们的实地调研和观察，当前，中国多层次的资本市场和金融市场的可持续发展，既面临短期性质的投资投机行为盛行以及金融资金“脱实入虚”陷阱的干扰，也受到短期利益最大化目标导致的经营行为扭曲的困扰，更受到一体化、贯穿式金融监管体制相对改革滞后的束缚。事实上，中国的资本市场和金融市场发展，已经严重滞后于推动以制造业为主的实体经济部门的转型升级和培育自主创新能力体系等诸多方面的内在需求，成为当前阶段阻碍建设创新型国家重大战略目标的最为突出的机制体制因素之一。

第三节　中国金融结构转化停滞和改革困局发生的深层次因素分析

一、针对现代金融体系体制中政府与市场关系和功能边界的认知模糊误区，是导致当前中国金融结构转化锁定效应和改革停滞现象发生的核心因素

在现代金融体系中，对动态变化关系和规律有着明确的认知，对政府

和市场的功能边界有着明晰的界定。按照一般的逻辑，政府针对各种类型的金融机构有着两个方面的基本责任：一是对金融机构经营和运行风险的各种监管功能和监管制度设计；二是在全球开放背景下由于金融危机和经济危机的传染性，无论是对发达国家还是对发展中国家而言，各国政府或多或少均承担重要金融机构的最终偿债者或最后破产“接盘手”的隐性或显性责任。

而从市场功能的角度看，现代金融体系的定位就更加明确，任何类型的金融机构均遵循垄断竞争型的市场结构运行规律：一方面，必须通过对同一类型和不同层次的金融机构保持适当的贷款业务市场竞争，利用市场竞争压力来始终倒逼各种类型金融机构的创新活力和改革动力，优化和提高金融资金的市场配置功能和使用效率；另一方面，太过激烈的市场竞争，非但不能有效激励金融机构的业务创新和工具创新，相反还会造成融资市场的“向底部竞争”（Race-to-the bottom），减弱金融机构的正常利润创造能力，增加金融机构的系统性风险。因此，多数的金融机构必须维持合理的垄断竞争市场结构。

然而，从中国当前以银行机构为主的金融体系看，一方面，在中国地方经济仍然程度不等地存在官员政绩驱动的前提下，在各级政府通过控股和委派金融机构官员渠道来控制中央和地方金融机构频繁干预金融资金配置功能的情形下，以国有大银行主导的寡头垄断市场结构尚未被根本性地打破；另一方面，新设立的13家全国性的商业银行、转制或新设立2000家地方性商业银行机构以及其他金融机构，特别是那些地方性的中小商业银行机构，在多数受到地方政府控股和直接委派金融机构高级管理人员的前提下，更容易受到地方政府的干预和控制，导致小银行经营模式向垄断性大银行趋同的现象，使得地方性中小银行体系中市场竞争机制的失效和金融资金市场配置功能扭曲效应的发生。

二、针对现代金融结构中直接融资体系、间接融资体系关系和功能的认知不到位，是导致中国金融结构转化锁定效应和改革停滞现象发生的主要因素

正如我们前文所分析的那样，在一国金融结构的演变路径和转化过

程中，随着产业结构向高风险的、投资周期长的创新密集型、资本密集型和人力资本密集型产业的全面转型升级，其中部分产业处于全球创新前沿和领先地位，在产业结构所面临的彻底变革型转型升级进程中，唯有以风险分散型的、长期利益捆绑型的直接融资功能主导、股权融资为主的金融体系，才能从根本上解决这些创新成功概率不确定性高、市场风险大、融资周期长、融资成本相对合理的创新型密集产业、战略性新兴产业，高新技术企业的外部融资需求和风险保守型的金融机构之间的内在冲突和矛盾。

从具有直接融资功能的金融体系形成逻辑看，一种是对具有间接融资功能的银行体系赋予其直接融资功能，由只具有间接融资功能的单一制银行体系转变为具有间接融资和直接融资双重功能的全能制银行体系；另一种是发展以各种天使基金、风险基金等私募基金以及股票市场、科技创新板、新三板、新四板等具有股权融资和直接融资功能的多层次资本市场和金融市场。该差异性的二者体系形成的机制和逻辑，既与一国金融体系的产业结构基础和发展路径依赖特征密切相关，也与一国法律体制的历史沿革和变革特性紧密相关。然而，中国各级政府针对现代金融结构中直接融资体系和间接融资体系的功能差异性特征和动态变化关系认知不到位，特别是对发展具有直接融资功能的现代金融体系对培育自主创新能力体系的极端重要价值认知不足。而且，在以垄断性银行体系自身已经成为巨大的利益集团，成为阻碍金融结构改革的重要因素的前提下，中国的金融结构出现了由间接融资功能主导的金融体系，向具有直接融资功能的金融体系的转变停滞和改革困局。

三、针对现代金融体系中对外开放和对内开放关系的认知错位，是导致中国金融结构转化停滞和锁定效应发生的重要因素

在全球化背景下，一国金融结构的演进路径和转化进程，必然受到对外开放所蕴含的诸多外部环境条件的制约。针对多数发展中国家而言，其金融结构的改革和转化，既受到开放条件下市场竞争的强化带来的改革倒逼效应，也受到资本的双向国际流动所带来的金融风险的额外影响冲击，

从而造成开放背景下金融体系的脆弱性以及本土金融机构和金融市场的被控制性和俘获性，进而造成本国金融体系的自生性和货币政策的独立性的丧失。因此，对于中国而言，迫切需要借助和依靠金融市场及资本市场的逐步对外开放以及国际领先金融机构的成熟经验，以激活中国国内金融市场的市场竞争活力、改革动力和自主创新能力，提升资本市场的资金配置效率，进而匹配和促进实体经济的可持续发展。

第四节　对当前中国构建现代金融体系中几个重要关系的辨析

一、是全面构建以资本市场和金融市场主导的现代金融体系，还是优先发展全能制银行体系

正如我们前文所指出的问题，即便从发展直接融资功能主导的金融体系角度看，发达国家也有两种经验可供借鉴，一种是发展以资本市场和金融市场主导的现代金融体系，另一种是打造具有间接融资和直接融资双重功能的全能制银行体系。从中国的现实情况看，要针对只具有间接融资单一功能的、以大银行主导的金融体系进行调整和改革，有两个基本立场无法回避或超越：

一是不可能绕过中国现有的庞大银行体系，或摧毁既有的银行体系，直接发展具有直接融资功能的资本市场和金融市场。这种激进的改革思路和改革方案，必然会引起既得利益者的阻碍以及金融体系的不稳定现象，甚至造成既有深层次系统性风险的集中爆发，造成不必要的制度性改革对立面和阻碍者。

二是中国现有的法律制度和金融监管制度存在突出的相对改革滞后问题，也不适宜激进地全面发展以资本市场和金融市场主导的现代金融体系。既有的金融深化理论表明，越是资本市场和金融市场主导的现代金融体系，越需要具有“及时监管型”的、可以快速调整变化的法律制度以及前瞻性的、穿透式的、协同性的金融监管制度。

二、是发展市场化导向的股份制商业银行体系，还是鼓励民营银行发展

在我们看来，中国以银行机构主导的金融体系的改革方向，容易产生认知和改革误区。必须科学澄清的一个重要问题是：究竟是优先发展民营银行，还是率先发展市场化导向的股份制商业银行体系？以上分析均论证出一个客观事实，从中国的现实状况看，中国的银行体系中存在着一个突出问题，就是国有大银行主导的垄断性市场结构以及“竞争中性”和“所有制中立”原则的相对偏离。因此，很容易引发的一个改革思路是：打破国有垄断性银行体制的途径是积极发展民营银行，特别是主动发展中小民营银行体系，就可以有效解决中国金融体系体制中的一系列机制体制障碍因素，使得中国的金融结构达到理想中的最优结构状态。然而，依据我们的观察和思考，当前中国以银行机构为主的金融体系中，最为突出的弊端和关键的短板是，尚未真正构建出市场化导向的现代银行公司治理机制和金融发展的市场制度。因此，在这种制度性的阻碍和制约条件下，即便降低了民营银行的成立门槛，放开了民营银行的设立管制，很有可能发生的现象是，民营银行的成立并不能从根本上促进中国金融市场垄断性问题的解决，也未必能够有效促进现代银行公司治理机制的变革；相反，在制度性环境短板没有得到根本性改善的前提下，民营银行体系的组织架构很有可能会变异为官僚僵化体制，企业治理机制可能会变异为过多垂直层次化，风险识别和控制机制可能会变异为严重依靠严格的抵押担保制度，经营盈利模式可能会变异为严重依赖存贷利差模式，成为欠发达地区和广大农村地区金融资金的“抽水机”以及向发达地区和城市转移的“中介机构”，进而成为阻碍地区经济发展的重要因素之一。

由此我们认为，当前阶段，强化金融机构转型升级所内嵌的市场化环境改善和制度建设，要优于发展金融机构本身，强化金融机构的现代化公司治理机制的完善，要优于简单强调经营盈利模式的变革。因此，全面建设市场化导向的、由多数民众持股的股份制商业银行体系的改革思路，要优于一味鼓励发展民营银行的改革策略。

三、是发展偏向大银行导向的金融体系，还是鼓励地方化、专业化的股份制中小商业银行体系

以上的分析表明，随着中国经济进入创新驱动发展阶段，作为自主创新主导力量之一的中小微型创新企业，在塑造经济新动能中的重要性日益凸显。因此，一味依赖偏向大银行导向的金融体系，已经完全不适宜中国经济“新常态”条件下的产业结构特征和企业发展生态特征，鼓励适宜中小微企业外部融资需求特征的地方化、专业化的股份制中小商业银行体系，就应该是今后一段时期内中国深化金融体制改革的重点突破方向之一。按照党的十九大报告指出的深化金融体制改革的基本精神，“增强金融服务实体经济能力，提高直接融资比重，促进多层次资本市场健康发展”。特别是按照第五次国家金融工作会议指明的“发展中小银行和民营金融机构”的基本精神，必须积极探索和发展具有直接融资功能的地方化、专业化的股份制中小商业银行体系。

所谓的“地方化”，指这些地区性的中小商业银行，其经营业务范围应该被限制在特定地区之内，专门服务于特定地区的经济发展以及满足实体经济部门的各种融资需求，将自身的盈利空间和生存发展机会，与地区的经济发展和实体经济部门的发展机会充分融合，互利共赢，共生共长。所谓的“专业化”，指特定的中小商业银行，其经营业务范围应该被限制在特定产业行业，专门服务于满足特定产业和企业的各种融资需求，将自身的盈利空间和生存发展机会，与产业的发展机会深度融合。发展具有直接融资功能的中小商业银行体系，指赋予地区性、专业性的中小商业银行的直接融资功能，发展全能制银行式的中小商业银行，强化中小银行机构利用直接融资渠道对地区实体经济部门的支撑功能。而且，针对积极探索和发展具有直接融资功能的地方化、专业化中小商业银行体系的既定目标，迫切需要前瞻性地研究和构建全能中小商业银行体系下的新型金融监管体制。更为重要的是，要积极鼓励具有直接融资功能的地方化、专业化的股份制中小商业银行体系，与战略性新兴产业、企业集团、本土跨国公司的相互融合发展机制和银企一体化机制，并且前瞻性地研究由此带来的金融风险

监管制度设计与创新。

第五节 中国金融结构性改革的突破方向与改革举措

一、高度认识发展具有直接融资功能的现代金融体系，其应该是中国今后深化金融体制改革的主攻方向

中国当前以大银行机构为主的金融体系，已经到了全面推进金融供给侧结构性改革的关键时期。其中，战略性的核心改革任务是打破间接融资功能主导的旧有金融体制，逐步构建具有直接融资功能的现代金融体系。需要抓紧重点布局部署的改革举措是：

一方面，要在发展具有直接融资功能的现代金融体系过程中主动推进既有的垄断性金融市场结构的全面变革，主动推动金融机构现代公司治理结构和机制的彻底改革。

另一方面，要在发展具有直接融资功能的现代金融体系过程中逐步扭转中国金融体系对“竞争中性”和“所有制中立”基本市场原则的扭曲效应，消除利益集团藩篱和制度性扭曲根源。

特别是要加快中国金融供给侧的“去产能”“降风险”“补短板”这三项重点工作。“去产能”的工作重点，是要强制收缩金融泡沫部门和过度虚拟化的金融机构，可以将适当收缩和调整间接融资功能为主的金融结构作为改革目标；“降风险”的工作重点，是要严格降低金融泡沫部门带来的局部性金融风险以及与其他风险叠加和诱发的系统性金融风险，特别是要高度关注特定地区的地方性中小商业银行的不良贷款率高企的金融风险；“补短板”的工作重点，是要积极构建和扩张与实体经济的自主创新能力体系培育和提升相匹配的直接融资功能主导的现代金融体系。

二、必须将发展具有直接融资和间接融资双重功能的全能制银行体系，作为中国今后深化金融体制改革的重点突破方向之一

当前阶段，要高度认识到发展有直接融资和间接融资双重功能的全能

制银行体系，对促进中国经济可持续发展和高质量发展的重大战略价值，特别是对切实解决既有银行体系无法匹配和满足以制造业为主的实体经济部门和众多创新型企业对贷款周期长、融资成本相对较低的外部融资需求的突出困局，具有不可替代的重要作用。为此，重要的改革举措是：

一方面，当前最为重要的改革思路是，要全面取消1994年颁布的《银行法》对禁止银行机构从事直接投资活动的法律限制，将鼓励银行机构积极稳妥地实施和增加直接融资功能的业务种类创新以及相应的金融风险监管制度设计，作为新《银行法》的重点改革内容。

另一方面，在充分借鉴德国和日本等发达国家的经验教训基础上，加快建立具有中国特点的全能制商业银行体系。既要针对五大国有上市银行以及全国经营范围的13家股份制上市银行机构，优先赋予股票市场投资以及各种针对创新型企业股份投资的业务权力，也要针对地方性的中小商业银行体系，重点赋予针对本地区创新型企业、高新技术产业、有前途的传统型制造业以及地区重点产业股份投资的业务权力，鼓励银行机构主动探索和创造与企业或产业生命周期的不同融资需求相适宜和全覆盖的新型金融业务和金融创新产品，鼓励银行体系与产业体系的长期利益捆绑模式和“互利共赢”机制的构建和形成。

三、积极发展具有直接融资功能的地方化、专业化的股份制中小商业银行体系，这是中国深化金融体制改革的重要组成部分

当前阶段，构建多层次的商业银行体系的核心任务，除了要推进大型商业银行体系的市场化改革和治理现代化改革外，就是要积极发展地方化、专业化的股份制中小商业银行体系。要高度关注的客观事实是，当前发展地方化、专业化的股份制中小商业银行体系，对中国多数县域经济、乡镇经济以及农村经济落实高质量发展战略目标，所具有的基础性和决定性作用。因此，当前最为重要的改革举措是：

一方面，要放宽和破除地方政府和大型商业银行，对成立地方性中小股份制商业银行的股份制控制要求，鼓励有实力的企业集团和产业集团，作为地方性中小股份制商业银行的发起人和主要出资人，鼓励地方性中小

股份制商业银行，依据地方性产业结构转型升级和产业发展内在融资需求的经营模式创新和金融工具创新，鼓励地方性股份制中小商业银行的股权分散以及实施上市机制。

另一方面，要主动限制地方化、专业化的股份制中小商业银行体系的跨地区设立分行和盲目扩张经营区域的服务活动，要强制要求地方化、专业化的股份制中小商业银行对地区特定产业和经济发展的利益捆绑式服务模式，特别是要鼓励地方化、专业化的股份制中小商业银行体系，对本地区制造业企业、中小微企业以及个体经济的普惠金融式服务能力的全面金融服务模式和工具创新。

四、构建与创新型国家的内在需求相匹配的多层次资本市场和金融市场

全能制的商业银行体系和具有直接融资功能的地方化、专业化的股份制中小商业银行体系，主要是支撑微观企业创新链中后端环节的外部融资需求，支撑产业链和产品链的中后期生命周期阶段的外部融资需求，却难以支撑企业创新链前端环节以及产业链和产品链的前期生命周期阶段的外部融资需求。因此，必须加快与中国全面建设创新型国家的诸多内在需求相匹配的多层次资本市场和金融市场。当前最为重要的改革举措是：

一方面，要彻底认清各种形式的股票市场的核心功能和基础定位。中国当前发展各种形式的股票市场的目的主要有两种：其一是提升和强化金融资金的市场配置效率，要充分体现优胜劣汰的市场公平机制，而不是为特定类型的企业解困或提供额外的发展机会；其二是通过股票市场的人民持股计划，为尽可能多的普通民众通过持有股票获得公平财富的创造性载体平台，充分体现社会主义的核心价值观。

另一方面，在积极鼓励各种形式的天使基金、创业基金为主的公募私募基金发展的同时，尤其是要推动天使基金、创业基金等金融机构，为产业关键核心技术创新突破有效服务导向的经营模式和治理机制变革，使之与产业和企业的关键核心技术创新全面突破、战略性新兴产业的培育和发展的长周期资金需求以及股权投资需求相匹配。

五、全面构建系统性的新型金融风险识别机制和贯穿式、协同性的现代金融监管制度

中国深化金融体制改革进程中，针对发展具有直接融资功能的全能制银行体系，针对打造具有直接融资功能的地方化、专业化的股份制中小商业银行体系，针对构建与创新型国家的内在需求相匹配的多层次资本市场和金融市场体系，这些叠加性的改革目标，既意味着中国的金融风险并不会停留或被隔离在某个特定的金融部门之中；相反，金融风险会穿透和贯穿于银行体系、资本市场和金融市场等整个金融系统之中，局部性的金融风险很容易蔓延成系统性的、复杂性的金融风险。同时，这意味着对中国的现代金融监管制度，提出了贯穿式、全链条、协同性的更高设计和构建要求。有鉴于此，今后金融体制的重点突破方向，是要前瞻性地设计具有贯穿式、全链条、协同性的现代金融监管制度，打造系统性的新型金融风险传播的防范机制要求。

第五章

以新型举国体制推动中国制造业高质量发展

第一节　当前束缚中国制造业高质量发展的突出因素分析与判断

当前，造成中国经济持续下行压力的根本原因，本质上在于以制造业为主的实体经济部门可持续发展能力的弱化。而制造业部门可持续发展能力的弱化又集中表现为高质量投资动力的弱化和自主创新能力的普遍缺失。在我们看来，具体体现在以下两个方面：

一、民营制造业部门普遍形成了“自主创新能力不足 + 高质量投资动力缺失↔制造业利润率相对低下↔资产国外转移 + 企业投机行为盛行 + 企业多元化投资盛行↔自主创新能力进一步不足 + 高质量投资动力进一步缺失”的恶性循环路径

当前，一个极为需要警惕的重要现象是，2010~2018 年，中国民营企业部门总共创造了 17.68 万亿元的总利润。然而，高达 11 万亿元资金并未用于再投资或自主创新研发投入活动[①]，而是选择脱离了生产制造环节。而绝大部分是在 2014~2018 年发生脱离现象的。这个重大现象说明，在中国经济新旧动能转化的关键转折期，在高质量发展战略实施的关键爬坡期，作为国民经济主体支撑的民营经济部门，非但没有承担推动产业结构转型升

① 笔者根据国家统计局历年相关数据计算所得。

级的高质量投资和自主创新研发投入的核心任务；相反，普遍还将企业自身利润积累撤出了企业的生产制造环节，转移和投入到各种金融投资投机以及房地产行业之中，以谋求企业短期利益的最大化。甚至还有不少民营企业将企业利润和资产通过各种途径转移到国外，造成了中国民营企业部门自主创新研发投入和高质量投资投入能力和动力的进一步弱化。

二、美国等西方发达国家针对中国实施的技术封锁、高端产品禁售和科技创新围堵战略，以及中国本土企业在全球价值链分工与贸易体系中已经形成的出口低端锁定体系、技术创新依附体制和科技创新的“中心—外围”体系，对中国以制造业为主的实体经济部门的自主创新能力体系构建、全球价值量高附加值环节攀升能力提升和高质量发展模式的加速形成，均造成了难以忽略的制约效应和阻碍效应

美国政府针对中国的中兴、华为等跨国公司“突然”实施的高端中间产品禁售和科技创新全面围堵政策，实质上暴露了美国等西方发达国家，对作为最大发展中国家的中国逐步培育和提升的自主创新能力体系的极度担心和全面遏制战略意图。在以美国为首的西方发达同盟体系的长期战略布局中，已经通过将中国本土企业引入到发达国家控制的全球价值链分工和贸易体系中的劳动密集型、低技术含量的低端组装制造加工环节，试图将中国限制在全球价值链体系的低端锁定环节，将中国局限于全球科技创新“中心—外围”体系中的外围环节，迫使中国成为发达国家全球技术创新体系的依附物。客观事实是，以美国为首的西方发达国家的这些围堵和遏制战略，对中国经济已经起到了一定的负面作用，特别表现为对中国以制造业为主的实体经济部门的自主创新能力体系构建、全球价值量高附加值环节攀升能力提升以及高质量发展模式的加速形成，所形成的难以忽略的阻碍效应甚至抑制效应。

结合以上的分析，可以梳理出的一个基本逻辑是，从国内外各种因素的分析和判断看，当前阻碍中国制造业高质量发展的关键因素就在于中国众多的产业链、产品链暴露出的关键核心技术创新方面：既在于传统制造

业产业中存在新产品研发设计能力、关键生产设备、关键零配件、关键材料、大规模一致性生产工艺等方面的自主能力体系不足，又在于战略性新兴产业中普遍存在基础研究、应用基础研究、应用开发研究、中间试验研究、新产品研发设计能力、关键生产设备、关键零配件、关键材料、大规模一致性生产工艺等方面的自主能力体系严重不足，更在于关键高端生产设备装备产业中的基础研究、应用基础研究、应用开发研究、中间实验研究、新产品研发设计能力、关键生产设备、关键零配件、关键材料、大规模一致性生产工艺等方面的自主能力体系严重不足。换言之，中国的多数制造业产业部门均面临产业基础能力不足和产业链现代化水平相对不高的发展困局。具体体现在两个方面：一方面，中国在创新链体系各个环节的全面不足。而创新链的各个环节逻辑链条是：基础研究环节 + 原始创新环节→应用基础研究环节→应用开发研究环节→中间实验研究环节→工程化研究环节→产业化商业化研究环节。另一方面，中国在产业链乃至产品链的部分产业环节的严重不足。主要表现在新产品研发开发能力相对不足、关键生产装备设备自主能力体系严重不足、关键零配件自主能力不足、关键材料自主能力不足以及大规模一致性生产工艺能力不足等突出方面。

基于以上分析，可以归纳出的基本事实是，制约和阻碍中国制造业高质量发展的关键核心技术创新的突出问题，既表现在创新链的各个环节方面，又表现在产业链、产品链的不同产业环节方面。特别是表现在创新链和产业链融合体系的特定方面，其中的相互关系和作用逻辑具体展现在图 5-1 中。换言之，其中的相互作用机制具体体现在：

一方面，中国的整体基础研究实力以及企业内部的基础研究能力和应用基础研究能力，越发成为中国国内本土企业的国际竞争优势的关键来源，成为中国的全球跨国公司核心竞争力的唯一来源。应用开发研究和中间试验研究能力，也越发成为制约中国国内本土企业自主创新能力提升的重要因素，成为决定科技创新成果能否形成企业生产化和产业化的突出因素。而工程化环节的诸多方面自主研究能力，也越发成为制约中国科技创新成果产业化的关键因素。产业化商业化环节的自主研究能力，特别是其中的大规模一致性生产工艺能力，也越发成为影响中国制造业全球竞争优势的核心因素。

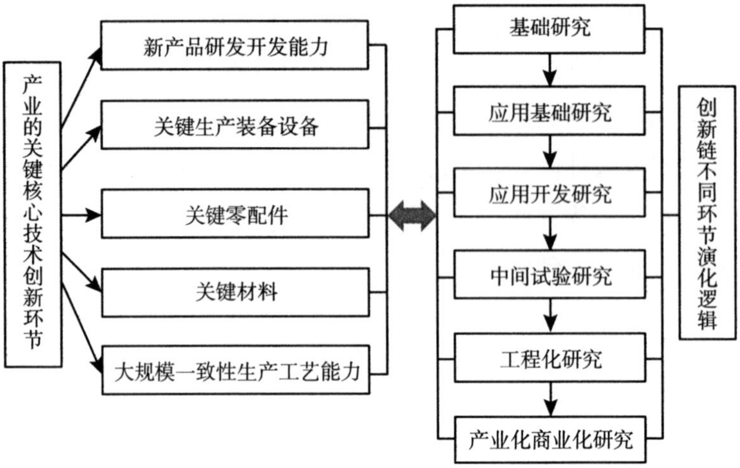

图 5-1　中国产业链和创新链关键核心技术创新短板的融合体系

另一方面，中国在产业链乃至产品链中的新产品研发开发能力相对不足、关键生产装备设备自主能力体系严重不足、关键零配件自主能力不足、关键材料自主能力不足以及大规模一致性生产工艺能力不足等方面的突出问题，事实上也是与创新链中的基础研究环节、应用基础研究环节、应用开发研究环节、中间试验研究环节、工程化研究环节以及产业化商业化研究环节自主能力不足紧密相关的。这些因素“你中有我、我中有你”、相辅相成、相互支撑、缺一不可。创新链整个系统自主能力的不足，造成了中国产业链、产品链中关键环节和部分产业的国际竞争能力严重不足。因此，只有有效激发中国微观企业在创新链各个环节的巨额创新研发投入和高质量投入，才能从根本上解决制约和束缚中国产业链基础能力和产业链国际竞争力的关键核心技术创新突破的短板和困局。

第二节　推动中国制造业高质量发展的关键在于科学辨析和把握政府与市场的关系

制约中国制造业部门高质量发展的关键因素，在于众多产业中的各种形式关键核心技术创新方面无法取得全面突破。而造成中国微观企业在众多关键核心技术创新方面自主研发投入动力不足的内在原因，还得追溯到中国目前普遍存在的各种制度性藩篱所造成的高昂制度性交易成本，追溯到中国各级政府特别是一些地方政府出于维护自身集团利益和部门利益而过度干预微观企业活动所造成的各种扭曲性效应，追溯到中国各级政府现行的发展策略以及争相制定和实施的各种形式的产业政策和创新政策对微观企业创新决策行为所带来的负面激励作用，从根本上追溯到中国各级政府对政府和市场之间边界关系及功能定位的认知模糊和操作失误方面。因此，显而易见的一个逻辑是，当前束缚中国制造业高质量发展的机制体制因素，归根结底在于对政府与市场关系的认知模糊和定位混乱。具体体现在：

一、导致当前中国以制造业为主的实体经济部门自主创新能力不足以及高质量投资动力弱化的根本因素在于机制体制问题，主要在于"公有制认知困局""所有制歧视""金融融资歧视"等方面因素的综合作用

首先，从"公有制认知困局"的角度看，由于我国将国有企业部门定位为公有制的核心表达形式，并且一直强调两个"毫不动摇"原则，从而有意无意地将国有经济部门和民营经济部门推到了相互的对立面，由此对众多民营企业特别是民营经济部门的中小微企业的企业家与经营业主的高质量投资和实施自主创新研发投入的信心及预期造成了极大的负面冲击效应。这也是造成当前中国众多民营企业的企业家和经营业主将自身企业利润积累和资产资本脱离实体经济部门甚至转移到国外的重要环境激励因素。

其次，在将中国的国有企业定位为在"关系国民经济命脉的重要行业和关键领域"这一具备控制力和支配地位战略的指引下，中国各级政府特别是地方政府在实施招商引资活动以及制定扶持支持企业发展的各种优惠政策方面，实质上发生了典型的"所有制歧视"现象，即出现了严重偏向国有企业的普遍行为。特别是在某些战略性新兴产业、高端装备制造业、创新密集型产业、关键自然资源产业以及具有自然垄断性质的特定产业中，针对民营企业设立了各种形式的显性或隐性市场进入壁垒，这被形象地称之为"玻璃门""弹簧门""旋转门"现象，造成民营企业在市场竞争环境

的不平等地位以及国有企业和外资企业的相对强势地位，严重挫伤了民营企业的自主创新能力和高质量投资动力。

最后，无论是以国有企业部门还是以民营企业部门的高质量投资和自主创新研发投入等主导的高质量发展模式形成的角度看，均迫切需要制造业部门微观企业持续性的巨额资金投入，在中国制造业企业的利润率相对低下而必然无法支撑这些持续性巨额资金投入的情形下，尤为需要外部的现代金融体系将社会储蓄资金输送和渗透到以制造业为主的实体经济部门，对接和满足制造业企业高质量发展的长周期的巨额资金融资需求。虽然中国经过多轮的金融体制改革，但是，当前仍然呈现出以国有大银行为主的间接融资型金融体系，与制造业企业特别是民营企业和创新型中小微企业的各种形式外部融资需求已经严重不匹配，已经远远不能满足制造业企业的高质量投资需求以及自主创新研发投入需求。而且，中国以国有银行为主的金融机构普遍出现了“所有制歧视”“规模歧视”的典型现象，民营企业和创新型中小微企业的融资难、融资贵难题，在目前国家多次针对性的改革指导意见的激励下，不仅没有得到根本性的改变，相反还呈现出固化甚至愈发严重的现象。

二、导致当前以中国制造业为主的实体经济部门自主创新能力不足以及高质量投资动力弱化的根本因素，还在于市场结构的失衡效应以及产业结构的虚拟化和泡沫化，对以制造业为主的实体经济部门高质量发展造成突出的阻碍效应

在某些经济领域中，对政府和市场关系的认知模糊以及定位混乱，还体现在改革初期对某些特定产业产品的公共产品性质、半公共产品性质和市场性质的错误认知方面，比如房地产行业、医疗行业等。以房地产行业为例，在中国人口相对高密集度以及正处于城市化发展关键时期的双重背景下，中国各级政府出于最大化地攫取土地财政收益以及依赖短期内房地产开发投资拉动地区经济增长的多重目标激励下，纷纷将在中国特定情景下只具有半公共产品性质的房地产产业，定位为具有完全市场性质的产品，最终导致中国房地产成为“炒”的，而不是“住”的。

客观事实是，类似于房地产产业这些半公共性质产品的完全市场化，必然会造成政府权力对这些性质产业产品市场结构的过度干预和利益集团的寻租活动，造成这些产业产品市场结构的行政控制效应、垄断效应乃至失衡效应，造成中国不同产业间企业利润率和投资收益率的非均衡性，当然会造成以制造业为主的实体经济部门的虚拟化和泡沫化。因此，在中国多数传统制造业存在产能过剩以及当前逆全球化导致中国企业出口扩张遇阻的综合因素作用下，产业结构的虚拟化和泡沫化，必然会导致中国全社会的短期投机行为盛行，特别是会激励不少制造业企业将自身的利润收入积累甚至生产经营流动资金，转移到房地产投资投机领域以及金融资产投资投机领域谋取短期收益最大化，极大地削弱甚至抑制了这些制造业企业在营造企业品牌、提升产品质量、提高生产效率、构建自主创新能力体系等方面的高质量投资动力和创新研发投入活力。

第三节　科学认识中国特色的新型举国体制的基本特征与实施途径

从破解制约中国制造业高质量发展的核心机制体制障碍的战略层面看，从破除束缚中国关键产业的关键核心技术创新藩篱和桎梏的策略层面看，不盲从西方发达国家的发展道路，不迷信西方发达国家鼓吹的新自由主义制度，而构建中国特色的新型举国体制应是题中应有之义。然而，在我们看来，从科学认知的角度看，中国特色的新型举国体制的基本特征与实施途径应该具体体现在：

一、中国特色的新政治经济学

中国特色的新型举国体制的理论基础在于中国特色的新政治经济学，其内涵在于在国家经济社会发展过程中始终坚持政治和经济相互融合、相互支撑、相互配合的经济制度，从而回归到经济学诞生时的政治经济学古典思想，强调个体自由权利和集体发展权利有机统一的经济制度，反对将经济和政治体系相割裂的经济发展模式和经济制度设计，反对将一味鼓吹个体自由权利最大化的经济制度认定为人类的最优制度。

进一步地，将中国特色的新政治经济学思想延伸到经济发展战略和政策体系设计层面，就是始终坚持政府和市场功能有机结合的独特发展模式，既要反对完全放任的新自由主义市场逻辑，又要反对僵化的计划经济模式，其核心在于摸索出一条政府和市场有机融合的独特发展模式以及相适宜的基本经济制度。而且，这种政府和市场有机融合的独特发展模式和基本经济制度，应该具有随着经济发展不同阶段的不同特征需求的相应的动态演化特征以及经济制度的即时可塑性和调整性。其中，“中国特色”的含义，就在于如何正确理解中国特色的新型举国体制的本质，在于如何正确理解中国特色的社会主义基本制度，在于科学理解公有制的基本表达形式。而“新型”的含义，在于科学把握在中国不同经济发展阶段中政府和市场关系的最优边界和功能定位的动态演化逻辑，特别是要瞄准与建设创新型国家和现代化经济体系中如何探索和协同发挥好政府和市场各自的有机功能新型融资体系方面。

二、中国特色的新型举国体制是一项系统性工程，迫切需要兼顾与共同解决供给侧和需求侧两个方面的结构性问题

一方面，从中国当前阶段的发展战略重点看，制造业是“国民经济的主体，是立国之本、兴国之器、强国之基”，制造业不仅是中国国民经济的根基所在，更是推动中国经济发展提质增效升级的主战场。当前，中国经济的重点和着力点已经转移到如何加快打造符合中国国情的现代化经济体系，如何加快建设符合中国国情的创新型国家上。其核心在于必须把中国的制造业做强做优做大，全面实现制造业高质量发展，夯实中国经济可持续发展的基础。然而，要将以制造业为主的实体经济部门做强做优做大，实际上是一个复杂的系统性工程。当前束缚中国制造业的关键短板因素，已经不仅是科技创新能否和制造业部门全面融合的问题，更在于金融体系能否与制造业部门相互适宜的问题，在于人力资本能否对制造业部门进行有效支撑的问题，在于金融体系能否与制造业部门自主创新能力体系充分匹配的问题。因此，在全面实现制造业高质量发展战略和建设“制造强国”

任务的指引和鞭策下，当前中国特色的新型举国体制的根本任务，是要全面构建“实体经济、科技创新、现代金融、人力资源”协同发展的现代化产业体系。其内涵不仅在于培育和壮大以制造业为主的实体经济部门的自主创新能力体系，构建创新型国家，更在于营造和强化与制造业高质量发展模式和构建与自主创新能力体系相匹配的现代金融体系，在于能够培育和打造有效支撑制造业高质量发展的多层次人力资源体系。

另一方面，鉴于在一国的经济发展过程中，供给侧和需求侧是一个硬币的“两面”问题，二者相互支撑，密不可分。实际上，任何试图割裂这二者之间内在关联的战略举措，最终只能带来战略制定和操作的失误。因此，中国特色的新型举国体制的复杂性还在于，不仅要解决供给侧结构性方面的问题，还要有效解决需求侧结构性方面的问题。更为需要清醒认识到的问题是，不要将束缚中国制造业高质量发展模式形成的因素仅仅归结为供给侧结构性方面的问题，即认为制造业部门自主创新能力的构建已经远远滞后于消费结构的优化升级，滞后于消费者对高质量产品的需求，也在于中国当前部分扭曲性的收入结构以及中等阶层的收入增长乏力，造成中国需求结构的部分扭曲性以及内需规模可持续增长动力不足的困局。

三、中国特色的新型举国体制是要从根本上解决维护市场公平竞争和充分发挥政府之间的权衡关系以及把握好二者之间复杂动态变化关系的问题

需要客观认清的是，中国特色的新型举国体制的基础性问题，就在于在推动高质量发展过程中，特别是在优先推动制造业高质量发展进程中，如何科学把握政府和市场之间的协同关系和各自的功能定位边界。需要掌握的基本原则是，既要在维护和完善市场资源配置最优效率的过程中摸索政府的合理功能定位，也要主动激发政府在市场失灵和制度失灵领域的弥补性功能和主导性作用；既要在提升国家和企业的基础研究和应用基础研究实力方面谋求政府和市场的协同功能，也要在当前制约中国制造业高质量发展的关键核心技术创新领域探索政府和市场的有机融合。具体来看：

一方面，需要清醒认知的客观事实是，要高度认清市场配置创新资源机制在产业创新领域和关键核心技术创新领域极大的局限性。当前，中国产业的关键核心技术创新问题，既表现为公共产品性质的基础研究、应用基础研究和关键共性技术领域的典型特征，也表现为“难以复制模仿+长期的持续的前期巨额创新研发投入”的私人性质的应用开发研究、中间试验研究、工程化研究、产业化商业化研究、关键零配件、关键材料和一致性大规模化生产工艺领域的典型特征。因此，即便完全按照市场主导的竞争机制配置创新要素和资源，也难以在短期内有效解决制约中国产业链、产品链的关键核心技术创新突破方面的难题，难以系统性地解决产业基础能力不足和产业链现代化水平提升动力不足的困局。

另一方面，针对中国众多产业的关键核心技术创新问题以及内在困局，虽然国有企业在人才、融资和自主创新能力等方面拥有长期积累优势，但由于国有企业的现代企业治理机制仍然没能得到彻底实现以及对人才薪水的非市场化定价机制，致使仅仅依靠国有企业部门，在当前发达国家质疑和发难中国国有企业非市场经济地位的情形下，也难以很好地解决中国众多产业的关键核心技术创新突破问题。如果一味依靠民营企业部门，在相当程度上严重高估了民营企业的综合实力。即便中国的民营企业不存在人才、融资和自主创新能力积累等方面的相对劣势，但无论是面对表现为公共产品性质的基础研究、应用基础研究和关键共性技术等领域的关键核心技术创新问题，还是面对“难以复制模仿+长期的持续前期巨额创新研发投入”的私人性质应用开发研究、中间试验研究、工程化研究、产业化商业化研究、关键零配件、关键材料和一致性大规模化生产工艺等领域的关键核心技术创新问题，很少有中国的民营企业具备如此的综合实力，也极少有民营企业家具备这样的能力和决心，像华为这样的企业实属少数。

综合以上的分析，我们认为，中国特色的新型举国体制的核心特征：一方面在于市场和政府的有机结合，既不完全迷信市场机制，也要充分发挥市场竞争机制在配置资源和要素功能中的主导作用，既要限制各种政府过度干预微观企业市场活动的行为和政策，也要更好地发挥政府在提供公共产品、强化政府在具有外部性特征的基础研究、应用基础研究、关键共性技术等方面的主导功能。在众多产业领域的关键核心技术创新突破方面，既不能迷信完全依靠市场机制能够彻底解决关键核心技术创新突破困局，也不能迷信完全依赖政府主导能够彻底解决关键核心技术创新突破困局。另一方面在于国有企业和民营企业的有机结合，既不可迷信完全依赖国有企业来实现关键核心技术创新突破，也不可迷信完全依靠民营企业来实现关键核心技术创新突破，尤其要有效发挥国有企业和民营企业在中国产业链和创新链融合体系中的协同作用，重点是探索出一条兼容国有企业和民营企业各自优势的、深刻体现中国特色社会主义经济制度本质特征的新型企业组织形式和现代企业治理制度。

四、要准确判断中国仍然处于由粗放型增长模式向高质量发展模式转变过渡阶段的基本国情

中国的经济发展模式仍然处于动态演化阶段之中，这些基本国情决定和约束了中国特色的新型举国体制的内涵和边界。

一方面，中国特色的新型举国体制，既需要在全面深刻反省原有的粗放型发展模式和出口导向发展模式与当前培育经济高质量发展模式之间可能的不相匹配性以及存在的内在矛盾冲突之处的基础上，又需要在深刻反省中国各级政府沿袭旧有的以直接运用财政资金补贴、奖励、返还形式为主的产业政策和创新政策的弊端以及扭曲效应的基础上。既要正确认清中国特色的新型举国体制是中国经济全面进入创新驱动阶段和建设创新型国家的必然产物，又要科学理清中国主要产业主要处于创新追赶阶段而少数产业处于创新前沿领域的现实双重约束。这些因素决定了中国特色的新型举国体制的内涵和边界。这必须体现在，中国特色的新型举国体制的内涵和边界，在兼顾需要通过深化对外开放战略吸收发达国家先进科技创新经验以及依靠融入全球创新链分工体系来维持全球一体化格局的多重约束前提下，既要深刻体现中国仍然是发展中国家的客观事实，如果一味依靠市场竞争机制来实现创新驱动发展战略和建设创新型国家，只能落入或陷入到西方发达国家设计的全球创新链的“中心—外围”体系中，成为发达国家掌握创新前沿领域综合优势的跨国公司的附庸，最终被锁定在全球价值

链体系中的低技术创新和低附加值的低端环节，又要深思熟虑地考虑如果一味依靠政府主导或政府财政资金刺激的方式，来落实创新驱动发展战略和建设创新型国家，必然会违背 WTO 的基本规则，造成全球各国对中国特色的新型举国体制的质疑和反对。

另一方面，中国特色的新型举国体制的内涵和边界，肯定不会是一成不变的，必然会随着中国经济发展阶段的变化特征，随着中国产业结构的转型升级过程，而主动地发生动态变化和逐步调整现象。

五、中国特色的新型举国体制，尤为需要在中美之间科技创新战略竞争逐步全面强化的新格局、WTO 规则的可能变化趋势以及全球治理机制的新变化特征下加以统筹谋划

今后一段时期，全球各国正在进入以科技创新竞争为主的经济发展竞争的特定阶段。中国既面对来自发展中国家的劳动密集型产业的转移和替代效应，又面临来自以美国为首的西方发达国家的科技创新封锁和围堵战略，特别是中美之间科技创新战略竞争正逐步处于白热化阶段，美国利用自身的所谓同盟体系对中国全面实施科技创新的封锁和围堵策略，这些综合外部因素倒逼着中国要在尽可能短的时期内实现制约关键产业的关键核心技术创新突破。

在美国的基础研究实力和科技创新整体较大幅度领先于中国的情形下，美国的跨国公司已经利用自身的科技创新综合优势占据了创新垄断地位。这种残酷的全球经济和创新发展竞争格局，在相当程度上就决定了中国如果是仅仅遵循所谓的全球市场公平竞争机制，就必然陷入到以美国为首的西方发达国家精心布局的全球价值链分工和贸易中的持续落后和低端环节地位。因此，中国特色的新型举国体制的内涵和边界，必须在日益复杂的全球产业发展竞争和科技创新竞争的新格局中加以统筹安排，既要符合 WTO 的基本规则和基本的市场公平原则，又要尽可能破除以美国为首的西方发达国家布局的科技创新封锁和围堵策略，探索出一条符合中国产业发展特征的促进自主科技创新提升的政府和市场有机结合途径。

第四节　科学把握构建中国特色的新型举国体制中的几个重要关系

一、如何解决效率和公平之间的复杂平衡难题

任何一种产业政策和创新政策均面临一个基本的权衡难题，就是如何有效平衡效率和公平之间的复杂问题。因此，针对中国特色的新型举国体制，必须回答的本质问题是，究竟是偏向于效率或是偏向于公平，还是兼顾效率和公平。如果导向是偏向于效率，中国特色的新型举国体制的着力点，就应瞄准大规模企业而非中小微企业。因为从效率角度看，大企业具有相对规模经济优势以及稳定的税收创造能力。如果导向是偏向于公平，中国特色的新型举国体制的着力点就应该瞄准中小微企业特别是创新型中小微企业，而非大规模企业。因为从公平角度看，特别是在中国当前的市场化环境和法治制度体系尚存在众多不完善的前提下，中小微企业特别是创新型中小微企业面对的未必是完全公平的市场竞争机制，而在中国情景下面临特定的“规模歧视”“所有制歧视”等一系列机制体制性障碍。

在我们看来，中国特色的新型举国体制，不能再纠结于效率和公平之间简单关系的狭隘认识。鉴于中国仍然是发展中国家，人均 GDP 正处于“中等收入陷阱”阶段的关键爬坡期，“发展是第一要务”，因此必须将维持效率原则作为中国特色的新型举国体制的首要瞄准目标，要在强化效率提升的过程中实现相对公平原则，而不可在损失效率的前提下过度强调公平，进而堕入举国体制的“民粹主义”陷阱困局。

二、如何发挥产业政策和公平竞争机制之间的关系

中国各级政府以往制定和实施的各种形式的产业政策，体现出的是政府主导型的发展模式特征，表现出的是政府对市场公平竞争机制，特别是关键要素市场定价机制的部分扭曲效应，显现出的是政府对微观企业正常

生产经营行为的诸多方面干预效应。这些政府主导型的产业政策，在中国处于经济起飞阶段以及市场机制尚不完善的情形下，在一定程度和一定范围内具有的合理性和必要性，实质上是对中国市场机制不完善和制度失灵的一种弥补和补偿机制，可以对冲和降低微观企业的制度性交易成本，使得外资企业能够快速进入中国市场，而本土企业能够有效利用中国的劳动力禀赋优势迅速切入到全球价值链的低端产品出口市场。

政府主导型的发展模式，既具有利益集团的固化特性，也有路径依赖式的基本特征，导致中国可能正在陷入到“制度不完善 + 制度失灵⟷政府干预市场的合理性和有效性⟷政府创造出更多的市场失灵 + 制度失灵⟷催生更多的政府干预市场机制行为”的恶性循环路径和发展怪圈之中。然而，中国各级政府仍然在实施的各种政府主导型产业政策，与中国全面进入高质量发展阶段中微观企业特别是创新型中小微企业对市场公平竞争机制以及降低制度性交易成本的基本需求，发生了诸多方面的内在冲突和矛盾。因此，中国特色的新型举国体制，既要全面消除旧有的产业政策对市场公平竞争机制所产生的诸多不合理干预效应和扭曲效应，遏制地方政府对政府主导型产业政策的发展思维和操作模式惯性以及自身利益依赖性，又要将促进地区短期 GDP 快速扩张为目的的旧有产业政策思路，全面转向促进国家和企业层面的基础研究、应用基础研究和关键共性技术创新提升和强化的创新政策方面。更为重要的是，必须全面重新审查中国各级政府的各种形式补贴、奖励、返还政策的合理性，着重检讨近年来各级政府热衷实施的各种形式产业引导基金的合理性，特别是要警惕产业引导基金在政府干预下发生的新变异性。

三、如何协调提高基础研究和强化技术创新研究之间的关系

正如我们前文分析的逻辑，当今世界，基础研究方面的整体能力和实力，不仅是一国国家层面综合竞争力的根本源泉，也越发成为微观企业特别是跨国企业的全球持久性竞争优势的核心来源。然而，中国本土企业忽略了基础研究和应用基础能力对企业核心竞争力的直接作用，而多数把商业模式创新和成本降低型技术创新作为全球竞争优势的主要来源，这造成

中国企业很难成为具有全球竞争力的跨国公司，也很难摆脱对以美国为首的发达国家技术创新的依附，从而很容易成为美国针对中国的科技创新封锁和围堵的博弈筹码和牺牲品。

客观事实是，中国基础研究以及应用基础研究整体能力的不足，不仅表现在国家层面的基础研究投入不足，具体体现在 2018 年中国基础研究投入占 R&D 经费投入的比重只有 5.5%，远远低于美国 15% 的比重，更表现在企业部门的基础研究投入严重不足，具体体现在 2018 年企业部门基础研究经费投入占中国基础研究经费总投入的比重仅为 3.07%，而高等学校、政府属研究机构的比重分别为 54.10% 和 38.80%[①]。然而，中国的高等学校和政府属研究机构部门，由于长期普遍存在各种形式的科技创新机制体制障碍和行政体制僵化痼疾，所创造出来的基础研究成果既较少具有全球前沿性、原始创新性和颠覆性，无法支撑中国科技创新的全球领先地位需要，又难以与企业部门的现实需求相对接，难以支撑中国企业部门的全球竞争优势领先地位。因此，当前中国特色的新型举国体制的重点，既要落在促进国家层面的基础研究提升方面，特别是要聚焦于促进以制造业为主的实体经济部门的基础研究和应用基础研究能力的提高，又要促进高等学校和政府属研究机构部门原始创新能力的整体提升，加快产学研一体化方面的机制体制突破性创新改革。

四、如何平衡国有企业和民营企业之间的关系

从战略层面看，中国已经将国有企业定位为关乎国计民生的主力军，而从具体实施层面看，国有企业被有意或无意地定位为必须掌控产业链的关键部分，在不少地方政府的发展思维中，被理解为国有企业必须分布在与自然资源或关键原材料密切相关的产业链上游环节，这导致了中国的部分国有企业具备了行政垄断和自然垄断的双重性质。从国有企业这种分布格局所造成的后果看，分布在产业链上游环节的国有企业必然会利用自己的多重垄断地位，通过提高作为下游民营企业和中小微企业的原材料投入

① 笔者根据历年《中国科技统计公报》计算所得。

品的自然资源产品价格来攫取产业链的最大化垄断利润，从而极大地挤压了分布在产业链下游环节的民营企业和中小微企业的正常利润获取能力，进而削弱了民营企业和中小微企业的高质量投资能力和自主创新研发投入动力，削弱了中国本土企业的出口优势。

然而，正如我们前文分析的逻辑，关乎中国国计民生的领域不仅仅表现在所谓产业链的关键环节，更表现在不同产业的创新链中的基础研究、应用基础研究、应用开发研究、中间试验研究、工程化研究等关键环节，表现在产业链的关键共性技术、关键核心技术创新、颠覆性技术创新等方面，表现在产品链的关键生产设备、关键零配件、关键材料甚至大规模一致性生产工艺等方面。因此，仅仅将国有企业定位在产业链的关键环节甚至上游自然垄断环节，而忽略了国有企业应该在创新链的关键环节和产业链、产品链的关键创新环节的主导地位，既违背了市场公平竞争机制这个基本原则，造成了要素资源配置效率的损失，又阻碍了国有企业的现代公司治理机制改革导向和市场化导向的战略目标，抑制了中国民营企业和中小微企业的创新创业活力。因此，迫切需要在创新链和产业链的融合体系中探索出国有企业和民营企业协同发展、大企业和中小微企业分工协作的新型产业组织模式，这也是中国特色的新型举国体制的题中应有之义。

五、如何认识技术创新被封锁和谋求自主可控之间的关系

需要高度清醒认识的基本事实是，中美之间的贸易摩擦背后，所体现出的是二者之间的科技创新战略竞争的残酷性和白热化。美国作为在全球基础研究、原始创新、应用基础研究、颠覆性技术创新研究以及高端产业的关键核心技术创新研究等领域的绝对领先者，必然会主动利用自身的全球创新领先优势地位，封锁和遏制处于创新追赶阶段的中国的自主创新能力体系的培育和提升。因此，可以预料到的现象是，在今后一段时期内，中美之间会在科技创新领域展开残酷的战略竞争，中美之间始终会处于科技创新领域的封锁和反封锁、遏制和反遏制的战略博弈过程之中。当前，美国针对中国企业正在逐步实施和强化的关键技术、关键生产设备、关键零配件、关键材料等方面的政策举措，必然会倒逼中国在关键产业链的关

键核心技术创新领域，从顶层设计层面全面实施自主可控战略，而这正好符合中国的举国体制优势。然而，如果中国在所有的关键产业领域全面谋求关键核心技术创新领域的突破，必然会带来发达国家的一致性反对甚至敌对态度，因为这就会挤占发达国家在关键产业领域的发展空间和科技创新机会，从而造成中国与全球其他国家之间的恶性竞争和敌对关系。

在这种复杂情形下，我们看来，中国各级政府以及各级政府机构部门，越是要控制沿袭以往一味依靠运用财政资金补贴和奖励政策来扶持关键产业链的关键核心技术创新领域突破的内在欲望和冲动，越要在关键产业链的关键核心技术创新领域科学辨析和把握好政府和市场的各自功能定位和利益边界。以更高的战略智慧，与其他发达国家共同打造“你中有我、我中有你”相互制衡式的全球创新链和产业链融合体系，从而从谋求政府和市场有机结合的角度，谋划全球新开发格局下的中国特色的新型举国体制，进而达到突破技术创新封锁和谋求自主可控之间的平衡关系。

六、如何把握深入对外开放和加快对内开放之间的关系

很显然，即便中国面对以美国为首的西方发达国家越来越强、越来越严密的技术创新封锁和围堵策略，中国也不可因此而实施闭关锁国政策。相反，要高举进一步深入推动对外开放的旗帜，做持续推动全球一体化战略的捍卫者。其中的原因在于，中国已经清醒认识到的最高最优发展战略是，只有深度融入到全球价值链的分工和贸易体系之中，尤其是要深度融入到全球创新链的协作体系之中，才能从根本上维护中国的发展利益，从根本上保证全球和平安全的发展环境。因此，中国特色的新型举国体制的边界和内涵，必须要在深入推动对外开放的外部环境制约下来加以界定和实施。

然而，在中国当前的机制体制改革进程中，出现了对内开放严重滞后于对外开放的重大现象，特别是在对内开放过程中，出现了要素市场开放程度严重滞后于产品市场开放程度的重大现象。这造成中国国内的市场化改革在诸多方面发生了严重的扭曲效应，对中国制造业高质量发展形成了突出的机制体制性障碍。有鉴于此，中国特色的新型举国体制不仅仅要体

现深入对外开放的内在需求和约束条件，更要全面体现加大对内开放的内在需求和约束条件。客观事实是，从外部环境的制约条件来看，强调对外开放和对内开放的并行，才应该是决定中国特色的新型举国体制内涵和边界的不可忽略的约束条件和重要组成部分。

第五节　构建中国特色的新型举国体制的改革突破口与具体政策建议

鉴于中国特色的新型举国体制是一项系统性工程，加快构建和提升中国特色的新型举国体制，根本上是要兼顾供给侧结构性改革和需求侧结构性改革这两个方面。从供给侧结构性改革的突破口和政策建议角度看：

一、必须尽快打破国有企业和民营企业之间的简单“二分法”思维，可考虑将从顶层设计层面来鼓励发展的新型股份制企业定位为推动中国制造业高质量发展的主力军之一

当前，唤醒和激发制造业部门民营企业的高质量投资动力和营造自主创新能力体系动力的机制体制性改革的重点，就应落在对社会主义公有制制度的重要改革调整和新思维突破方面。

一方面，我们看来，有鉴于社会主义公有制的本质是实现公平正义和共同富裕，因此，没有必要将社会主义公有制的表达形式再局限于国有企业部门和民营企业部门相互对立的这个简单“二分法”思维，而是要主动探索和创造出一条能够真正实现国民收入可持续增长以及资本市场收益和社会财富相对均等化分配的特定机制。为此，在目前可能选择的企业制度中，可能只有多数国民持有的股份制企业以及股份制上市企业比较符合中国特色的公有制制度的本质要求。因此，要特别积极鼓励民营企业转化为多人持股的股份制企业，鼓励创新型民营企业和创新型中小企业转换为多数国民持股的上市企业。要防止中国台湾股票资本市场发展所走的弯路，以为通过金融市场开放引进国外金融证券公司以及机构投资者就可以解决股票资本市场的波动风险问题，结果导致绝大多数普通个体投资者丧失了

从股票资本市场获取收入和利益的渠道机会。

另一方面，要在中国的产业链和创新链协同体系中，积极布局“国有企业 + 民营企业”“大企业 + 中小微企业”的产业链和创新链的分工协作和融合体系。在中国面临 WTO 规则调整和变化的全面压力下，无须将国有企业布局在产业链的终端产品市场生产和销售环节，而要将国有企业优先着重布局在创新链的基础研究环节和应用基础研究环节以及持续性的关键核心技术创新突破环节，充分发挥国有企业在人力资本优势、金融融资优势和技术创新等方面的积累优势，这是“如何提高国有企业自主创新方面的积极作用”的根本途径所在。

二、从更好地发挥政府这只“看得见的手”的功能角度

中国特色的新型举国体制，是迫切要从各级政府财政资金补贴型和企业生产成本干预型导向的产业政策，全面转向支持基础研究、应用基础研究以及制约产业链基础能力的关键核心技术创新、关键共性技术等领域导向的创新政策。尤其要将激励提高企业层面的基础研究、应用基础研究、关键核心技术创新等领域的自主能力作为现发展阶段的中国特色的新型举国体制的着力点以及调整改革重心所在。

一方面，主动利用中国各级政府财政收入增速下降以及财政赤字压力加大的契机，全面梳理和清理中国各级政府以及各级政府机构部门的产业政策，对那些以财政资金补贴、奖励、返还形式为主的企业生产成本干预型的产业政策尽快实施全面退出机制，特别是针对那些违反 WTO 市场公平机制规则的各种形式的产业政策和创新政策加快实施清退机制。

另一方面，鉴于 WTO 规则即将围绕技术转移、知识产权保护、国有企业、科技创新扶持政策等方面展开激烈博弈，因此，中国必须未雨绸缪，前瞻性地实施以鼓励创新链中具有外部性、半外部性环节的政府激励政策，实施破除制约中国产业链、产品链国际竞争力的关键核心技术创新、关键共性技术创新和颠覆性技术创新等领域导向的新型创新政策。要把单纯的以政府财政资金的补贴、奖励、返还形式为主的创新政策手段，全面调整为提高研发加计扣除政策的力度和覆盖范围。主动调整高新技术企业的认

定条件和门槛，将基础研究和应用技术研究设定为判别高新技术企业的重要条件之一。同时，设计高新技术企业的不同减税等级，建议企业所得税减免幅度可设为20%、15%、10%、5%这四个等级层次，鼓励企业从最低层次逐步升级到最高层次。鼓励通过采用金融和科技融合体系的扶持政策。鼓励企业股份制改造政策，尤其鼓励加大科技创新在企业股份的份额，进一步鼓励科技创新企业特别是原始创新型中小微企业在科技板、创业板的上市数量和行业范围。鼓励企业人才培育和引进政策，尤其针对鼓励引进国内外科技创新高端人才的企业，实施个人所得税的国际标准减免政策和抵扣政策，比如加大购房、孩子教育等方面的抵扣政策。

三、从积极发挥市场这只“看不见的手”的功能角度看

现阶段要将中国特色的新型举国体制聚焦于通过营造市场公平竞争机制主导的国际一流营商环节以大幅度降低企业创新活动的制度性交易成本，主动创造有效激励微观企业在创新链中的基础研究、应用开发研究、工程化研究、产业化商业化研究等环节以及产业链、产品链中的关键核心技术创新等领域加大创新研发投入的制度环境。

一方面，当前中国市场化改革的突破口在于，要通过加大对内开放的力度特别是关键要素市场的改革，比如深化金融体制的改革，来创造有效激励企业自主创新活动的制度环境。特别是要清理清退中国各级政府对微观企业不合理的干预行为以及基于维持部门利益的各种政策举措，特别是要通过加大推进中西部地区和东北地区的政府“放管服”改革以及深度推进地级市、区、县、乡、镇层级的政府“放管服”改革，来促进政府“放管服”改革的不同区域和不同层次地区的均等化效应。

另一方面，不可忽略的是，中国特色的新型举国体制的营造与完善，必须通过降低全社会的制度性交易成本这个重要途径加以贯彻和实施。在我们看来，短期内降低全社会的制度性交易成本的途径，在于加快收缩和取消中国各级政府不合理干预市场经济和微观企业部门的各种权力和政策，通过约束和限制地方政府权力边界来降低制度性交易成本。长期内降低全社会的制度性交易成本的途径在于通过收缩各级政府的财政供养人口规模，

甚至合并和取消某些特定层级的政府机构，从根本上缓解中国各级政府出于维护官员自身和部门利益而“乱收费、乱作为”和官商合谋寻租行为顽疾的空间。

从需求侧结构性改革的突破口和政策建议角度看：

第一，要前瞻性地将供给侧方面的创新激励政策，逐步转向需求侧方面的扩张升级政策，这是中国避开 WTO 规则和全球治理机制新变化格局的诸多限制，同时更好地发挥中国特色的新型举国体制功能的重要途径。基于前文对“需求引致创新”机制的分析，当前制约中国微观企业自主创新能力提升的因素中，需求方面的因素甚至比供给侧方面的因素更为重要。客观事实是，需求结构的换代升级驱动了中国产业结构的转型升级，为中国本土企业自主创新能力的提升提供了最为根本的激励动力机制。因此，针对中国——拥有全球最大本土市场规模的发展中国家而言，无论是从激励企业在关键核心技术创新等领域的突破方面，还是从鼓励企业加大基础研究能力方面的支撑条件看，需求侧方面的因素要远远强于供给侧方面的因素。由此，要前瞻性地将供给侧方面的创新激励政策，逐步转向促进需求侧方面的高端需求扩张和消费结构升级政策方面。

第二，充分释放中国的需求结构升级换代对制造业高质量发展模式形成的核心支撑作用，适度引导和鼓励中国消费者对本土企业创新型高端产品和高质量产品的偏好性和信赖体系的形成。按照未来可能的 WTO 规则和全球治理机制新变化格局，我们预料，全球各国特别是发达国家均会采取思路完全不同的、更为隐蔽的产业政策或创新政策，以扶持本国的优势产业和自主创新能力体系的培育和构建。尤为注意的是，从需求侧来引导和培育本国消费者偏好方面的因素入手，难以被 WTO 的既有规则加以界定、判定和惩罚，具有相当的隐蔽性和合理性，应该是中国特色的新型举国体制的重要发展方向和未来的机制体制改革突破方向。因此，从促进中国需求能力的角度看，中国特色的新型举国体制今后的着力点，既要落在持续性地适当降低中低收入者的个人所得税方面，也要落在鼓励中国消费者对本土企业产品的消费提升方面，建议将针对特定消费者群体的消费补贴和个人所得税、消费税方面的减税政策纳入到中国的产业政策和创新政策范围。

第三，要从根本上破除当前迫切需要构建与中国制造业高质量发展模式相互支撑的高质量本土内需市场规模效应及其背后的合理收入结构，必须从顶层设计层面加快制订和实施中国版本的“中等阶层的收入倍增计划”。一方面，要清醒地认识到的基本规律是，以制造业为主的实体经济部门的劳动生产率和全要素生产率增长速度，在根本上决定了企业员工的工资增长空间。倘若通过扭曲性的劳动者供需关系或者强制性的行政指令手段强迫全社会劳动者的工资收入增长速度长期超过以制造业为主的实体经济部门的劳动生产率和全要素生产率增长速度，则必然会造成“国民收入超分配机制”的形成，进而导致以制造业为主的实体经济部门盈利能力的下滑和国际竞争优势的持续下降，最终削弱中国制造业部门的可持续发展能力。因此，迫切的是要构建与以制造业为主的实体经济部门的劳动生产率和全要素生产率增长相匹配的劳动者工资收入增长机制。而且，制造业部门的自主创新能力体系培育壮大以及高质量投资的进入，既可以创造出高人力资本和高收入的各个层次的创新研发人员和工程师就业岗位，又能够创造出高技能同时也是较高收入的多层次技术工人就业岗位。另一方面，中国特色社会主义公有制的本质是要在经济社会发展中始终坚持公平正义的基本原则，特别是要保证国民收入的逐步共富格局的形式，最终实现“按劳分配”“按创新贡献分配”，逐步限制“以钱生钱”和“以房租生钱”等形式的途径，逐步消除“按投机分配”现象。

中国特色社会主义公有制的重要含义，是尽可能要在初次收入分配格局和体制中就实现收入公平机制，而不是仅仅依靠再次收入分配格局和体制中的政府转移支付平衡或递增式收入税收调节功能。因此，要将“中等阶层的收入倍增计划”瞄准于构建维持公平收入机制的再次收入分配格局和体制。基于这样的思路，一方面，现阶段在初次收入分配格局和体制中，无论是针对国有企业或者是民营企业，要尽可能鼓励和激励实行“员工持股计划”，创造企业普通员工从企业资本投资收益中获取收入增长的渠道机制；另一方面，要鼓励有条件的民营企业成为上市企业，通过上市企业这个渠道来让尽可能多的国民获得资本市场投资收益。有鉴于此，为了创造实现“中等阶层的收入倍增计划”的机制，必须维护个体投资者在中国股票资本市场的主导地位和核心利益地位，适当限制机构投资者甚至境外机构投资者在中国股票资本市场的优势地位，将其作为中国股票资本市场可持续发展的基本原则和立法原则。